SCHAUER · LEDERNACKEN

Geschichte · Ausbildung · Einsatz

HARTMUT SCHAUER

LEDERNACKEN

Das US Marine Corps

MOTORBUCH VERLAG STUTTGART

Einbandgestaltung: Johann Walentek,
unter Verwendung eines Fotos aus dem Archiv Schauer.

Bildernachweis:
Naval Imaging Command, Washington
Still Media Records Center, Washington
US-National Archives, Washington – Atlanta
Dr. David Th. Schiller
Archiv des Verfassers

ISBN 3-613-01533-1

2. Auflage 1996.
Copyright © by Motorbuch Verlag, Postfach 103743, 70032 Stuttgart.
Ein Unternehmen der Paul Pietsch Verlage GmbH + Co.
Sämtliche Rechte der Speicherung, Vervielfältigung und Verbreitung
sind vorbehalten.
Satz: Alber Fotosatz, 74385 Pleidelsheim.
Druck: Studio-Druck, 72622 Nürtingen.
Bindung: K. Dieringer, 70839 Gerlingen.
Printed in Germany.

Inhalt

Vorwort

»Send the Marines« – dieser Ruf erklingt in den Vereinigten Staaten immer dann, wenn es um die Bewältigung von Krisen nach dem Versagen friedlicher Mittel geht. Die US Marines haben sich in zahllosen Kriegen und manchmal recht abenteuerlichen Aktionen einen hervorragenden Ruf als harte, loyale Kämpfer erworben. Gefürchtet ist der gnadenlose Drill auf der Grundlage bedingungslosen Gehorsams.

Das US Marine Corps ist eine Truppe für den Angriff. Es rühmt sich jederzeit einsatzbereit zu sein und als »Speerspitze« ohne Rücksicht auf eigene Verluste schwierigste militärische Aufträge zu erfüllen. Um die Elitetruppe der »Ledernacken« haben sich zahlreiche Mythen und Legenden gebildet, die aber oft an der Wirklichkeit vorbeigehen. So ist es ein Ziel dieses Buches, die Realität zu ergründen. Grundlegende Mißverständnisse tauchen schon bei der Namensgebung auf. »Marine-Infanterie« ist die häufigste Bezeichnung der Angehörigen einer vielseitigen Mehrzwecktruppe. Zwar bestimmt ein hoher Infanterieanteil die Grundstruktur der Kampfverbände, aber das Leistungsvermögen der Marines erschöpft sich keinesfalls im infanteristischen Kampf nach amphibischer Landung. Vielmehr ist das Marine Corps eine eigenständige vierte Teilstreitkraft, die über modernste Waffen und Unterstützungsmittel verfügt. Die Einheiten und Verbände der Gegenwart sind »maßgeschneidert« und können unabhängig für eigenständige Aufgaben verschiedener Größenordnungen herangezogen werden. Das Marine Corps besitzt eine eigene »Luftwaffe« und ist so weitgehend selbständig. Ein umfangreiches Unterstützungs- und Versorgungssystem stellt die logistische und materielle Bewegungsfreiheit her.

Die Fähigkeit zur Durchführung amphibischer Sturmlandungen ist nur einer von vielen Einsatzschwerpunkten. Eine Vielzahl weiterer Aufgaben sind den Ledernacken übertragen.

Es ist unsinnig, eine Feuerwehr erst dann aufzubauen, wenn es bereits brennt! Die Diskussion über schnell verlegbare Interventionstruppen zur Bewältigung internationaler Krisen beherrscht nach dem Ende des Kalten Krieges die sicherheitspolitische Diskussion. Während kaum ein Staat in der Lage ist, nennenswerte Reaktionstruppen einzusetzen, verfügen die Vereinigten Staaten von Amerika bereits seit über zwei Jahrhunderten mit den Marines über ein derartiges, gut eingespieltes militärisches Machtmittel.

Im Unabhängigkeitskrieg dienten die ersten »Seesoldaten« an Bord von US-Kriegsschiffen und übernahmen als Scharfschützen und Entermannschaften den damals üblichen »infanteristischen« Teil im Nahgefecht auf See. Kleine Trupps landeten in feindbesetzten Häfen und und führten zahlreiche Handstreiche und Kommandounternehmen durch. Mit zunehmender Technisierung wandelten sich auch die Einsatzgrundsätze der Marines. Sie wurden zur Verteidigung und später auch zum Angriff im Zusammenhang mit US-Flottenbasen im Ausland eingesetzt. Wenn es die politischen und militärischen Erfordernisse der USA verlangten, sorgten die Ledernacken für den Schutz des Lebens und Eigentums der US-Bürger weltweit. Mehrfach erfolgten längere Verwendungen im Landeinsatz, entgegen der eigentlichen Aufgabenstellung einer amphibischen Landungstruppe. Erst im Zweiten Weltkrieg kam es zum Aufbau von amphibischen Großverbänden, die in zahllosen Sturmlandungen im Pazifik bittere Verluste erlitten.

In allen größeren Kriegen kämpften die Marines Seite an Seite mit den Kameraden der Army, Navy und Air-Force. Es gelang aber Eigenständigkeit und den typischen »Esprit de Corps« weitgehend zu erhalten. Heute ist das Marine Corps eine qualifizierte »Vielzwecktruppe«, geeignet für die so oft übernommene Rolle eines »Weltpolizisten«, der letzthin dem Frieden und Ausgleich in einer spannungsgeladenen Epoche zu dienen hat.

Das vorliegende Buch kann nur einen groben Überblick über das US Marine Corps vermitteln. Die Fülle des Stoffes verbietet es, auf viele interessante Punkte näher einzugehen. So habe ich versucht, einige Gebiete etwas ausführlicher zu behandeln, andere nur kurz zu erwähnen. Trotz der vielen »Lücken« soll aber so ein Beitrag zur aktuellen Debatte zum Thema »Schnelle Eingreiftruppen« geleistet werden. Im US Marine Corps sind diese Gedanken bereits in die Tat umgesetzt worden.

Hartmut Schauer

Worte des Dankes

Ich bin dankbar für die mir von vielen Seiten gewährte Unterstützung.

Ganz besonders hilfreich war Danny J. Crawford, Leiter der historischen Abteilung des US Marine Corps sowie G.M. Neufeld, seine Vorgängerin.

Herr Dr. David Th. Schiller, kompetenter Fachautor, unterstützte mich mit hervorragendem Bildmaterial.

Ich danke auch den Mitarbeitern des US-National Archives in Washington und Atlanta. Das »Headquarters United States Marine Corps«, Washington, stellte zahlreiche aufschlußreiche Unterlagen zur Verfügung.

Herzlichen Dank sage ich allen Angehörigen des US Marine Corps, die mir Hilfe gewährten. Kathie Graler, F.C. Lash, J.M. Shotwell, Edward Spivey und viele andere haben ihren Anteil zum Gelingen des Buches beigetragen.

Hartmut Schauer

Zwei Jahrhunderte US Marines

Marines kämpfen um die Freiheit ihrer Heimat

Die Ursprünge der ersten »American Marines« lassen sich bis in das frühe 18. Jahrhundert zurückverfolgen. Damals herrschten auf dem nordamerikanischen Kontinent noch die europäischen Großmächte Frankreich und Großbritannien. So waren die amerikanischen Pioniere in erster Linie Untertanen der jeweiligen »Majestät«. Kriegerische Auseinandersetzungen untereinander, besonders aber mit den Ureinwohnern, beherrschten den täglichen Kampf um das Überleben.

Bereits im Jahr 1740 dienten Amerikaner bei den »Gooch Marines«, einer britischen Kolonialtruppe und wurden vornehmlich gegen die Spanier in der Karibik eingesetzt. Im Siebenjährigen Krieg beteiligten sie sich an den Aktionen gegen die Franzosen. Auf allen Kriegsschiffen befanden sich damals Gruppen dieser Seesoldaten. Sie hatten eine Doppelfunktion zu erfüllen und fanden sowohl im See- als auch im Landeinsatz Verwendung. Auf den Kriegsschiffen kletterten die Marinesoldaten in das Tauwerk und bekämpften als Scharfschützen oder Grenadiere feindliche Schiffsbesatzungen. Als Entermannschaften erstürmten sie Schiffe und versuchten im Nahkampf den Gegner zu überwältigen. Neben dem Aufbringen fremder Schiffe übernahmen sie auch den Wach- und Sicherungsdienst und stellten das Personal für Landungsunternehmen gegen feindliche Häfen und Befestigungsanlagen. Die Einsätze an Land erstreckten sich meist nur über kürzere Zeiträume und besaßen überfallartigen Charakter. Regelmäßig erfolgte die Rückkehr auf die Schiffe und die Kräfte des Heeres übernahmen ihre Aufgaben. So mußten die Marines gleichzeitig auf Kriegsschiffen und an Land infanteristisch kämpfen können.

Im unruhigen Jahr 1775 kam es mehrfach zu kleineren Einsätzen von Marines, sie gehörten zu den Besatzungen der ersten amerikanischen Schiffe und bedienten dort auch die Schiffsgeschütze. Am 13. Oktober 1775 wurden zwei Kriegsschiffe ausgerüstet, zu deren Besatzungen Seeleute und Marines gehörten. Am 10. November 1775 erging dann folgender offizieller Aufstellungsbefehl: »Hiermit ergeht der Befehl zur Aufstellung von zwei Bataillonen Marines, bestehend aus einem Oberst, zwei Oberstleutnants, zwei Majoren und weiteren Offizieren. Ebenso sind genügend Mannschaften einzustellen, die gute Seeleute sein müssen oder entsprechende Fachkenntnisse aufbringen müssen und sich für den Dienst auf Schiffen eignen.

Sie verpflichten sich für die Dauer des Krieges der Kolonien mit Großbritannien bis zu ihrer Entlassung durch den Kongreß zu dienen. Sie tragen den Namen erstes und zweites Bataillon der Amerikanischen Marines«.

Als Teil der Kriegsmarine beteiligten sich die Seesoldaten am Kampf gegen das

Marines bedienen Geschütz der Flotte auf dem Champlain-See 1775 – 76.

britische Mutterland. Zunächst galt es aber Freiwillige zu gewinnen. In Philadelphia wurde der Besitzer der Tun-Taverne, Robert Mullen, zum Captain ernannt und beauftragt das benötigte Personal unter seinen Gästen zu gewinnen. Ein weiterer »handfester« Wirt, Samuel Nicholas half ebenfalls nach Kräften mit und wurde sogar zum ersten Kommandanten der Marines ernannt. Es war nicht einfach, geeignete Leute anzuwerben, da auch die weiteren militärischen Formationen Nachwuchs suchten, und so versuchte man durch Militärmusik und militärischen Prunk Interessierte in die Hafenkneipen zu locken. Dort gab es die üblichen Versprechen von Abenteuer, Beute, Sold und guter Verpflegung, mit alkoholischen Getränken wurde nicht gespart. Andere junge Männer wollten als glühende Patrioten etwas für Freiheit und Vaterland leisten.

Im März 1776 standen die ersten Marines bereits im Einsatz und landeten überraschend auf den Bahamas. Sie eroberten zwei Forts und nahmen die Stadt Nassau in Besitz. Knapp 14 Tage später zogen die Amerikaner mit dringend benötigten Geschützen und Versorgungsgütern als Beute für die Ausstattung der Revolutionsarmee ab.

Einen Monat danach gab es bei einem schweren Seegefecht mit Kriegsschiffen der britischen Krone die ersten sieben Toten. Auch in den folgenden Monaten nahmen sie an verschiedenen Kriegseinsätzen teil.

Im Dezember 1776 beteiligte sich ein Bataillon als Einsatzreserve an der Schlacht von Trenton und trat vorübergehend unter das Kommando der Armee. Bei den harten Kämpfen bewährten sich die Marines als Infanteristen und Artilleristen. In den folgenden schweren Wintermonaten harrte der Verband an der Seite von General George Washington aus und kehrte erst im Frühjahr wieder zur Flotte zurück.

Anfangs 1778 machte sich ein schwacher Haufen an Bord eines behelfsmäßig umgerüsteten alten Bootes auf eine abenteuerliche Reise. Von Fort Pitt aus ging es auf dem Mississippi in Richtung Süden. Während der Fahrt wurden britische Handelsposten überfallen und nach vielen Gefahren erreichte die Mannschaft schließlich im März die Stadt New Orleans. Dort wurden die Marines bis 1779 in Kämpfe verwickelt. Eine andere Gruppe landete erneut auf den Bahamas und erstürmte das Hauptfort. Auf dem Kreuzer »Ranger« gelangten Marines bis an die britische Küste und machten durch mehrere Überraschungsaktionen von sich reden. Dabei entwickelte sich am 24. September 1779 an der britischen Ostküste zwischen einem amerikanischen und einem englischen Kriegsschiff ein heftiges Gefecht. Das überlegene Schiff der Briten geriet unter schweres Feuer, welches aus den Masten und dem Tauwerk des Gegners kam. Schließlich gelang es noch einem der Seesoldaten, eine Brandgranate auf die britische Fregatte zu schleudern. Mit einer gewaltigen Stichflamme explodierte das Schießpulver und die Munition der Schiffsartillerie und leitete die Niederlage der Briten ein.

Im Sommer 1778 griff eine kombinierte Armee- und Marinestreitmacht ein britisches Fort an der Küste des heutigen Staates Maine an. Trotz des Eingreifens starker britischer Seestreitkräfte gelang es der rund 300 Mann starken Truppe, zwei erfolgreiche Landungen durchzuführen. Die Marines bildeten bei den Angriffen die Spitze und stürmten unter starkem, feindlichen Feuer die beherrschenden Höhen. Daraufhin zogen sich die Verteidiger in ihre Befestigung zurück und wurden belagert. Nachdem sich eine britische Entsatzflotte näherte und amerikanische Schiffe nicht mehr zur Verfügung standen, wendete sich das Blatt und die Belagerung wurde abgebrochen. Die Marines wurden zum Rückzug durch die unwegsamen Urwälder bis Boston gezwungen, auch im Waldkampf gegen feindliche Indianer bewährten sie sich bestens.

Im Mai 1780 beteiligten sich rund 200 Marines an der Verteidigung von Charleston, South Carolina. Der letzte Einsatz bestand in der Kaperung des britischen Schiffes Baille in der Karibik im Januar 1783. Am 11. April 1783 endete der Unabhängigkeitskrieg mit dem Sieg der Amerikaner über die britischen Kolonialtruppen. Es folgte eine drastische Verringerung der Streitkräfte, der Kriegsmarine verblieben zunächst nur noch fünf Schiffe. Bereits im Juni 1785 war auch das letzte Kriegsschiff verkauft und die Seestreitkräfte hatten zu existieren aufgehört.

So verschwanden mit dem letzten Schiff auch die Seesoldaten von der Bildfläche. Bereits wenige Jahre nach der erstmaligen Indienststellung gab es keine »American Marines« mehr im Dienste der jungen Demokratie der Vereinigten Staaten von Amerika.

Abenteuer rund um den Globus

Es ist wohl ein tragisches Schicksal der Menschheit, daß der gerade nach den Schrecken eines erlebten Krieges vorhandene starke Wunsch nach Frieden meist nur für eine sehr begrenzte Zeit in Erfüllung geht. Die immer wieder mit voller Überzeugung angekündigte Ächtung des Krieges scheint gerade heute ein ferner Traum zu sein. Nicht anders war es in Nordamerika um die Wende vom 18. zum 19. Jahrhundert. Die andauernden Kämpfe mit den indianischen Ureinwohnern machten schon bald einen Wiederaufbau der fast völlig abgerüsteten Armee erforderlich. 1797 wurden auch wieder drei Kriegsschiffe gebaut und eine der Kriegsmarine unterstellte kleine Einheit Marines aufgestellt. Fünf Leutnants, acht Sergeanten, acht Korporale, drei Pfeifer, drei Trommler und 140 Mannschaften bildeten das bescheidene Häuflein der Marineinfanteristen. Am 11. Juli 1798 wurde das »United States Marine Corps«, offiziell ins Leben gerufen und direkt dem Präsidenten unterstellt. Im Einsatz trat das Corps künftig wechselweise unter den Oberbefehl der Marine oder des Heeres.

Probleme ergaben sich schon bald mit der französischen Marine. Frankreich versuchte den Seehandel der Briten zu blockieren und kaperte mehrfach neutrale US-Handelsschiffe. Daraufhin kam es zu einem unerklärten Seekrieg mit Frankreich. An den sich hieraus entwickelnden See- und Landgefechten beteiligten sich die Marines und bewährten sich besonders beim Entern und Besetzen gekaperter Schiffe.

Um die Jahrhundertwende blühte noch auf vielen Meeren die Seeräuberei. Eine wahre Hochburg der Piraten war die Inselwelt der Karibik. Einer ihrer berüchtigten Führer auf Haiti war Rigaud. Zu seinen Spezialitäten gehörte der Überraschungsangriff auf im Hafen ankernde Schiffe. Im Oktober 1779 schlugen die Marines seinen Angriff auf Norfolk erfolgreich mit konzentriertem Musketenfeuer zurück, einige Monate später wehrten sie einen Großangriff von 500 Piraten ab. Im März vernichteten sie dann einen Großteil der Banditen. In bunter Folge wechselten nun Besetzungen von französischen und britischen Schiffen mit Aktionen an Land zur Eroberung von Befestigungen ab; dabei machten sich vor allem die von den Schiffsmasten feuernden Scharfschützen einen Namen.

Nach zahllosen Scharmützeln, Handstreichen und Überfällen in den Jahren um die Jahrhundertwende zwang die ernste wirtschaftliche Lage den US-Präsidenten Jefferson zu einem eisernen Sparkurs. Kriegsschiffe wurden verkauft oder stillgelegt, das Personal entlassen. Die Personalstärke des gesamten Marine-Corps reduzierte sich auf 450 Mann. Aber eine keineswegs entspannte politische Lage forderte immer wieder den Einsatz von Streitkräften. So brachten die Vereinigten Staaten von Amerika jährlich zwei Millionen Dollar, ein Fünftel des Gesamtetats (!), dafür auf, um Lösegelder für gefangene US-Bürger und Schutzprämien für Handelsschiffe an die Mittelmeeranrainer Tunis, Marokko, Algier und Tripolis zu bezahlen. Als der Herrscher von Tripolis im Jahr 1801 den USA den Krieg erklärte – er glaubte, zu niedrige Tributzahlungen zu erhalten – schickte der US Präsident eine Flotte von vier Schiffen nach Nordafrika. 180 Marines befanden sich an Bord.

Aber der Kriegsschiffverband erwies sich als zu schwach, um die Aktionen der nordafrikanischen Seeräuber gegen die US-Handelsflotte wirksam zu schützen. Ende Oktober 1803 lief die US-Fregatte Philadelphia in der Nähe von Tripolis auf ein Riff und wurde von den Piraten aufgebracht. Mit Kapitän Bainbridee gingen auch 44 Marines in Gefangenschaft. Die Piraten planten, künftig das Schiff in ihre Flotte zu übernehmen und es als Freibeuter einzusetzen.

Eine kühne Überraschungsaktion von Matrosen und Marines sorgte aber für eine gänzlich neue Lage: In der Nacht des 16. Februar 1804 segelte unter dem Kommando von Leutnant Stephan Decatur ein gekaperter Küstensegler in den Hafen von Tripolis. Geführt von Sergeant Solomon Wren befanden sich acht Marines bei dem Überfall-Kommando, die sich buchstäblich in die »Höhle des Löwen« begaben. Es gelang der Truppe, unbemerkt an Bord der Philadelphia zu gelangen, die Wachmannschaften zu überwältigen und das Schiff zu verbrennen. In der allgemein herrschenden Verwirrung glückte es den Soldaten, sich ohne Verluste zurückzuziehen.

Im weiteren Verlauf dieses Krieges kam es zu außergewöhnlichen Aktionen. Eine davon ist der Marsch eines recht bunten Haufens von Ägypten nach Tunis mit dem Ziel, den dortigen Herrscher zu stürzen und den rechtmäßigen Fürsten wieder einzusetzen. Um dieses Ziel zu erreichen, stellte der US-Konsul von Tunis, Cyrus Eaton, eine Truppe aus Türken, arabischen Kavalleristen, Griechen und anderen Söldnern auf. Dem Diplomaten stand dabei der Leutnant der Marines, O'Bannon mit weiteren neun Seesoldaten zur Seite.

1000 Kilometer marschierte der Verband unter unsäglichen Schwierigkeiten durch die lybische Sandwüste und erreichte nach sieben Wochen das Angriffsziel. Der Angriff auf die Hafenstadt war von zahlreichen Pannen begleitet, nichts klappte. Als sich feindliche Verstärkungen der Stadt näherten, entwickelte sich die Situation ausgesprochen kritisch, das Ziel mußte unbedingt vorher genommen werden. Um den Gegner zu verwirren, zogen sich die Marines und ihre Verbündeten zunächst zurück, gingen dann aber unerwartet in einen Sturmangriff über. Sie nutzten den Überraschungsmoment und warfen die Verteidiger durch einen energisch geführten Angriff aus ihren Stellungen. Im Fort richteten sie die Geschütze auf das Schloß des Herrschers und diese drohende Gebärde genügte, um die demoralisierten einheimischen Truppen zur wilden Flucht zu bewegen. In weniger als zwei Stunden waren die Kämpfe beendet und der rechtmäßige Herrscher konnte wieder eingesetzt werden. Das waghalsige Abenteuer führte schließlich zu einem stabilen Friedensvertrag. Allerdings mußten zwei Marines den Sieg mit ihrem Leben bezahlen.

Im Jahr 1811 kam es zu Spannungen in Florida, das damals noch unter spanischer Oberhoheit stand. Es wurde befürchtet, daß sich die Briten an der Ostküste festsetzen wollten. Unter dem Vorwand Schmuggler zu bekämpfen, in Wirklichkeit aber mit der Absicht eine Machtübernahme der Engländer zu verhindern, schickte die US-Regierung das Schiff Enterprise mit 49 Marines in die Region. Weitere Kanonenboote und Truppen folgten 1812 und unterstützten von der Insel Cumberland aus amerikanische Bürger, die bald die schwachen spanischen Kräfte vertrieben hatten. Nachdem sich die Siedler aus dem Norden festgesetzt hatten, galt es die

Versorgungslinien durch das Indianergebiet zu sichern. Mehr und mehr bedrohten die Ureinwohner die lebenswichtigen Nachschubverbindungen und wieder mußten die Marines mit der Sicherung der Wagenzüge eine besonders gefährliche Aufgabe übernehmen.

Am 12. September 1812 begleitete Captain Williams mit seinen Leuten eine Kolonne durch das Feindgebiet. Plötzlich geriet der Konvoi in einen sorgfältig geplanten Hinterhalt einer großen Zahl indianischer Krieger. Einer der Seesoldaten wurde getötet und verlor seinen Skalp, sieben weitere erlitten Verwundungen. Captain Williams wurde achtmal verwundet und starb wenige Tage später. Die Kämpfe mit den Ureinwohnern dauerten an und endeten erst mit dem Abzug der US-Truppen, die nach Beginn des Krieges von 1812 nach Washington zurückkehrten.

Nahkampf auf See

Als Folge der modernen Waffentechnik ist der Kampf über weite Entfernungen die Regel, das Ringen »Mann gegen Mann« bildet eher die Ausnahme und die weitläufige Tiefe des Gefechtsfeldes hat die starren Frontlinien vergangener Zeiten ersetzt. Diese nachhaltigen Veränderungen wirken sich verstärkt auf das Seegefecht aus, ein Gegner läßt sich allenfalls auf dem Radarschirm feststellen, aber kaum mit dem bloßen Auge.

Völlig anders war die Situation in früheren Epochen. Die schwerfälligen, von Ruderern und Segeln bewegten Galeeren mußten die Entscheidung im Seegefecht buchstäblich im Nahkampf suchen. Abgesehen von Bogenschützen und Schleudervorrichtungen gab es keine Fernwaffen und so wurde der Gegner mit dem festungsartig gebauten Kriegsschiffen gerammt. Beim Versuch das Schiff zu erobern entbrannte ein heftiger Nahkampf zwischen den Angegriffenen und der Entermannschaft. Bevor die Enterbeile und Hauwaffen wüteten, versuchten die Besatzungen natürlich, mit allen Mitteln den Feind zu schädigen. Dabei lagen die Kampfentfernungen meist unter 50 Metern und die knappe Zeit bis zu einem Aufeinanderprallen verlangte Entschlußkraft und Konzentration. So regneten Pfeile, Brandgeschosse, Steine und andere Wurfkörper auf den Gegner herab, später wurden Musketen und weitere Feuerwaffen eingesetzt. Scharfschützen in Mastkörben und höhergelegenen Aufbauten bekämpften lohnende Einzelziele, besonders feindliche Führer und Geschützbedienungen.

Mit der Einführung der ersten Kanonen, die kleinkalibrig und durch die feste Verzurrung ziemlich unbeweglich waren, änderte sich zunächst wenig. Erst mit der Einführung schwererer Kaliber auf Rädern ergaben sich wirkungsvollere Breitseiten. Nach wie vor bildete aber das Deck des Schiffes den Schwerpunkt der Kämpfe und so wurden auch hier Kanonen mit Kartätschen eingesetzt, die schreckliche Verluste unter den dicht gedrängten Decksbesatzungen anrichteten. Mit den Jahren wurden immer größere Schiffe gebaut, versehen mit mehrmastiger Takelage und oftmals drei Decks. Zur Verstärkung der Feuerkraft erhöhte man die Zahl der Geschütze erheblich und entsprechend nahm die Stärke der Bedienungen zu.

Als die ersten Marines auf US Kriegsschiffen dienten, spielten sich die Seegefechte noch immer auf kurzen Distanzen ab. Entern und blutiger Nahkampf entschieden über Sieg oder Niederlage. Entersäbel, Pistolen und eisenbeschlagene, meterlange Piken sowie waffenähnliche Werkzeuge dienten Matrosen, Seesoldaten und Piraten im gnadenlosen Gefecht. Während des Aufenthaltes auf See waren die Aufgaben zwischen Matrosen, Geschützbedienungen und »Seesoldaten« nicht eng abgegrenzt, beim Aufeinanderprallen zählte jeder kampffähige Mann.

Oft fungierten die Marines als eine Art »Ordnungstruppe« und trieben lustlose Kämpfer zurück in den Nahkampf. Als Scharfschützen bekämpften sie aus Mastkörben bevorzugt gegnerische Offiziere und Geschützbedienungen. Beste Siegesaussichten hatten die Besatzungen mit straffer Organisation und eiserner Disziplin. Kaperten kampferprobte Piraten ein bewaffnetes Handelsschiff, befanden sie sich gewöhnlich im Vorteil gegenüber den Matrosen. Gerieten die Seeräuber jedoch an ein Kriegsschiff der US Navy, sah es meist recht düster aus: Zunehmend stationierten die großen Seemächte auf ihren Kriegsschiffen komplette Einheiten gut ausgebildeter Marines. Ähnlich wie im Landkampf kämpften sie in geschlossener Formation und entwickelten mit konzentrierten Salven eine vernichtende Feuerkraft. Ebenfalls in geschlossener Formation griffen sie den Gegner mit gefällten Bajonetten an.

Bis in das 19. Jahrhundert hinein bildete die Bekämpfung der Piratenplage einen Einsatzschwerpunkt aller Seestreitkräfte. Zunehmend zeigte das energische Vorgehen Erfolge. Die Seewege wurden sicherer und der Handel blühte auf. Oft wichen die Seeräuber vor Seegefechten aus und versuchten den Rächern zu entkommen. Dabei zogen sie sich in ihre vermeintlich sicheren Stützpunkte und Verstecke an Land oder auf einsamen Inseln zurück. Aber selbst dort konnten sie meist ihre Haut nicht mehr retten. Die Seemächte setzten die Verfolgung auch an Land fort. Für derartige Unternehmen eigneten sich besonders die an harte Nahkämpfe gewohnten Ledernacken. In vielen Operationen landeten sie an fremden Küsten, stöberten den Gegner in seinen Verstecken auf und räucherten diese aus. Selbst die Schiffsartillerie wurde öfters mitgeführt und gegen festungsartige Stützpunkte eingesetzt.

Aber nicht nur die Zerschlagung der Seeräuberei war Aufgabe der Seesoldaten. Ähnliche Unternehmen fanden auch bei den zahlreichen militärischen Auseinandersetzungen statt, die Folgen politischer oder wirtschaftlicher Probleme waren.

Während Landunternehmen zunahmen, verdrängte die moderne Technik den in früheren Zeiten üblichen Nahkampf mit Säbel und Enterbeil. Die Entwicklung der Dampfschiffahrt, Panzerung der Kriegsschiffe und vor allem die weitreichende Artillerie führte zum Duell auf große Distanzen. Den Ausschlag gaben nun die Geschützbatterien. Bessere Panzerung, größere Kaliber und Reichweiten bestimmten weitgehend den Ausgang der Kämpfe auf See. Als Entermannschaften waren die Marines nun nicht mehr notwendig!

Am 18. Juni 1812 begann der Krieg gegen Großbritannien. Nach der Unabhängigkeitserklärung der früheren britischen Mandate konzentrierten die Briten ihre Kräfte auf dem Gebiet des heutigen Kanada. Immer wieder ergaben sich Reibereien und Grenzstreitigkeiten zwischen den Untertanen der britischen Krone und

16

Seesoldaten der »Wasp« beim Entern der britischen »Reindeer« 1814.

den nunmehr freien Amerikanern.

Die Stärke der amerikanischen Streitkräfte stellte sich bei Kriegsbeginn mit rund 12 000 Soldaten nicht gerade als überwältigend dar.

Im Marine-Corps dienten zehn Offiziere und 483 Soldaten, der Kriegsmarine standen lediglich drei einsatzbereite Schiffe zur Verfügung.

Im ersten Kriegsjahr sah es schlecht für die Amerikaner aus, die Niederlagen häuften sich. Ursache war nach Meinung der US-Führung die Überlegenheit der Briten in der Region der Großen Seen im Nordosten der Staaten. Daraufhin bauten die Amerikaner eine Binnenflotte und errichteten Stützpunkte. So konnten sie dem Gegner maritim entgegentreten.

Die Marines fanden Verwendung an Bord von Schiffen auf dem Atlantik und den Binnenseen, wurden aber auch gemeinsam mit der Army eingesetzt. Wegen Personalmangels wurde eine Anzahl Freiwilliger vom Heer übernommen. An der entscheidenden Seeschlacht auf dem Erie See im September 1813 beteiligten sich auch Marines. Die Amerikaner besiegten die britischen Kriegsschiffe und schufen so die Voraussetzungen für den Vormarsch ihrer Landverbände in einer für die Engländer außerordentlich verlustreichen Schlacht.

Auch an den zahlreichen Seegefechten im Atlantik kämpften die Marines in gewohnter Weise als Entermannschaften und Scharfschützen. Zu den größeren Unternehmen zählt die Schlacht von Bladensburg am 24. August 1814. Gemeinsam mit der Armee, Milizen und Seeleuten versuchten die Marines, den Vorstoß der

Engländer auf die Hauptstadt Washington zu verhindern. Trotz heldenhaften Einsatzes wurden die zäh verteidigenden Marines schließlich von einer überlegenen britischen Truppe geschlagen. Daraufhin besetzten die Angreifer die Hauptstadt und brannten mehrere öffentliche Gebäude nieder, bevor sie an Bord ihrer Schiffe gingen und sich zurückzogen.

Erfreulicher verlief die Schlacht um New Orleans. Obwohl der Krieg nach Unterzeichnung eines Waffenstillstandes offiziell am 14. Dezember 1814 endete, brachen dort am 1. Januar 1815 schwere Kämpfe aus. Aufgrund der üblichen Nachrichtenübermittlung konnten die kriegsführenden Parteien nicht rechtzeitig über das Kriegsende benachrichtet werden.

Unter dem Oberbefehl des legendären Generals Andrew Jackson kämpften auch zahlreiche Marines. Sie verstärkten einen recht bunten, zusammengewürfelten Haufen; sogar Jean Lafittes Piraten übernahmen einen Verteidigungsabschnitt. Der Angriff kostete die Engländer 2 000 Mann und sie wurden vernichtend von den Amerikanern geschlagen, die ihrerseits 100 Soldaten verloren. Die Marines wurden von General Jackson und der Regierung für ihren beispielhaften Einsatz ausgezeichnet und belobigt.

Dem Krieg folgte eine mehrere Jahrzehnte dauernde Phase des äußeren Friedens mit massiver Verringerung der Streitkräfte. 1817 gehörten nur noch 14 Offiziere und 652 Mannschaften zum Corps, jedoch konnte die Truppe keineswegs über Beschäftigungsmangel klagen. Erneut ergaben sich Aktionen gegen algerische Piraten; in Florida wurden Indianer und Seeräuber bekämpft und besonders die Karibik befand sich fortwährend im Visier. Viele Handelsschiffe gingen an die Piraten verloren und der Kampf gegen die Freibeuter entwickelte sich zur Hauptaufgabe der US Navy und der Marines. Kuba, Haiti und Puerto Rico waren mehrfach Ziele von Landungsunternehmen und Strafexpeditionen. Wie sehr das Marine-Corps als »Feuerwehr« für die unterschiedlichsten Bereiche diente unterstreicht die Tatsache, daß die Marines mehrfach auch bei der Löschung von Großbränden und weiteren Hilfeleistungen als Folge von Naturkatastrophen eingriffen.

1832 landeten Marines auf den Falkland-Inseln, um Leben und Eigentum von US Bürgern zu schützen. Kurze Zeit später gingen die Seesoldaten in Sumatra an Land und sorgten auf ihre Art für Ordnung. Argentinien, Peru und verschiedene Südsee-Inseln zählten ebenfalls zu den »Reisezielen« der Landungstruppen.

1833 brach in einem Zuchthaus in Charlestown eine Massenrevolte aus, mehr als 300 Sträflinge gerieten außer Kontrolle. Die Behörden wußten sich nicht mehr zu helfen und forderten in ihrer Not Marines an. Einer kleinen Gruppe gelang es, durch bestimmtes und korrektes Auftreten ohne jegliches Blutvergießen die Situation in den Griff zu bekommen und so Ruhe und Ordnung wiederherzustellen.

Am 30. Juni 1834 erging ein Gesetz zur Neuorganisation des Corps. Danach kamen die Marines endgültig unter den Oberbefehl der US Navy, sowohl bei Einsätzen auf Schiffen als auch bei Landungsunternehmen. Das Gesetz bevollmächtigte jedoch ausdrücklich den Präsidenten, im Bedarfsfall die Marineinfanterie der US Army zu unterstellen. Dies sollte im Falle von größeren Landkriegen erfolgen.

Feuerwehr in zahllosen Einsätzen

Die trotz zahlreicher kleinerer Konflikte relativ ruhige Zeit nach dem Krieg gegen Großbritannien endete Mitte der 30er Jahre des 19. Jahrhunderts.

Schon 1819 hatte Spanien Florida an die USA abgetreten und der Südosten erlebte bald eine gewaltige Einwanderungswelle. Die Leidtragenden waren dabei die Indianer. Zunächst zeigten sich die Seminolen in Florida kooperativ und willigten in eine Umsiedlung in Reservationen westlich des Mississippi ein. Nach Spannungen und Reibereien mündete der friedvolle Versuch in einen fast siebenjährigen Kleinkrieg.

Als versucht wurde, die Indianer gewaltsam zu evakuieren, wehrten sie sich. Ende 1835 kam es zu größeren Kampfhandlungen. Die Regierung der USA versuchte mit ihren geringen militärischen Mitteln den Aufstand niederzuschlagen und so erhielten auch die Marines des in der Karibik operierenden »West-Indien-Geschwaders« den Einsatzbefehl.

Am 22. Januar 1836 erreichte eine Formation unter dem Kommando von Leutnant Waldron Fort Brooke in der Nähe der Bucht von Tampa in Florida. Die Marines kamen gerade noch rechtzeitig und konnten die Besatzung bei einen großangelegten Angriff der Indianer unterstützen. In den nächsten Monaten operierten die Marines entlang von Wasserläufen und brachten den Indianern erhebliche Verluste bei. Andere Einheiten der Marines übernahmen den Schutz von Siedlungen an der Küste und erschienen mehrfach in letzter Minute als »rettende Engel«.

Gut getarnt beobachten Krieger der Seminolen die Boote der Marines.

Im Laufe des Jahres 1836 weitete sich der Indianerkrieg auf den Süden von Georgia und Alabama aus. Dort lebten die Creek, ein zivilisierter Stamm, der Ackerbau betrieb und ein gut funktionierendes Staatswesen entwickelt hatte. Auch diesem Stamm drohte die Vertreibung in den Westen und die Indianer erklärten sich mit den Seminolen solidarisch. Folge dieser Verschärfung der Lage war die Verlagerung des Schwerpunktes der militärischen Aktionen gegen die Creeks, die sich in der Region um die Stadt Columbus, Georgia konzentrierten. Die US Army benötigte dringend Verstärkungen und Präsident Jackson unterstellte alle verfügbaren Marines dem Heer. Unter dem Kommando von Colonel Henderson entstand ein provisorisches Regiment, es bewährte sich im Kampf gegen die Ureinwohner. Als im Sommer 1836 die Creeks geschlagen waren, kehrten die Marines nach Florida zurück und beteiligten sich erneut an den Kämpfen gegen die Seminolen. Der Kleinkrieg in schwer zugänglichen Sümpfen und entlang der zahllosen Wasserwege und Küstenlinien zog sich noch bis Mitte 1842 hin. Zwischen Mai und August 1842 erfolgte die Einstellung der Kampfhandlungen und die der US Army unterstellten Marines kehrten wieder auf Ihre »Heimatschiffe« und in die Marinestützpunkte zurück.

Die Indianerkriege im Südosten waren die letzten größeren Aktionen der Seesoldaten gegen die amerikanischen Ureinwohner. Im Osten und im Nordosten, entlang der Großen Seen und im Küstenbereich, gab es nach den erwähnten Auseinandersetzungen keinen ernsthaften Widerstand mehr. Die letzte Phase der Indianerkriege wurde bekanntlich im Westen, weitab von den Weltmeeren, ausgetragen und überwiegend von der regulären US Army geprägt.

Aber auch nach der »Teillösung« der Indianerfrage rückte ein dauerhafter Friede in weite Ferne. Die jungen Vereinigten Staaten dehnten sich in den Gründerjahren in alle Richtungen aus. Im Westen war bald die Verbindung zum Pazifik hergestellt und im Süden und Südwesten ging es den Abkömmlingen der Spanier und Mexikaner an den Kragen. Nach zahlreichen Grenzstreitigkeiten und kleineren Gefechten kam es schließlich im Mai 1846 zum »Mexikanischen Krieg«. Dieser bestand in mehreren Feldzügen der Amerikaner und endete mit der Eroberung der Hauptstadt Mexiko City.

Wieder standen die noch aus den gerade beendeten Indianerkriegen kampfgewohnten und -erprobten Marines an vorderster Front. Bereits vor Ausbruch der Kämpfe übernahmen Offiziere geheime Kurierdienste und übermittelten Nachrichten an die US Kommandeure an der Westküste. Fernmeldeverbindungen gab es noch nicht.

Am 18. Mai 1846 lieferten sich die Marines bei Burrita, 25 Kilometer flußaufwärts der Mündung des Rio Grande, ihr erstes Gefecht mit den Mexikanern. Das Karibik-Geschwader der US Navy blockierte zur Unterstützung des Vormarsches von US-Generals Taylor den Rio Grande. Der dienstälteste Offizier der Seesoldaten, Captain Edson, bildete aus den auf die verschiedenen Kriegsschiffe verteilten Marines ein provisorisches Bataillon mit einer Stärke von rund 200 Mann.

Mit Unterstützung von Matrosen und mitgeführten Schiffsgeschützen führte die Landungstruppe erfolgreiche Überfälle gegen San Juan Bautista und Frontera durch. Im November fiel Tampico. Ein großes Landungsunternehmen wurde bei

Vera Cruz unternommen und weitere folgten zu Beginn des Jahres 1847. Die endgültige Eroberung von San Juan Batista Anfang Juni kappte die Versorgungslinien der Mexikaner. Mit 115 Mann hielten die Marines die Stadt bis zum 22. Juli 1847 besetzt. Unterstützung erhielten sie dabei von drei Kanonenbooten und 60 Seeleuten. Die Einnahme dieses Stützpunktes bildete das letzte größere amphibische Unternehmen. Mexiko verfügte nunmehr über keine Verbindung nach außen mehr.

Nachdem es General Taylor wegen unüberwindbarer Geländeschwierigkeiten nicht gelang, von Texas aus bis zur mexikanischen Hauptstadt vorzustoßen, erhielt General Scott den Auftrag, Mexiko City zu erobern. Eine kombinierte Streitmacht aus Soldaten der US Army und Marines rückte von der Küste aus gegen die Hauptstadt vor. Die Marines zeichneten sich während des Vorstoßes vielfach durch besondere Tapferkeit und Mut aus. Beim Angriff auf Chapultepec gerieten die Amerikaner unter heftiges Abwehrfeuer das den Vormarsch stoppte.

Captain Terrett hatte mit seiner Kompanie die rechte Flanke übernommen. Ohne Befehl griff er in eigener Verantwortung die schwer verteidigten feindlichen Artilleriestellungen an. Der Schwung des Angriffs veranlaßte die Geschützbedienungen zur Flucht und die gefährlichen schweren Waffen waren nun wirkungslos. Ein Gegenangriff der mexikanischen Kavallerie mit blanker Lanze brach im Abwehrfeuer der Marines zusammen.

Nach diesem Sieg war der Weg nach Mexiko City frei und am 14. September 1847 flatterte das Sternenbanner über der Stadt. Leutnant Nicholson von den Marines holte die mexikanische Flagge ein und besiegelte somit demonstrativ den Sieg der US-Interventionstruppe.

Weitere Einsätze der Marines ergaben sich unabhängig an der Westküste von Mexiko und im heutigen Kalifornien. Hier eroberten und besetzten Landungstruppen des Pazifik-Geschwaders verschiedene Häfen und Städte. Rund 400 Marines hatten in den recht abgelegenen Regionen alle Hände voll zu tun, um die Interessen ihrer Regierung und ihrer Landsleute durchzusetzen.

Neben dem Krieg gegen Mexiko kam es weiterhin zu kleineren weltweiten Einsätzen. Der Aufstieg der Vereinigten Staaten zur Wirtschafts- und Handelsmacht war nicht mehr zu bremsen. Exporte und Importe auf internationaler Ebene machten eine starke Handelsflotte erforderlich, die von der US Navy geschützt wurde. Gleichzeitig mußten vorgeschobene Basen errichtet und unterhalten werden, um die US-Bürger und ihren Besitz im Ausland zu schützen.

Auch das 19. Jahrhundert zeigte sich als recht konfliktbeladen. Spannungen und Waffengewalt waren an der Tagesordnung und führten zu Gegenmaßnahmen. So mußten Marines immer wieder für Ordnung sorgen. Sie vertraten auf ihre Art und Weise die Interessen der USA. Oftmals genügte schon die Drohung ihres Einsatzes; das »Zeigen der Flagge« löste manche schwierige Situation überraschend schnell.

Marines bekämpfen Sklavenjäger

Ein eher »humanes« Kapitel bildeten die Maßnahmen zur Bekämpfung des Sklavenhandels aus Afrika. Diese düstere Geschichte voller Unmenschlichkeit mündete schließlich indirekt in den Bürgerkrieg, der die Entwicklung der USA um Jahre zurückwarf und dessen Folgeschäden teilweise auch heute noch nicht verarbeitet sind.

Wenig bekannt ist, daß sich die USA bereits 1842 in einem Abkommen verpflichteten, Maßnahmen gegen den Sklavenhandel zu ergreifen.

So wurde das Afrika-Geschwader beauftragt, an der afrikanischen Westküste und entlang von Südamerika mit Kriegsschiffen gegen den Menschenhandel vorzugehen.

1843 landete eine Formation der Marines im heutigen Liberia. Sie sollte die Morde an US-Bürgern aufklären. Bei dieser Gelegenheit wurde der US-Oberbefehlshaber während der Verhandlungen von einem der Häuptlinge mit Waffengewalt angegriffen. Daraufhin feuerte ein Sergeant der Marines auf den Angreifer und es entwickelte sich ein blutiges Handgemenge. Die Eingeborenen brachen schließlich den Kampf ab und flohen in Panik in den Urwald. Zur Strafe und »bleibenden Erinnerung« wurde das Dorf niedergebrannt und dem Erdboden gleichgemacht. Bis zum Jahr 1860 kam es immer wieder im Zusammenhang mit der Bekämpfung des Menschenhandels zu Aktionen der Marines.

Als wahres »Pulverfaß« zeigte sich damals Mittel- und Südamerika. Die zahlreichen Revolutionen rivalisierender Machtgruppen und soziale Spannungen ließen die Region nicht zur Ruhe kommen. So landeten die Marines 1852 in Buenos Aires und schützten ihre Landsleute an zahlreichen anderen Orten.

In der zweiten Jahrhunderthälfte nahm das Interesse am geheimnisumwitterten Fernen Osten stark zu. Japan und China galten als lockende Ziele vieler Expeditionen. 1852 erhielt der Kommodore des Ost-Indien-Geschwaders Matthew C. Perry den Befehl, die Möglichkeit der Eröffnung von Handelsbeziehungen mit Japan zu erkunden. Seine Flotte bekam für dieses Unternehmen einige der erst kürzlich in Dienst gestellten Dampfschiffe zugeteilt, die in den kommenden Jahrzehnten die bisher verwendeten Segelschiffe von den Weltmeeren verdrängen sollten. Auf jedem der Schiffe befand sich ein Detachement der Marines, geführt von Major Zeilin, der später zum Oberbefehlshaber des gesamten Marine-Corps aufrückte.

Am 2. Juli 1853 erreichten die Schiffe das damals nach außen streng isolierte Inselreich. Der Empfang der fremden Seeleute und Marinesoldaten verlief zwar recht kühl, jedoch konnte eine Vereinbarung über einen neuen Besuch im folgenden Jahr getroffen werden. Im März 1854 kam die US-Flotte wieder und der Abschluß eines Handelsvertrages führte zur Öffnung gegen den Westen. Das disziplinierte formale Auftreten der Marineinfanteristen bei den Zeremonien und Empfängen beeindruckte die fernöstlichen Gastgeber außerordentlich.

Nach wie vor waren die Marines fast pausenlos rund um den Globus für ihr Land tätig. Besonders entlang der chinesischen Küste flammten immer mehr Kämpfe auf, mehrfach kam es zu Interventionen der US Truppen.

In den frühen Morgenstunden des 20. Novembers 1856 starteten die Amerikaner eine recht wirksame Strafexpedition. Knapp 300 Matrosen und Marineinfanteristen standen einer chinesischen Streitmacht von rund 4000 Kämpfern gegenüber. Nach dreitägigen harten Gefechten waren vier Forts erobert und 500 Chinesen gefallen. Bei nur sieben eigenen Verlusten konnte ein vollkommener Sieg über die zahlenmäßig überlegene chinesische Armee erzielt werden.

In ihrer Rolle als eine Art »Verfügungstruppe« der US Regierung waren es die Marines gewohnt, die unterschiedlichsten Aufträge weltweit zu erfüllen und den Entscheidungen der Politiker den notwendigen Nachdruck zu verleihen. Reguläre Streitkräfte dagegen wehren Angriffe auf den eigenen Staat ab oder führen selbst Angriffe durch.

Die innere Sicherheit liegt gewöhnlich in den Händen von Polizeikräften, die von den verantwortlichen Politikern geführt und eingesetzt werden. So ist es immer eine heikle Sache, wenn bei Krisen und inneren Unruhen reguläre Streitkräfte gegen Teile der eigenen Bevölkerung eingesetzt werden müssen. Dies ist in den USA wiederholt geschehen. Freilich muß hier aber berücksichtigt werden, daß die politische Struktur der Vereinigten Staaten mit ihren weitgehend selbständigen Bundesstaaten der Regierung in Washington nicht viele Alternativen bietet, da entsprechend präsente Bundesorgane nicht in ausreichender Zahl zur Verfügung stehen.

1857 mußten zwei Kompanien Marineinfanterie in Washington die Ordnung wiederherstellen, da es nach Wahlen zu Ausschreitungen gekommen war.

Die Personalstärke der Marineinfanterie war, gemessen an den globalen Aufträgen der Truppe, nie sehr hoch gewesen. Aber das Marine-Corps verlor trotz zeitweiliger Unterstellungen an die US Army und die US Navy nie seine Eigenständigkeit. Die

Harper's Ferry

Auch 1858 rückten Marines zum Schutz von Regierungsgebäuden aus. Selbst bei der Niederschlagung eines Sklavenaufstandes, den ein militanter Extremist 1859 angezettelt hatte, mußten die Seesoldaten anrücken. Die lokalen Behörden kontrollierten die Lage nicht mehr und so fuhren 86 Marines mit der Bahn zu »Harper's Ferry«, Virginia. Dort hatten sich die Aufrührer verschanzt und die Marines umzingelten das Gelände. Bevor sie zum Sturmangriff antraten, forderten sie vergeblich zur Übergabe auf. Dann griffen die Marineinfanteristen mit voller Wucht an und drangen in die festungsartig verbarrikadierten Gebäude ein. Während des Feuergefechts wurde ein Marinesoldat getötet. Leutnant Greene, der Führer des Kommandos, stand plötzlich dem Anführer der Rebellen gegenüber. Mit einem Säbelhieb streckte er ihn zu Boden. Daraufhin ergaben sich die Aufrührer. John Brown, der Verantworliche, wurde später von einem Gericht des Staates Virginia zum Tode durch den Strang verurteilt.

Führungsverantwortung lag in den Händen des »Kommandanten« des Marine-Corps; so blieb es bis heute.

Schon fast eine lebende Legende war zu seiner Zeit der Brigadegeneral Archibald Henderson. Er trat den verantwortungsvollen Dienst als Kommandant 1820 an und führte das Corps vier Jahrzehnte ununterbrochen durch Höhen und Tiefen.

Henderson befand sich noch im aktiven Dienst, als ihn der Tod im Alter von 76 Jahren ereilte. Der wackere Offizier war ein typisches Beispiel für den Schlag Menschen, der das Corps prägt: Hingebungsvoller Dienst, Verzicht auf privates Wohlergehen, Verantwortung für die Mitmenschen und bedingungslose Identifizierung mit dem selbstgewählten Beruf des Soldaten.

Der General starb noch »rechtzeitig« vor der gewaltigen Katastrophe des Bürgerkrieges, der kurze Zeit später ausbrach und auch eine tiefe Kluft in den US Streitkräften verursachte.

Vom Bürgerkrieg zum Krieg gegen Spanien

Am 1. Januar 1861, kurz vor Ausbruch des Bürgerkrieges zwischen den Nord-und Südstaaten, belief sich die Personalstärke des Corps auf 1892 Köpfe. Fast alle Marines dienten an Bord von US-Kriegsschiffen.
Dort wurden sie als Folge der technischen Weiterentwicklung vornehmlich als Kanoniere bei der Schiffsartillerie eingesetzt. Es kam lediglich zu kleineren Landungsunternehmen, einige Einheiten nahmen, integriert in die Army, an Landeinsätzen teil.

Als am 12. April 1861 der Krieg in South Carolina ausbrach, teilte sich auch hier das Militär in zwei verfeindete Gruppen. Ein Großteil der erfahrenen Führer quittierte den Dienst, weiteres Führungspersonal erwies sich als zu alt für den Krieg.

So schied die Hälfte der Kommandeure freiwillig aus, rund zwei Drittel der Kompanieoffiziere ging ebenfalls, darunter viele erfahrene Veteranen. Um die Einsatzfähigkeit des Corps wiederherzustellen, erfolgte im Sommer 1861 die Einstellung von 28 Offizieren und 750 Mannschaften. So konnte die Personalstärke leicht auf über 3000 Mann erhöht werden; sie ging aber im gesamten Krieg nie über 3900 Köpfe.

Nach kleineren Gefechten um Küstenbefestigungen beteiligte sich ein Bataillon Marines im Juli 1861 an der ersten Schlacht um Bull Run. Mit 35000 Mann rückte die Streitmacht von Washington an, um Richmond, die Hauptstadt der Konföderierten, zu erobern. Zunächst schien der Sieg gegen die 32000 Soldaten des Südens so gut wie sicher. Unter dem Kommando von General »Stonewall« Jackson wendete sich das Blatt jedoch schnell und die Angreifer wurden in die Flucht geschlagen.

Im August wurden 200 Marinesoldaten zur Suche von Waffenlagern der Konföderierten in Maryland abgestellt; Landungstrupps von vier Kriegsschiffen nahmen an der Eroberung der Forts Clark und Hatteras in North Carolina teil. Weitere amphibische Unternehmen und Eroberungen von Schiffen folgten.

Die erste von 17 »Medal of Honor« (höchste US Tapferkeitsauszeichnung), die an Marines verliehen wurde, erwarb Corporal John Mackie. Das Schiff, auf dem er Dienst tat, wurde von einem Volltreffer erwischt und eine schwere Explosion folgte. Trotz der einsetzenden Panik behielt der Soldat die Nerven, versorgte die Verwundeten und setzte drei Geschütze unter Feindfeuer wieder instand. Bei der Eroberung von New Orleans zeichneten sich die Marines durch besondere Kaltblütigkeit aus. Sie schalteten die Artilleriebatterien entlang des Mississippi aus, marschierten in die Stadt ein und besetzten strategisch wichtige Punkte und Regierungsgebäude. Bevor sich ein effektiver Widerstand entwickeln konnte,war die Fahne des Südens eingeholt und die US Flagge flatterte im Wind.

1863 erlitten die Marines herbe Rückschläge. So scheiterte ihr Angriff auf Fort Sumter. Im kommenden Jahr operierten die Marineinfanteristen hauptsächlich auf Kriegsschiffen und dienten meist als Schiffartilleristen. Eine Ende 1864 gemeinsam mit der Army durchgeführte Aktion zur Unterbrechung der Bahnlinie zwischen Charleston und Savannah wurde vorzeitig abgebrochen, die Marines kehrten wieder auf ihre Schiffe zurück.

Im Januar 1865 verloren die Südstaatler mit Wilmington in North Carolina ihren letzten Hafen. Der von Fort Fisher geschützte Marinestützpunkt wurde von einer kombinierten Streitmacht aus Soldaten der US Army, Matrosen und Marineinfanteristen angegriffen. Es entwickelten sich erbitterte Kämpfe, wobei sich die Marines durch ihre hohe Kampfmoral auszeichneten. Mit der Eroberung dieses entscheidenden Punktes wirkte die Seeblockade mit voller Wucht und einige Monate später endete der Bürgerkrieg mit einem Sieg der Nordstaaten.

Im Dienste des Südens

Auch der Süden verfügte während der Kriegsjahre über ein eigenständiges Marine Corps. Es wurde 1861 gegründet und erreichte eine Gesamtstärke von rund 600 Mann. Eingesetzt wurden auch diese Soldaten an Bord von Kriegsschiffen und in Hafenstützpunkten. Während der entscheidenden Schlacht von Appomattox vom 2. bis 9. April 1865 stand die Truppe letztmals auf dem Schlachtfeld.

Nach Beendigung des mörderischen Bürgerkrieges standen die USA vor enormen wirtschaftlichen Problemen. Alle Kräfte mußten eingesetzt werden, um den Wiederaufbau zu beschleunigen. Die Streitkräfte wurden in kurzer Zeit drastisch verringert. Bestrebungen, das Corps vollkommen aufzulösen, hatten jedoch keinen Erfolg. Die Marines kehrten größtenteils wieder an Bord der Schiffe zurück, die weltweit in den verschiedenen Geschwadern der US Navy stationiert waren.

Mittlerweile setzte sich der Siegeszug der Industrialisierung energisch fort und krempelte auch die konservativen Streitkräfte um. Bereits der Bürgerkrieg kann als »moderner« Krieg bezeichnet werden: Stacheldraht ersetzte Barrikaden, erste Maschinenwaffen traten auf, Logistik und Infrastruktur wurden zu kriegsentscheidenden Faktoren aufgewertet.

Vermehrt verdrängten Dampfschiffe die Windjammer und aus der Verwendung neuer Antriebstechniken ergaben sich Wechselwirkungen mit Folgen für die Marineinfanterie.

Militärtaktisch bestand nunmehr keine Möglichkeit mehr, Marineinfanteristen als Scharfschützen auf Masten und in der Takelage der Schiffe zu plazieren. Die Seegefechte wurden meist mit der Artillerie auf größere Distanzen geführt und die Nahkämpfe von Entermannschaften gehörten nun der Vergangenheit an.

Mit Volldampf voraus

Die Umstellung auf Dampfschiffe hatte ganz erhebliche Auswirkungen auf die Umgliederung der Marineinfanterie zu einer Spezialtruppe, die zu amphibischen Landeunternehmen größeren Ausmaßes befähigt war. Die Reichweite der Kriegsschiffe fand ihre Grenzen in der mitgeführten Menge von Kohlen. Ohne genügend Energie erwiesen sich die Schiffe als wirkungslos. Um die globalen Einsätze zu gewährleisten, mußte ein weltweites Versorgungsnetz aufgebaut werden.

Als Seestreitmacht war es der US Navy aber nicht möglich, ohne Unterstützung ein weltweites leistungsfähiges Energieversorgungssystem aufzubauen, zu betreiben und gegen Angriffe zu verteidigen. So griff man gerne auf die Marineinfanterie zurück und betraute sie mit der neuen Aufgabe, vorgeschobene Energieversorgungsbasen zu schaffen und gegen Feinde zu schützen.

Die zunehmende Technik machte es erforderlich, daß die Matrosen mit immer komplizierteren Aufgaben an Bord der Schiffe betraut wurden und für kurzfristige Landungsunternehmen nicht mehr verfügbar waren. Die Marines mußten künftig allein diesen Bereich übernehmen. So bildete bald die amphibische Landung die Hauptaufgabe der Marines, der Dienst auf den Kriegsschiffen trat zurück.

Aber nach wie vor befanden sich einige Marines auf den Kriegsschiffen, spezielle amphibische Landungsschiffe gab es damals nicht. Gewöhnlich fehlte eine feste Zuteilung, oft wechselten die Marineinfanteristen nach längeren Auslandsaufenthalten das Schiff und wurden anschließend einem neuen Flottenverband zugeteilt.

Von Alaska bis Uruguay traten in den Nachkriegsjahren die Seesoldaten immer dann auf, wenn es galt, US-Interessen durchzusetzen und zu schützen. Immer mehr eilte den Marineinfanteristen ihr Ruf als Elitesoldaten voraus, oftmals genügte bereits die Androhung ihres Einsatzes oder der Aufmarsch eines Verbandes, um den Auftrag ohne Gewalt zu erfüllen.

26

Massaker am Han-Fluß

1871 lief ein amerikanisches Schiff auf dem Han-Fluß in Korea auf Grund. Die Koreaner nutzten die Situation aus und setzten die »General Sherman« in Brand. Die an Land flüchtende Besatzung wurde, wie bereits weitere Ausländer vorher, umgebracht. Daraufhin nahm ein Flottenverband des Asien-Geschwaders mit hochrangigen Politikern und Militärs Kurs auf den Schauplatz des Massakers, um die Vorfälle zu untersuchen. Als das Vorauskommando den Fluß hinauffuhr, erhielt es Feuer aus einer der fünf koreanischen Befestigungen.

Nachdem eine Bedenkzeit ergebnislos verstrichen war, traten drei Offiziere und 105 Marines zum Angriff gegen die Forts an. Zwei davon konnten mühelos erobert werden, bei der Erstürmung des Hauptwerkes entwickelten sich aber schwere Nahkämpfe. Während ein heftiger Kampf tobte, holten zwei Marineinfanteristen die Flagge der Koreaner vom Mast. Insgesamt sechs Amerikaner erwarben sich dabei die höchste US-Tapferkeitsauszeichnung. Die Aktion zeigte den erwarteten Erfolg: Übergriffe und Feindseligkeiten gegen Amerikaner und Europäer blieben künftig aus.

Im Juli 1882 unterstützten Seesoldaten die Briten während der Kämpfe um Alexandria in Ägypten und evakuierten das Personal des dortigen US-Konsulats. Immer wieder ergaben sich Einsätze in Mittelamerika und im Karibikbecken, besonders die Insel Hawaii bildete mehrfach das Ziel von US-Interventionen von See her.

Im Inland übernahmen die Marineinfanteristen nicht selten Aufgaben, die eher einer Bundespolizei zustanden. Sie löschten Großfeuer, zerstörten illegale Alkoholbrennereien, schützten Eisenbahnen und wichtige Regierungsgebäude, gingen gegen Streikende vor und gewährten der Post Schutz. Hierbei standen mehrfach verschiedene kleine Einheiten und Verbände in Bataillonsstärke im »Kreuzfeuer« rivalisierender Interessen, zeigten sich aber immer strikt loyal gegenüber der Regierung.

Im letzten Jahrzehnt des 19. Jahrhunderts erfolgten eine Reihe organisatorischer sowie materieller Verbesserungen. Die Ausbildung der Offiziere wurde vereinheitlicht und die Zahl der Unterkünfte und Stützpunkte erhöht. Die Mannschaftsstärken nahmen zu. Gleichzeitig verringerten sich aber Zahl und Aufgabenbereiche der auf den Schiffen stationierten Detachements, da der bereits beschriebene Übergang zur Dampfschiffahrt wesentliche Aufgabenänderungen mit sich brachte.

Kurz vor der Jahrhundertwende brach 1898 ein größerer Waffengang aus. Im Spanisch-Amerikanischen Krieg stand erneut die krisengeschüttelte Karibik im Mittelpunkt.

Politische und handfeste wirtschaftliche Interessen trugen maßgeblich dazu bei, daß die Streitkräfte der USA wieder einmal in den Krieg zogen. Gleichzeitig ist aber das Bestreben hin zur regional dominierenden Vormacht in der »Neuen Welt« nicht zu übersehen.

Im Februar 1898 wütete ein Aufstand auf der Karibik-Insel Kuba. Zum Schutze der zahlreichen auf der »Zuckerinsel« lebenden US-Bürger und des erheblichen Besitzes lag das Kriegsschiff »Maine« im Hafen der Hauptstadt. Die Stimmung der Amerikaner war bereits durch eine Pressesekampagne von William R. Hearst im »New York Journal« mächtig angeheizt worden und in der Nacht des 15. Februars passierte es. Eine gewaltige Detonation erschütterte die »Maine« und das Schiff versank mit 260 Besatzungsmitgliedern, darunter 28 Marineinfanteristen, in den Fluten. Empört forderte die amerikanische Bevölkerung Rache gegen Spanien und die Stimmung eskalierte. Am 25. Februar erhielt der Oberbefehlshaber der Asien-Flotte den Auftrag, im Falle einer Kriegserklärung unverzüglich die damals unter spanischer Verwaltung stehenden Philippinen anzugreifen.

Nach der Bevollmächtigung des US-Präsidenten, Truppen zur Befreiung Kubas von der spanischen Besatzung einzusetzen, erklärte Spanien am 24. April den USA den Krieg.

Wenige Tage später drang die amerikanische Asien-Flotte überraschend in die Bucht von Manila ein und konnte die dort liegende spanische Flotte vernichten. Am 3. Mai gingen Marines an Land und eroberten die Marinebasis Cavite. Mit der Besetzung der Pazifik-Insel Guam durch eine weitere Marineinfanterieformation endete der Krieg in dieser Ecke der Welt bald. Zwischenzeitlich liefen in den USA die Vorbereitungen zur Invasion der Karibik-Insel Kuba auf Hochtouren. Aus verstreuten Teileinheiten formierte Oberstleutnant Huntington einen Bataillonsverband und stellte ihn im Raum Key West, Florida, bereit.

Am 11. Mai verließen Marines und Seeleute den Kreuzer Marblehead, um einen waghalsigen Coup zu unternehmen. Das transozeanische Überseekabel, welches die Insel mit Europa verband und somit eine wichtige Kommunikationslinie darstellte, sollte gekappt werden. Während der Aktion in Höhe von Cienfuegos geriet das Kommando unter das Feuer spanischer Küstenbefestigungen. Mit sieben Verlusten mußte der Sondereinsatz abgebrochen werden und die Soldaten kehrten wieder an Bord des Kriegsschiffes zurück. Das Unternehmen wurde zunächst aufgeschoben, aber kurze Zeit später vollendet. Am 7. Juni drangen mehrere Kriegsschiffe in die Guantanamo-Bucht ein und setzten eine Aufklärungstruppe der Marines an Land. Dieser gelang es, das Betriebswerk der Kabel-Station bei Playa del Este zu zerstören und so die auch für die Führung der spanischen Kriegsmarine außerordentlich wichtige Verbindungslinie zu unterbrechen.

In der Zwischenzeit ging das Marine-Bataillon an Bord der »Panther« und landete am 10. Juni als erster US-Kampfverband an der feindlichen Küste. Dabei trafen die Soldaten auf keine Gegenwehr und schlugen auf einer Anhöhe landeinwärts ihr Lager auf. Erst am nächsten Tag flammten nach einem Überraschungsangriff auf einen Außenposten Kämpfe auf und der US-Kommandeur entschloß sich nach dreitägigen Gefechten, die Spanier von ihrer Wasserversorgung abzuschneiden. Captain Elliott rückte mit seiner Kompanie zehn Kilometer in Richtung der Ortschaft Cuzco vor und kreiste die gegnerischen Truppen in einer Umfassungsaktion ein. Die Marines lagen auf einer Anhöhe oberhalb der lebenswichtigen Quellen und forderten Artillerieunterstützung von der »Dolphin« an. Unglücklicherweise lagen die Granaten zu kurz und gefährdeten die eigene Truppe. Ohne Rücksicht auf die eigene Gefährdung durch umherfliegende Geschosse und Splitter erhob sich Sergeant John Quick von den Marines und signalisierte dem Schiff mit einer behelfsmäßig hergestellten Flagge, das Feuer einzustellen. In der allgemeinen Verwirrung zogen sich die Spanier zurück und gaben die Wasserstelle auf, die von den Marines zerstört wurde. Der mutige Sergeant wurde gemeinsam mit weiteren auf Kuba eingesetzten 14 Marines mit der hohen Auszeichnung »Medal of Honor« geehrt.

Im August wurde das Bataillon erneut eingeschifft um bei Manzanillo zu landen. Nach einem heftigen Bombardement der feindlichen Küstenbatterien machte sich der Landungsverband am 13. August zum Sturm fertig. Aber dieses Mal blieben die Füße trocken, der Gegner stellte die Kampfhandlungen ein und ein Sturmangriff erübrigte sich.

Mit der Unterzeichnung eines Friedensvertrages endete kurze Zeit später der Krieg und die Seesoldaten kehrten in die Heimat zurück.

Wieder einmal hatte das Corps seine Fähigkeit bewiesen, in kurzer Zeit schlagkräftige Landungsverbände aufzustellen, an Bord von Schiffen zu verlegen und Aktionen zur Unterstützung der Flotte erfolgreich durchzuführen.

Die enge Zusammenarbeit mit der Kriegsmarine, welche die an Land kämpfenden Soldaten mit der schweren Schiffsartillerie wirksam unterstützt, entwickelte sich in den kommenden Jahren als richtungsweisend und sollte noch oft wiederholt werden, wenn es galt wichtige Stützpunkte im Ausland zu erobern und zu verteidigen.

LEDERNACKEN: VON DER KARIBIK BIS FERNOST

Nach dem Sieg gegen Spanien begann für das Corps eine Epoche der Expansion. Die Truppe wurde verstärkt, die Ausbildung verfeinert und intensiviert. Nach wie vor kamen die rauhen, anspruchslosen »Ledernacken« kaum zur Ruhe.

Den meisten Menschen früherer Generationen fehlte jede Möglichkeit, die Welt zu bereisen und andere Länder zu sehen. Urlaubsreisen waren praktisch unbekannt. Viele Leute verbrachten ihre kargen Lebensjahre ausschließlich am Ort ih-

Die Ledernacken

Die noch heute übliche, inoffizielle Bezeichnung der Truppe als Ledernacken findet ihren Ursprung in der besonderen Dienstbekleidung der Soldaten jener Tage. Beim »Ledernacken« handelte es sich um einen dunklen Lederkragen, der bis gegen Ende des 19. Jahrhunderts zum Schutz der Halsschlagadern im Nahkampf verwendet wurde.

rer Geburt und gelangten allenfalls in das nähere Umland. So zog natürlich die Seefahrt mittellose, aber erlebnishungrige junge Männer geradezu magisch an.

Der harte, gefahrvolle Dienst bildete die einzige Möglichkeit, die vielen Wunder der Welt mit eigenen Augen zu sehen. In Ausübung ihres kräftezehrenden Dienstes bot sich auch den Marines die Gelegenheit, ferne Länder zu sehen. Der Preis dafür war hoch: Tod, Verwundung, Krankheiten und Seuchen gehörten zum Alltag dieser Soldaten. Aber der Drang in die Ferne erwies sich meistens als stärker und es unterzogen sich immer neue Rekruten der traditionell harten Ausbildung in den Camps der Marineinfanterie.

Gerade die Zeit um die Jahrhundertwende gönnte den Seestreitkräften keine Atempause. Unruhen in China, Mittelamerika und im Pazifik, machten kleinere und größere militärische Interventionen erforderlich. Nachdem die Insel Guam von den Marines besetzt und befriedet worden war, braute sich 1899 auf den Philippinen ein gefährlicher Aufstand zusammen. Im März 1899 forderte der Kommandeur des Marinestützpunktes Cavite in der Bucht von Manila dringend Verstärkungen zum Schutz der Einrichtungen gegen drohende Ausschreitungen an.

Daraufhin stach das 1. Bataillon in einer Stärke von 16 Offizieren und 260 Mann in San Francisco in See und erreichte Ende Mai die Bucht von Manila. Das 2. Bataillon mit 365 Seesoldaten kam Ende September an. Weitere Verstärkungen folgten und zum Jahresende stand ein komplettes Regiment zum Einsatz gegen die Aufständischen bereit. Im Jahr 1900 entstand mit der 1. Marine-Brigade der erste Großverband der Landungstruppen. Die Brigade gliederte sich nun in zwei Regimenter mit je zwei Bataillonen, unterstützt von zwei Artillerie-Kompanien. Die Ledernacken übernahmen die Kontrolle der Provinz Cavite und Subic Bay, dort befand sich lange Zeit ein riesiger US-Marinestützpunkt mit einem leistungsfähigen Kriegshafen.

Mittlerweile schlug sich auch die US Army mit einheimischen Rebellen herum. Den Freiheitskämpfern war es gelungen, eine Kompanie fast gänzlich zu vernichten und die Marines wurden zur Verstärkung angefordert. Die Ledernacken konnten in wenigen Wochen die Lage unter Kontrolle bringen und blieben in mehreren blutigen Gefechten siegreich.

Kaum war dieser Auftrag erfüllt, erhielt die Truppe unter Major Waller einen weiteren schwierigen Befehl: Auf einer Strecke von 80 Kilometer galt es durch schwierigstes Gelände den Bau einer Telegraphenlinie vorzubereiten und Vermessungsarbeiten durchzuführen. Neben dem nahezu undurchdringlichen Dschungel, tückischen Gewässern und gefährlichen Tieren drohten Krankheiten und Erschöpfung. Am Ende der Aktion waren zehn Marines den Strapazen erlegen, zahlreiche weitere lebensgefährlich erkrankt und total erschöpft.

Obwohl 1903 wieder Friede herrschte, blieb die Brigade, verteilt über viele Inseln und Stützpunkte, als Bereitschaftstruppe und Krisenfeuerwehr unter dem Kommando der US Army in dieser Region. 1906 erfolgte eine wesentliche Reduzierung der Dienststärke, aber erst 1914 wurden die letzten Einheiten abgezogen.

Nach wie vor bildete China einen chronischen Unruheherd. Im Mai 1900 eskalierten die Spannungen. Mit dem Niederbrennen einer von Belgiern gebauten Bahnlinie begann der sogenannte Boxer-Aufstand. Als die aufgebrachten Massen außer Kontrolle gerieten und den Tod aller Europäer und Amerikaner forderten, ergriffen die Ausländer militärische Gegenmaßnahmen. Am 29. Mai 1900 landete eine Truppe Marines und Matrosen als Vorhut im Hafen von Tientsin in den Nachtstunden. Kurze Zeit darauf folgten Einheiten der bedeutensten »westlichen« Militär- und Handelsmächte. Briten, Deutsche, Franzosen, Italiener, Japaner und Russen bildeten eine gemeinsame Streitmacht. Mit der Bahn verlegten die Soldaten nach Peking, wo sie vor allem die Botschaften schützen sollten. Kurze Zeit später unterbrachen die »Boxer« die Eisenbahn und die Entsatztruppe saß nun zunächst selbst in der Falle. Unter dem Oberbefehl des britischen Admirals Seymour setzte sich am 10. Juni 1900 eine internationale Entsatztruppe in Bewegung, reparierte die Bahnverbindung und erreichte die eigenen Verbände in Peking. Dort kam es in den folgenden Tagen zu schweren Kämpfen und die Soldaten erlitten dabei so große Verluste, daß ein Rückzug Richtung Tientsin versucht wurde. Jedoch war auch dort in der Zwischenzeit die Hölle ausgebrochen, schwere Kämpfe tobten. Die stark angeschlagenen Formationen konnten sich mühsam in eine Festung in der Nähe der Stadt zurückziehen und verschanzten sich dort. Erst Ende Juni

Marines während des Boxer-Aufstandes 1900 in Peking.

nahten die sehnlichst erwarteten Retter: Zu den anrückenden eigenen Verbänden zählten auch Marines, die von den Philippinen zur Hilfe eilten. Mit vereinten Kräften gelang es, den Gegner zurückzuschlagen und die eingeschlossenen Kameraden zu retten. Nachdem immer mehr Soldaten in der Krisenregion ankamen, wendete sich das Blatt. Mitte Juli waren die chinesischen »Boxer« vernichtet.

Als weiterhin recht problematisch entwickelte sich die Situation in Peking. Am 20. Juni 1900 begann mit der Ermordung des deutschen Diplomaten Clemens von Ketteler eine Welle der Gewalt gegen ausländische Bürger. Anfang August erreichten weitere Verstärkungen Tientsin, darunter viele Ledernacken. Sie verstärkten den multinationalen Kampfverband, der nun mit mehr als 18 000 Soldaten Richtung Peking vormarschierte. Nach neun Tagen rückten die ersten Einheiten in die Vororte von Peking ein und stellten sich zu einem Großangriff gegen die zäh verteidigenden Chinesen bereit. Es gelang den Verbündeten, den Widerstand zu brechen und die Stadt zu besetzen. Nach wenigen Tagen konnten die Kampfhandlungen eingestellt werden. Bis zum 28. September 1900 leisteten die Ledernacken in der chinesischen Metropole Besatzungsdienst, dann kehrten sie wieder auf die Philippinen zurück.

Praktisch jeder Marineinfanterist betrat um die Jahrhundertwende einmal oder mehrfach lateinamerikanisches Gebiet. Im ersten Drittel des 20. Jahrhunderts häuften sich die Einsätze und bald nannte man die kleinen, unstabilen Staaten im Süden den »Hinterhof« der USA. Besonders unter Präsident Roosevelt wurden die Grundsätze der Monroe-Doktrin von 1823 fortgeführt und noch erweitert. Als strategisch wichtig galten die Zugänge zum Panama-Kanal mit den davor liegenden Inseln Kuba und Haiti. In den Jahren 1901 und 1902 landeten mehrmals Ledernacken in Panama und sicherten das Leben und den Besitz von US-Staatsbürgern.

Den Kanal voll

Um 1900 gehörte Panama noch zu Kolumbien und 1903 kam es auch hier zu einer der vielen Revolutionen in dieser Region. Die Provinz strebte nach politischer Selbständigkeit und versuchte, diese mit Gewalt zu erlangen. Natürlich standen die Marines erneut in Alarmbereitschaft und waren wenige Tage nach Ausbruch der Revolte zur Stelle. Sie hatten jedoch nicht den Befehl zu intervenieren, sondern sollten dafür sorgen, daß keine auswärtige Macht, besonders Truppen aus Kolumbien, landen und eingreifen würden. Die Regierung der Vereinigten Staaten war nämlich sehr an einem eigenständigen Staat Panama interessiert und so wurde durch die Verlegung eines starken Kontingents von mehr als drei Bataillonen Ledernacken ein deutliches Signal gesetzt. Kolumbien zog sich daraufhin zurück und eine eigenständige Regierung entstand. Eine ihrer ersten Handlungen war die Unterzeichnung eines Vertrages mit den USA. Der mächtige Nachbar aus dem Norden erhielt die Hoheitsrechte in der zehn Meilen breiten »Kanal-Zone«. Von 1904 bis 1914 wurde dann unter großen Anstrengung der Panamakanal erbaut, der an dieser schmalen Stelle eine Verbindung zwischen dem östlichen und dem westlichen Weltmeer herstellt.

In wenigen Jahren wird der Vertrag erfüllt sein und die US-Streitkräfte ziehen ab.

Zwischendurch standen erneut Honduras und die Dominikanische Republik im Mittelpunkt von Aktionen, aber 1906 kam es auf der unruhigen Zuckerinsel Kuba zu einem verheerenden Aufstand. Wie üblich zögerte der energische Präsident Roosevelt nicht lange und schickte der bedrohten Regierung eine komplette Brigade seiner Marines zur Hilfe. Innerhalb weniger Tage stellten die 97 Offiziere und 2 795 Mannschaften die Ruhe wieder her und blieben dann noch bis 1909 als Teil einer Friedenstruppe unter dem Oberbefehl der US Army auf der Insel. Aber schon 1912 erschütterte eine gewaltige Neger-Revolte den Inselstaat. Dieses Mal mußten alle Kräfte aufgeboten werden um die Situation wieder zu kontrollieren. Am 22. Mai 1912 landete das 1. provisorische Regiment der Ledernacken als Vorhut auf der Insel, gefolgt von einem zweiten Regiment wenige Tage später. Unter dem Kommando von Oberst Karmany entstand in Guantanamo – dort unterhalten die US-Streitkräfte noch heute einen Stützpunkt – eine provisorische Brigade. In 26 Städten beteiligten sich die Marines an der Niederschlagung der Revolution und stellten zusätzlich für die Eisenbahnen Schutzmannschaften auf. Ende Juli kehrten die Seesoldaten siegreich in die Heimatgarnisonen zurück.

Nicaragua bildete einen besonderen Unruheherd, 1909 fegte eine weitere Revolution das herrschende System hinweg. Das Land war in der Vergangenheit bereits mehrfach Ziel amerikanischer Landungen gewesen, im laufenden Bürgerkrieg beschränkten sich aber die USA zunächst auf die Bereitstellung einer regimentsstarken Eingreiftruppe. Diese befand sich für die Dauer von drei Monaten auf Schiffen in Küstennähe. Später besetzten zwei Kompanien von der Panama-Kanalzone her Teile des Landes und schützten die Bevölkerung vor Ausschreitungen.

Bis 1912 währte ein Guerillakrieg, dann eskalierte der Konflikt erneut. Nach dem Angriff auf die US-Botschaft und wachsender Bedrohung des Lebens von ausländischen Staatsbürgern landeten auf Ersuchen der Regierung Marineinfanteristen und beteiligten sich an der Niederschlagung des Aufstandes. Die Soldaten blieben bis 1913 im Land, es galt vitale wirtschaftliche Interessen amerikanischer Firmen zu schützen, die im Bergbau und in der Landwirtschaft erheblich investiert hatten. Nachdem sich die Lage beruhigt hatte, blieb lediglich eine Hundertschaft Marines zum Schutz der US-Botschaft zurück. Die Bewachung von US-Botschaften- und Einrichtungen im Ausland gehört noch heute zu den vielen Zusatzaufgaben des Marine Corps und erfordert besonders belastbare, standfeste Soldaten mit diplomatischem Geschick und Verständnis für andere Kulturen.

Im Jahr 1912 rückte ein Regiment der Ledernacken in Santo Domingo City ein, der Hauptstadt der Dominikanischen Republik. Die Soldaten blieben zunächst an Bord der Schiffe. Allein ihre Anwesenheit genügte, um die außer Kontrolle geratene Situation wieder in den Griff zu bekommen. Das »Zeigen der Flagge« zur friedvollen Bewältigung gehörte seit jeher zu den positiven Werkzeugen des Krisenmanagements und ist besonders in der Gegenwart von substantieller Bedeutung. Aber bereits 1914 mußte das 5. Regiment erneut intervenieren und dieses Mal militärische Machtmittel einsetzen. Aber der erhoffte Frieden verwirklichte sich nicht. So mußte ab Mai 1916 eine kriegsstarke Brigade das Land besetzen und die innere Sicherheit und den Aufbau einer funktionierenden Verwaltung sowie einer leistungsfähigen Wirtschaft gewährleisten. Diese Entwicklungshilfe und Aufbauarbeit zog sich bis 1924 hin. Der verantwortliche US-Beamte konnte die Regierungsgeschäfte an demokratisch gewählte Volksvertreter übergeben und die Marines zogen wieder einmal ab.

MARINES ALS »IMPERIALISTEN«

1914 verschärfte sich der schwelende Konflikt mit dem südlichen Nachbarn Mexiko derart, daß sich die USA zum Eingreifen entschlossen. Am 21. April 1914 griffen Marinekräfte bei Vera Cruz an. Ein großes Kontingent Marineinfanteristen, unterstützt von Matrosen, ging an Land und beendete binnen drei Tagen die Kämpfe. Erst zu diesem Zeitpunkt trafen Verbände der US Army ein und übernahmen Besatzeraufgaben. Nach Abzug der US-Flotte verblieb jedoch noch eine Brigade Marines in Vera Cruz und unterstützte bis Ende 1914 die Kameraden des Heeres. Auch dieser Einsatz kann als typisch für das Marine Corps bezeichnet

Neuorganisation

Vor dem Ersten Weltkrieg ergaben sich trotz aller Hektik und der vielen weltweiten Kampfeinsätze bedeutende strukturelle Veränderungen. Die recht offensive Politik der damaligen Mächte, zu denen nun auch die jungen Vereinigten Staaten von Amerika gehörten, führte zu Konsequenzen im militärischen Bereich und forderte laufende Anpassung in der Organisation und Ausbildung. Natürlich ergaben sich besonders gravierende Veränderungen durch die immer schneller fortschreitende Technik. Waffen, Transportmittel, Nachrichtentechnik und Luftfahrt zwangen auch die Führung des Marine Corps zum Weiter- und Umdenken.

Auf dem Gebiet der Einzelausbildung ergaben sich Verbesserungen. Großer Wert wurde fortan vor allem auf die Schießtechnik gelegt, auch noch heute im Atom- und Raketenzeitalter ein Trainingsschwerpunkt. Ein Ausschuß setzte sich aufgrund der Analyse früherer Aktionen mit der Verfeinerung und Fortentwicklung der amphibischen Einsatzkonzepte- und techniken auseinander. Die Bataillone erhielten fortan eine Spezialausbildung über die Einnahme und die Verteidigung vorgeschobener Basen und Stützpunkte. Um genügend Personal für die Besetzung vorgeschobener Stützpunkte verfügbar zu haben, genehmigte der ansonsten in Militärfragen sehr sparsame US Kongreß eine Personalvermehrung von über 15 Prozent. Vermehrt besuchten Angehörtge des Corps Schulen der Army und erweiterten so ihre Fachkenntnisse. Aber die Marines mußten immer wieder um ihre Eigenständtgkeit kämpfen. Zwar konnten die Marineinfanteristen auf hervorragende Leistungen verweisen; zudem zeichneten sie sich durch Disziplin und Leistungsfähigkeit aus. Aber es fehlten einflußreiche Förderer und besonders die neuen technischen Entwicklungen ließen die Stimmen von Kritikern und Reformern wieder laut werden. Es gab eine Gruppe von Navy-Offizieren, die den Aufent-

werden, schnelle Reaktion und Verlegung, kombiniert mit konzentrierten Angriff und umgehenden Abzug der Hauptkräfte nach Auftragserfüllung.

Im selben Jahr »krachte« es auch wieder auf Haiti! Wieder griffen Marines als Ordnungshüter und Beschützer eigener und ausländischer Staatsbürger ein. 1915 nahm der Bürgerkrieg an Härte zu. Mitte August befand sich ein Brigadeverband auf der Insel. Ähnlich wie vorher in der Dominikanischen Republik, widmeten sich die US-Amerikaner dem Aufbau einer öffentlichen Verwaltung, Wirtschaft und Verkehrswesens. Polizei und einheimische Streitkräfte entstanden unter den wachsamen Augen und der harten Ausbildung erfahrener Marine Corps-Veteranen, die sich weltweit im Einsatz bewährt hatten.

Immer wieder flackerten Unruhen auf und zwangen die Aufbauhelfer, zur Waffe zu greifen und für innere Stabilität Sorge zu tragen.

1918 kam es erneut zu schweren Auseinandersetzungen. Bis 1922 beruhigte sich die Lage insgesamt, abgesehen von kleineren Scharmützeln, die in der gesamten Region sozusagen an der Tagesordnung sind.

---

halt der Marineinfanteristen auf Schiffen unterbinden wollten. Andere wollten die Landungstruppen ganz in den Organisationsrahmen der US Army integrieren. Selbst der populäre Präsident Theodore Roosevelt wurde eingespannt und unterzeichnete 1908 einen Befehl über die Neuorganisation des Corps. Danach sollten die Marines vom Dienst auf US-Kriegsschiffen entbunden werden.

Weiterhin hielt sich das Gerücht, daß die Ledernacken als Infanterie der US Army unterstellt werden sollten. Die Diskussion um die Zukunft des Corps zog sich längere Zeit hin und brachte den Marines die öffentliche Aufmerksamkeit und Beachtung, die ihnen bisher weitgehend versagt geblieben waren. Man würdigte die zahlosen Opfer und gewonnenen Schlachten und bald hatten die Ledernacken die politische »Schlacht« um ihr Überleben gewonnen: Ein neues Gesetz verfügte, daß wenigstens acht Prozent der Besatzung von Kriegsschiffen aus Marines bestehen sollte und diese auch künftig Dienst an Bord verrichten dürfen. Allerdings hatte die neue Regelung auch einen Haken: Während des Aufenthaltes auf Schiffen der US Navy unterlagen die Marines der Befehlsgewalt des jeweiligen Kapitäns. Als negative Folge bürgerte es sich daraufhin ein, die Ledernacken für alle Arbeiten an Bord einzusetzen und so mußten viele qualifizierte Kämpfer Hilfsdienste und andere unangenehme Arbeiten übernehmen, für die sie nicht bestimmt waren.

Aber weitblickende Politiker und Offiziere erkannten die Bedeutung eines effektiven Marine Corps als wirksames Werkzeug der Außenpolitik. Der US Präsident ordnete persönlich an, alle Einschränkungen aufzuheben und die alten Bestimmungen wieder in Kraft zu setzen. Im Jahr 1909 konnte die Krise als bewältigt angesehen und Offiziere und Mannschaften konzentrierten sich mit voller Kraft auf die schwierigen und gefährlichen Aufgaben als Bereitschafts- und Interventionstruppe.

Im Jahr 1913, kurz vor Ausbruch des Ersten Weltkrieges, waren je ein Regiment in Stärke von 1250 Mann an den beiden US Küsten stationiert. Zwei weitere mobile Regimenter in gleicher Stärke standen für Verstärkungen und Verlegungen bereit. Als Folge der fortschreitenden Technik erhielten die Soldaten neue Waffen und mußten ihre Kampf-und Einsatzgrundsätze den Veränderungen angleichen. Neue halbautomatische und automatische Handwaffen und Maschinengewehre erhöhten die Feuerkraft der Schützen erheblich, Funkgeräte ermöglichten schnelle Nachrichtenübermittlung auf große Entfernungen und die schweren Waffen der Artillerie gewährleisteten eine verbesserte Kampfunterstützung.

Vor allem aber sorgten mit Motoren angetriebene Landfahrzeuge für einen gewaltigen Umbruch und eine wesentliche Verbesserung des Transport- und Logistikwesens.

Die folgenreichste Reform und Verbesserung war aber zweifelsohne die Einführung von Flugzeugen. Von den bedeutenden Vorteilen der Luftfahrzeuge profitierte auch das Marine Corps.

Marines in den Wolken

Seit den ersten Anfängen der Marinefliegerei im Mai 1912 verfügen die Marines über eine eigenständige Luftwaffe. Sie bildet heute einen wesentlichen Teil des Corps und ist mit den Fliegergeschwadern und modernen Einsatzflugzeugen eine Stütze der Führung.

Der unmittelbare Zugriff auf eigene Luftstreitkräfte hebt die Selbständigkeit des Marine Corps stark. Es ist befähigt, weitgehend eigenverantwortliche Operationen durchzuführen, ohne mit den in der Praxis oft auftretenden Koordinationsschwierigkeiten bei der Zusammenarbeit mit den Teilstreitkräften fertig werden zu müssen.

Leutnant Cunningham vom Marine Corps gehörte zu den Pionieren der Marine-Fliegerei. Bei Kriegseintritt 1917 standen nur wenige Piloten und Techniker zur Verfügung, aber bereits im Januar 1918 entstand die erste Fliegerkompahie des Corps mit einer Stärke von zwölf Offizieren und 133 Mann. Von den Azoren aus flogen die Piloten Einsätze gegen deutsche U-Boote.

»Teufelshunde« im Ersten Weltkrieg

Im Sommer 1914 marschierten deutsche Truppen in Belgien ein. Ihr Ziel: Paris, die französische Hauptstadt. Der Erste Weltkrieg hatte begonnen, in vier Jahren verwüstcte er ganze Landstriche und veränderte die politische Landkarte Europas vollkommen. Mehr als acht Millionen Soldaten starben, über 20 Millionen erlitten Verletzungen. Der Bewegungskrieg an der Westfront erstarrte nach anfänglichen Erfolgen der deutschen Armeen noch vor Eroberung der Hauptstadt zum »Grabenkrieg«. Bis 1917 gelang es keinem der Beteiligten die Oberhand zu gewinnen, ein brutaler Stellungskrieg entwickelte sich zu gewaltigen Materialschlachten, Kampfgas und Maschinenwaffen forderten blutige Opfer. 1917 befreite die Revolution in Rußland die Deutschen von der Bürde einer zweiten Hauptfront im Osten. Die nunmehr freigestellten Divisionen standen nun zusätzlich für eine Verwendung an der Westfront bereit. Die neue Lage brachte die von den Briten unterstützten Franzosen in schwere Bedrängnis und das Kriegsglück schien die Alliierten endgültig zu verlassen.

Die USA bemühten sich zunächst strikt um Neutralität. Im April 1917 traten die USA wohl auch angesichts der drohenden Niederlage der Alliierten an deren Seite in den Krieg ein. Zu diesem Zeitpunkt lag die Stärke der US Army bei etwas über 200 000 Mann, etwa 70 000 dienten in der Kriegsmarine. Von deutscher Seite wurde zunächst die militärische Bedrohung als nicht bedeutsam angesehen. Allein an der Westfront standen mehr als 2,5 Millionen kampferprobte Soldaten. Man glaubte nicht an eine Bereitstellung größerer Verbände innerhalb angemessener Zeit. Bevor starke amerikanische Truppen die Front verstärken würden, sollte der Krieg bereits siegreich beendet sein.

Aber die Ereignisse nahmen einen anderen Verlauf. Der Kriegseintritt der Amerikaner führte schließlich zum Sieg der Alliierten.

Ende 1918 trugen rund fünf Millionen Bürger der Vereinigten Staaten Uniform. In wenigen Monaten hatten sich die Dienststärken aller Teilstreitkräfte vervielfacht, 116 000 junge Amerikaner starben auf den Schlachtfeldern Europas.

Als die gewaltige Aufrüstung einsetzte, zählte das Marine Corps etwa 500 Offizier und rund 13 000 Mannschaften. 2 500 Offiziere und 72 600 Marines hatte das Corps bei Kriegsende. Erstmals in seiner Geschichte trat die weitgehend unbekannte Truppe in die Öffentlichkeit und kämpfte erfolgreich unter den Belastungen vorher nie erlebter Materialschlachten gegen einen erfahrenen, tapferen Gegner.

Die bisher meist an kleineren Konflikten, »Buschkriegen« oder begrenzten Scharmützeln beteiligten Ledernacken bewährten sich als kampfkräftige Truppe auch auf den Schlachtfeldern eines »modernen« Krieges in Europa.

Am 3. Juli 1917 war die Verlegung des 5. Infanterie-Regiments nach Frankreich beschlossen. Es verfügte über eine Dienststärke von 2 759 Soldaten und wurde von Colonel Charles A. Doyen befehligt. Nach dem Eintreffen der US-Verstärkungen ergaben sich zunächst Differenzen über Führung und Unterstellung. General Pershing, Kommandeur der Expeditions-Streitmacht, bevorzugte die Bildung eines geschlossenen US-Großverbands; die Franzosen hofften US-Einheiten in ihre ausgebluteten Formationen eingliedern zu können. Ein weiteres Problem ergab sich hinsichtlich der Einsatzmöglichkeiten der Marines. Eine Verwendung als amphibische Landungstruppe erübrigte sich und so blieb der infanteristische Einsatz entsprechend den Kampfgrundsätzen der US Army. So dienten die Marines zuerst lediglich als Sicherungstruppe im Hinterland und übernahmen militärpolizeiliche Aufgaben. Nachdem im Oktober das 6. Infanterie-Regiment eintraf, entstand die 4. Brigade mit 258 Offizieren und 8 211 Soldaten. Nunmehr sollten die Marines als infanteristische Kampftruppe dienen, aber hierzu mußte eine Einbindung in die vorhandenen Strukturen erfolgen.

Zum zweiten Mal in der Geschichte des Corps erfolgte die Eingliederung in die US Army. Im Krieg gegen Mexiko hatte ein Regiment der Marines zur Division von General John A. Withman gehört, der Mexiko City eroberte.

Am 26. Oktober 1917 wurde in Bourmont, Frankreich, die 2. Infanterie- Division der US Army gegründet. Besser bekannt ist sie unter der Bezeichnung »Indianhead«-Division. Das Divisionsabzeichen mit einem federgeschmückten Indianerkopf in einem Stern ziert noch heute als Verbandsabzeichen die Uniform der GI's der momentan in Korea stationierten Division. 1917 wurden die Infanterie-Regimenter 9 und 23 in der 3. Infanterie-Brigade zusammengeführt. Unterstützt von einer Artillerie-Brigade bildeten nun die 3. Brigade der Army und die 4. Brigade der Marines die 2. Infanterie-Division mit einer Stärke von über 28 000 Mann. Brigadegeneral C.A. Doyen vom Marine Corps führte die Division während der Aufbauphase. 1918 übernahm mit Generalmajor John A. Lejeune erneut ein Offizier der Ledernacken das Kommando über eine Infanterie-Division der US Army. Der überwiegende Teil der Mannschaften bestand aus unerfahrenen Rekruten, die aber einer harten, kriegsnahen Ausbildung unterzogen wurden. Interessant ist ein Blick auf die gesellschaftliche Herkunft dieser Freiwilligen: Mehr als die Hälfte verfügte über einen College-Abschluß, ein großer Teil setzte sich aus aktiven Leistungssportlern zusammen.

Im April 1918 lag die 2. Division in der Nähe von Verdun in Verteidigungsstellen. In einer großangelegten Frühjahrsoffensive gingen die deutschen Armeen erneut in den Bewegungskrieg über und vernichteten in der zweiten Schlacht an der Somme nahezu vollständig die 5. britische Armee, bevor sie gestoppt wurden. Ein weiterer deutscher Angriff führte bis 60 Kilometer vor Paris. Die Lage entwickelte sich äußerst brenzlich. Ende Mai warf General Pershing die lange zurückgehaltenen Infanterie-Divisionen 2 und 3 in die an der Marne tobende Entscheidungsschlacht. Als die 2. Division entlang der Achse Metz – Paris anrückte, traf sie auf die zurückflutenden, geschlagenen Verbände der französischen Armee. Nachdem am 1. Juni 1918 Chateau-Thierry und Vaux von den deutschen Verbänden erobert worden waren, setzten sie sich in einem Waldgelände fest. »Belleau Wood« ist seit dem Sommer 1918 ein Markstein in der Geschichte und Tradition des Marine Corps.

»Black Jack« Pershing hatte seine Truppen zunächst bewußt in der Reserve gehalten und verhindert, daß sie im Grabenkrieg verzettelt und aufgerieben wurden. Jetzt, als der deutsche Durchbruch von 30 Divisionen nach Paris drohte, waren die Franzosen für die frischen Reserven dankbar. Die 2. Division besetzte den Abschnitt zwischen der Straße Metz – Paris und der Marne. Gegenüber den schwachen Linien der Marines hatten sich im Bellau-Forst starke deutsche Kräfte festgesetzt.

Am 3. Juni erfolgte ein Infanterieangriff in mehreren Wellen. Die Amerikaner eröffneten erst das Feuer, nachdem sich die Infanteristen auf eine Entfernung von weniger als 100 Meter genähert hatten. Das gezielte Einzelfeuer und die Garben der Maschinengewehre verursachten verheerende Verluste und der Gegner wurde auf seine Ausgangsstellungen zurückgeworfen. In den nächsten Tagen entwickelten sich kleinere Gefechte; nach dem Eintreffen französischer Verstärkungen begann am 6. Juni der Gegenangriff. Der Gegner sollte über die Linie Höhe 142 und Belleau zurückgeworfen werden. Die Gefechtsaufklärung meldete das Waldgebiet feindfrei. Als Teile des vorgegangenen 5. Infanterie-Regiments in das Kreuzfeuer deutscher Maschinengewehre gerieten und beim Überqueren deckungsarmer Felder förmlich zusammengeschossen wurden, hatte die vorangegangene schlampige Erkundung bereits viele Menschenleben gekostet. Ein verstärktes deutsches Infanterie-Regiment lag in gut ausgebauten Stellungen im Wald. Die noch kampffähigen US-Soldaten zogen sich in ein Waldgebiet zurück, gerieten aber erneut unter schweres Feindfeuer. Das 1. Bataillon des 5. Regiments verlor einen Großteil der Offiziere und etwa 325 Mann in den erbitterten Feuergefechten. Den ganzen Tag und die folgende Nacht tobten heftigste Kämpfe. Hohe Verluste ergaben sich auch beim 6. Regiment. Dort verlor das 1. Bataillon 400 Mann und die meisten Einheiten mußten von Unteroffizieren geführt werden. Das Trommelfeuer schwerer Artillerie verwüstete systematisch die vormals liebliche Waldlandschaft und die sträflich unterschätzten deutschen Verteidiger schlugen die Angriffe immer wieder zurück.

Am 11. Juni griff das 2. Bataillon des 5. Infanterie-Regiments erneut die Verteidigungsstellungen im Wald an. Unter dem Schutz eines dicken Morgennebels versuchten sie unbemerkt die dem Wald vorgelagerten Felder zu überqueren. Aber die Überaschung mißlang und die Spitzenkompanie wurde regelrecht zusammengeschossen. Aber es gelang den Marines trotzdem, in den Wald einzudringen und es entwickelten sich heftige Nahkämpfe. Orientierungslos irrten viele Gruppen durch den Wald und nur mühsam konnten die einzelnen Widerstandsnester niedergekämpft werden. Am 15. Juni gelang es einer Kompanie, sich im westlichen Waldgebiet festzusetzen. Aber die Marines waren erschöpft und ausgeblutet. In den vierzehntägigen Kämpfen verloren die Einheiten über 50 Prozent, erhebliche Verluste verursachte dabei auch der mehrfache Einsatz von Kampfgas. Die Marines wurden zur Auffrischung und Ergänzung abgezogen und das noch nicht kampferprobte 7. Infanterie-Regiment der US Army übernahm den Abschnitt.

Diesem Verband gelang es nicht, sich gegen die hartnäckig verteidigenden deutschen Truppen durchzusetzen. So wurde schon am 23. Juni das 3. Bataillon, 5. Infanterie-Regiment erneut in den Kampf geworfen und erlitt weitere 130 Mann an Verlusten. In den nächsten Tagen folgte ununterbrochen schweres Trommelfeuer der Artillerie und fügte den Deutschen erhebliche Verluste zu. Mittlerweile waren sie als Folge des wochenlangen Ringens derartig geschwächt, daß sie sich in nördlicher Richtung aus dem Waldgebiet zurückzogen. Am 26. Juni befand sich das eher einer Mondlandschaft ähnelnde Schlachtfeld endgültig in den Händen der Marines.

Insgesamt verloren die Ledernacken 126 Offiziere und 5 057 Soldaten. Der Angriff war zurückgeschlagen worden und die Franzosen feierten einige Tage später gemeinsam mit den US-Verbündeten das Ende der Bedrohung in einer großen Parade. Dabei zollte man den Marines für die erbrachten Leistungen großen Respekt. Bois de Belleau, das hart umkämpfte Waldgebiet, sollte künftig ehrenhalber die Bezeichnung »Bois de la Brigade de Marine« tragen. Auch die kriegserfahrenen Deutschen waren von der Tapferkeit ihrer Feinde beeindruckt und verliehen ihnen den Spitznamen »Teufelshunde«. Weniger gut kamen sie aber bei der offiziellen »Siegerehrung« im eigenen Lager weg. Als das Heer die Erfolge der Marines einheimste und publikumswirksam für sich verkaufte, kam es zu bitteren Zerwürfnissen. Sie sollten noch über Jahrzehnte das Verhältnis zwischen den »grunts« in der Army und im Marine Corps negativ beeinflussen.

Mitte Juli starteten die deutschen Verbände mit fast 50 Divisionen nochmals eine Großoffensive gegen Paris, überschritten die Marne und bildeten einen Brückenkopf. Aber innerhalb von zwei Tagen wurden sie unter schweren Verlusten zurückgeworfen und die Alliierten planten nun einen Gegenangriff. Zwischenzeitlich befanden sich eine Million US Soldaten in Frankreich und ihre Anwesenheit sorgte für eine grundlegende Veränderung der strategischen Situation zu Ungunsten der Angreifer. An der alliierten Gegenoffensive beteiligte sich im Rahmen der 2. Division die Brigade der Marines. In der Morgendämmerung des 17. Juli griffen die Marines an und es entbrannte ein heftiger Waldkampf. Die Nahkämpfe setzten sich im Verlauf des heißen Tages in den Getreidefeldern fort. Unter schweren Verlusten gelang es, rund zehn Kilometer vorzustoßen. Erneut erlitten die Marines starke Verluste und mehr als 2000 Mann fielen oder erlitten Verwundungen. Viele Kompanien schrumpften in den kriegsentscheidenden drei Tagen auf Zugstärke zusammen. Schließlich mußte die gesamte 2. Division aus der Front herausgenommen werden und französische Einheiten führten die Aktion zu Ende. Die geschwächte deutsche Armee mußte sich zurückziehen und mit dieser Absetzbewegung begann des Ende des schrecklichen Völkermordens.

Die nächsten Wochen brachten den Marines die dringend notwendige Ruhe und sie konnten ihre stark angeschlagenen Kräfte auffrischen. Anfang Oktober nahm die nun der 4. Französischen Armee unterstellte und von einem General der Marines geführte 2. Division bei Blanc Mont in der Nähe von Reims an einem Angriff gegen die deutschen Stellungen teil. Am ersten Tag verzeichneten die Ledernacken, unterstützt von einem Panzerbataillon der Franzosen, einige Geländegewinne. Am 4. Oktober geriet das gesamte 5. Regiment in einen Hinterhalt und lag unter schwerem Beschuß von allen Seiten. Im Verlaufe des mit aller Härte geführten Gefechts entwickelte sich ein fürchterlicher Nahkampf mit Bajonett, Handgranaten und Gewehrkolben. Das 1. Bataillon zählte kaum noch mehr als 100 Mann. Am nächsten Morgen gelang es dem 6. Infanterie-Regiment, die Stellungen auf dem Blanc Mont zu stürmen. Neben zahlreichen Gefangenen wurden allein 65 Maschinengewehre erbeutet. Aber der Preis für diesen Sieg war hoch. Innerhalb einer Woche verlor die Marine-Brigade fast 500 Tote und mehr als 1800 Verwundete. Die Franzosen würdigten den selbstlosen Einsatz mit insgesamt drei Auszeichnungen für besondere Tapferkeit.

Kurz vor Kriegsende, am 1. November, begann für die Marines die letzte Schlacht des Krieges. Die deutschen Truppen hatten sich in tiefgestaffelten Stellungen festgesetzt und verteidigten hartnäckig an der Hindenburg-Linie. Der 2. Division war ein rund 2 Kilometer breiter Angriffsstreifen zugeteilt worden. Mit starker Artillerieunterstützung gingen die Marines gegen die »Kriemhilde-Stellung« vor. Die Angriffsspitze bildeten je ein Bataillon des 5. und 6 Regiments. Trotz erheblichen Widerstands gelang es die Stellungen zu stürmen und schon am Nachmittag waren die Höhen von Barricourt genommen und damit das Ziel erreicht. In den nächsten Tagen verschlechterte sich die Kampfmoral der deutschen Soldaten. Sie setzten sich teilweise fluchtartig ab und wurden von den Amerikanern erbarmungslos verfolgt. Am 6. November erreichte die Brigade die Maas, dem Gegner gelang es aber vorher noch sämtliche Brücken zu zerstören. Am 10. November befanden sich die meisten deutschen Verbände auf dem Rückzug. Um eine geordnete Absetzbewegung zu ermöglichen verzögerten aber noch einige Großverbände. Sie hielten Stützpunkte am erhöhten Flußufer und dem dahinterliegenden Gelände. Die 2. und die 89. Division erhielt den Befehl, den Fluß zu überqueren und den Feind aus seinen Stellungen zu vertreiben. Heftiges Artillerie-und Maschinengewehrfeuer hinderte zunächst die Pioniere am Bau einer Kriegsbrücke. Jedoch gelang es dem 2. Pionier-Bataillon unter Feindfeuer an einer anderen Stelle eine Brücke zu schlagen. Die Überquerung und der anschließende Angriff kostete das 5. Infanterie-Regiment nochmals erhebliche Verluste. Als sich die Verbände neu formierten und den Angriff in ostwärtiger Richtung fortsetzen wollten traf die Nachricht über den Waffenstillstand ein. Trotz des Jubels und der Freude am wiedergewonnenen Frieden herrschte beim 5. Regiment große Trauer.

Die Flußüberquerung kostete 31 Soldaten das Leben und 148 wurden verwundet. Besonders schmerzte die Überlebenden, daß diese letzte militärische Aktion unnötig gewesen war. Die Marines kämpften also tatsächlich bis zum »bitteren Ende«. Während der letzten Operation vom 1. bis 11. November 1918 verzeichnete die Marine-Brigade 277 Gefallene und 1263 Verwundete. Die in immer größerer Zahl eintreffenden frischen Truppen aus den USA, trugen maßgeblich zum plötzlichen Zusammenbruch der ausgelaugten Verbände der deutschen Armee bei, die viele Jahre Kriegseinsatz hinter sich hatten. Vor dem endgültigen Inkrafttreten des Waffenstillstandes feuerten beide Seiten ein letztes Mal aus allen Rohren. Dann herrschte an der Front Totenstille.

Nach den improvisierten Siegesfeiern durften sich die Marines nicht auf eine Rückkehr in die Heimat freuen. Die kampfmüden Soldaten wurden als Besatzungstruppe in Deutschland bestimmt. In einem Gewaltmarsch marschierten sie durch Belgien und Luxemburg, wobei sie rund 300 Kilometer zurücklegten.

Am 23. November überquerten sie die deutsche Grenze. Im Dezember erreichten sie ihr Ziel in der Gegend von Koblenz. Der von den Marines entlang des Rheins besetzte Raum hatte einen Radius von 30 Kilometer um die Stadt. In den kommenden Monaten entwickelten die erschöpften Kriegsveteranen wenig Aktivitäten. Hierzu zählte auch der Patrouillendienst auf dem Rhein. Im Grunde dachten fast alle Marines nur an eine möglichst baldige Rückkehr in die Heimat. Aber erst im Juli 1919 war es endlich soweit. Die Truppe wurde Richtung Brest in Frankreich verlegt und von dort per Seetransport in die Vereinigten Staaten zurückgebracht. In New York fand die Siegesparade vor dem Präsidenten statt. Danach versammelten sich die Marines ein letztes Mal im Stützpunkt Quantico und es erfolgte die Demobilsierung.

Zweifelsohne trug die 4. Brigade die Hauptlast der Kämpfe und erlitt schreckliche Verluste. Aber auch andere Einheiten leisteten in unterschiedlichen Funktionen während des Ersten Weltkrieges Dienst. Eine Bereitschaftstruppe von 8 000

Soldaten wurde unter Waffen gehalten, kam aber nicht zum Einsatz. Die 5. Brigade mit dem 11. und 13. Regiment sowie dem 5. Maschinengewehr-Bataillon kam erst am 24. September 1918 in Frankreich an. Gegen Kriegsende wurde sie nicht mehr als geschlossener Kampfverband verwendet. Vielmehr diente ein Teil des Personals als Ersatz für die schwer angeschlagene 4. Brigade. Andere Marines taten in den unterschiedlichsten Verwendungen Dienst und bald hatte die 5. Brigade als eigenständiger Verband aufgehört zu existieren. Teilweise wurde Führungspersonal zur Dienstleistung bei der US Army abgeordnet. Dort zeichneten sich zahlreiche Offiziere und Unteroffiziere auf dem Gefechtsfeld aus.

Nach wie vor befanden sich Marines in ihrer klassischen Rolle auf US Kriegsschiffen und führten Sicherungsaufträge, kleinere Landeunternehmen und Sonderaktionen durch. Sie bewachten wichtige militärische Anlagen und Kriegsgefangene. Marines intervenierten an zahlreichen Orten von der krisengeschüttelten Karibik bis zu den unruhigen Küsten des Fernen Ostens.

»Bananenkriege« und Krisenmanagement

Im Juli 1919 verminderte sich als Folge der umfangreichen Personalkürzungen die Zahl der Planstellen auf weniger als 30000. Als der große Krieg vorüber war dachte man auch an eine Auflösung des Corps. Die wirtschaftlichen Spätfolgen einer ungeheueren Aufrüstung, verbunden mit entsprechenden Kriegskosten und Ausfällen, forderten nun ihren Tribut. Wieder einmal hofften die gebeutelten und kampfesmüden Menschen den endgültig letzten Krieg erlebt zu haben und freuten sich auf den »Ewigen Frieden«. Die weltweite Wirtschaftskrise verschonte auch die USA nicht. Das Corps wurde nicht aufgelöst, mußte buchstäblich um das Überleben kämpfen, um bald erneut wieder als unentbehrliches Werkzeug zur Krisenbewältigung herzuhalten. Selbst die geringe Soll-Stärke wurde nicht erreicht, zu Beginn der 30er Jahre gab es knapp 15000 Marines. Die Ledernacken blieben trotz aller Widrigkeiten präsent und sorgten auch über eine effektive Selbstdarstellung dafür, daß sie nicht verschwanden oder in einer der beiden anderen Teilstreitkräfte aufgingen. Die manchmal eher als unbeweglich und rückständig bezeichneten führenden Offiziere erkannten schon bald den Wert einer offensiven Öffentlichkeitsarbeit in einer Demokratie, die zu Friedenszeiten sehr wenig für die Unterhaltung teurer Streitkräfte übrig hat. So verließen sich die Marines nicht bequem auf die Staatsautorität, sondern unternahmen selbst etwas. Hervorragende Sportler vertraten das Corps bei nationalen und internationalen Wettbewerben. Offiziere verkauften die Mitarbeit an zahlreichen öffentlichen Projekten professionell. Wie immer gingen die Marines energisch und zielbewußt ihren eigenen Weg und verließen sich nicht auf andere. Nach den verlustreichen Materialschlachten des Ersten Weltkrieges, stellte sich das Marine Corps auf die Forderungen der Zukunft ein. Man widmete sich wieder vermehrt der herkömmlichen Aufgabe als »Infanterie der Kriegsmarine«, allerdings unter Berücksichtigung der veränderten politischen und militärisch-technischen Gesamtsituation. In den beiden Jahrzehnten vor Ausbruch des Zweiten Weltkrieges ergaben sich für die Ledernacken erneut Einsatzschwerpunkte in der Karibik und Mittelamerika sowie zunehmend auch im Fernen Osten. In China brachen die alten Strukturen zusammen und Japan schob sich bereits drohend nach vorne.

Während viele Marines auf den Schlachtfeldern West-Europas kämpften und starben, erschütterten fast ununterbrochen Unruhen die Nachbarn im Süden. Nach dem Niedergang der spanischen Kolonialmacht schlitterten die unstabilen Länder in Mittel- und Südamerika von einer Krise zur anderen. Die erstarkenden USA entwickelten sich nach 1898 mehr und mehr zur dominierenden politischen Kraft und scheuten sich auch nicht, ihre Interessen mit militärischen Mitteln durchzusetzen. Die Auswirkungen des US-Imperialismus bestimmten in den ersten drei Jahrzehnten des 20. Jahrhunderts weitgehend die Verhältnisse auf den benachbarten karibischen Inseln. Ziele der US Regierung waren die Realisierung freiheitlicher demokratischer Grundsätze, aber durchaus auch handfester wirtschaftlicher Interessen. Nach der individuellen Auslegung der »Monroe Doktrin« durch Präsident Theodore Roosevelt nahmen sich die USA das Recht, jederzeit in Amerika zu intervenieren. Als Begründung diente der Schutz des strategisch bedeutsamen Panama-Kanals, die Abwehr möglicher Einflußnahme durch europäische Mächte, insbesondere Deutschlands, die Notwendigkeit politischer Stabiltät als Grundlage jeder Fortentwicklung und die Sicherung der erheblichen amerikanischen Investitionen in Landwirtschaft und Industrie. Die Marines bildeten dabei den »drohenden Knüppel« bei der Fortsetzung der Außenpolitik mit »anderen Mitteln«. Sie beschützten US Bürger-Eigentum und -Interessen. Sie unterstützten mit der Waffe die Einsetzung von den USA-freundlichen Regierungen. Ebenso bekämpften sie oppositionelle Gruppen und ungeliebte Diktatoren. Sie kämpften oftmals gegen Banditen und organisierte Verbrecherbanden, aber auch gegen nationale Freiheitskämpfer. Zu erwähnen ist ihre Beteiligung am wirtschaftlichen Aufbau, an der Verbesserung der Volksgesundheit und Ausbildung sowie der verkehrsmäßigen Erschließung. Natürlich kam es immer wieder zu Machtmißbrauch und Ausschreitungen. Manche Nordamerikaner nutzten ihre Macht rücksichtslos aus und machten sich bei der Bevölkerung unbeliebt. So führten Defizite der »Besatzer« zu einer tiefen Abneigung der Einheimischen gegen die Bevormundung und Abhängigkeit durch den »großen Bruder«. Die Ablehnung gegen die ungebetenen »Gringos« ist noch heute in vielen Regionen Lateinamerikas weit verbreitet. Aber situationsbezogen sorgte die US Präsenz doch für eine Verbesserung der teilweise unmenschlichen Lebensbedingungen vieler Einheimischer. Vor allem gelang die Herstellung einer gewissen politischen Stabilität und die Karibik konnte aus den Wirren des Ersten Weltkrieges herausgehalten werden. Bis 1934 hielten sich ständig Marines als Besatzungsmacht in der unterentwickelten Region auf. Nahezu unbemerkt von der Weltöffentlichkeit befanden sich Marines vor, während und nach dem »Großen Krieg« in Europa in einem ständigen Kleinkrieg mit Banden und Guerillas. Neben zahlreichen kleineren Aktionen am Panama-Kanal, in Mexiko und auf Kuba entwickelten sich im mittelamerikanischen Nicaragua sowie auf Haiti und der Dominikanischen Republik langjährige Konflikte. Noch heute erschüttern immer wieder Krisen diese Region. Lange bevor sich die US Streitkräfte in einen unglückseligen

Guerillakrieg in Südostasien verstrickten, hatten die Marines ausgiebig Gelegenheit, Erfahrungen im Kampf mit Freischärlern und Partisanen unter ähnlich gelagerten klimatischen und gesellschaftlichen Gegebenheiten zu erwerben. So zog sich der »Buschkrieg« gegen Nicaragua mit unterschiedlicher Heftigkeit über mehr als 20 Jahre hin. Bereits im vorigen Jahrhundert landeten die Marines mehrfach und sorgten auf ihre Art für »Ruhe und Ordnung«. 1910 gelangte nach einem der zahlreichen Umstürze eine Regierung an die Macht, die verschiedenen US-Banken genehm war, zwei Jahre später wackelte sie bedrohlich. Präsident Adolfo Diaz forderte die USA auf, militärisch einzugreifen. Seine Begründung, »Schutz des Lebens von US Bürgern und Eigentum« traf sicherlich teilweise zu, vor allem erhoffte sich der Politiker aber eine Stärkung seiner eigenen Position. Den gelandeten Ledernacken gelang es schon bald, die Revolution niederzuschlagen und die herrschende Regierung zu stützen. Nach dem Rückzug blieb eine überdurchschnittlich starke »Schutztruppe« in der US-Botschaft der Hauptstadt Managua zurück, Besatzungstruppe und Drohgebärde für den Fall erneuter Unruhen. Nach freien Wahlen schien 1925 endlich die Demokratie eingekehrt zu sein und die letzten Marines wurden abgezogen. Wenige Monate später entwickelte sich eine völlig neue Situation. General Chamorro hatte die legale Regierung gestürzt und als Diktator die Macht übernommen. Die US Regierung verweigerte die Anerkennung und schickte Marines, die bei Bluefields landeten. Bis zum Februar 1927 befand sich das gesamte 5. Regiment mit 2000 Mann im Land. Neben der Sicherung der Hauptstadt Managua hielten sie 14 größere Orte entlang der Eisenbahnlinie besetzt. Auf Wunsch der legalen Parteien wurden die Marines 1928 verstärkt und sollten so den reibungslosen Ablauf des wirtschaftlichen Aufbaues garantieren. Mit dem 11. Regiment und einer Fliegerstaffel befand sich bald die 2. Brigade in einer Gesamtstärke von 3300 Mann im Land. August Sandino, politischer Führer der »Liberalen«, ging in den Untergrund und baute im Norden eine effektive Widerstandsbewegung auf. Dieser fähige und geachtete Führer konnte auf Kampferfahrungen in Mexiko unter dem legendären Pancho Villa zurückgreifen. Er verwickelte die Marines in einen fünfjährigen Guerillakrieg. Im Mai kam es bereits zu den ersten Gefechten, wobei zwei Ledernacken fielen. Die Zahl der Marines verringerte sich trotz zunehmender Bedrohung durch die Aufständischen auf etwa 1000. Zur Erhöhung der Kampfkraft und Eigenverantwortlichkeit begann der Aufbau einer staatlichen Nationalgarde. In gemischten Einheiten zogen Marines und Einheimische nun gegen die Freiheitskämpfer zu Felde. In den zunehmend härter werdenen Kämpfen griffen auch Kampfflugzeuge ein. Trotzdem gelang es nicht, entscheidende Fortschritte gegen die Aufständischen zu erzielen. Mehrfach gerieten die Marines und ihre wenig kampfesfreudigen Verbündeten in arge Bedrängnis. Sandino konnte seine Position festigen und den regulären Verbänden erhebliche Verluste zufügen. Daraufhin wurden die in den nördlichen Landesteilen eingesetzten Ledernacken wesentlich verstärkt. Weitere Kräfte landeten an der Ostküste und rückten in Richtung der Rebellen-Hochburg in der Gebirgsregion um El Chipote vor. Der Gegner sollte so in die Zange genommen werden. Die Jagd auf den Rebellenführer entwickelte sich zu einem äußerst schwierigen Unternehmen. Die dünn besiedelte, wilde Gegend war verkehrsmäßig unerschlossen und der geschickt kämpfende Gegner blieb meist unsichtbar. Unter Nutzung des Überraschungsmomentes und der besseren Geländekenntnisse, schlugen die Guerillas blitzartig zu und richteten erheblichen Schaden an. Sie vermieden den offenen Kampf und boten so kaum lohnenswerte Ziele.

Ein Hinterhalt

In der Nähe des Bocaycito-Stromes stieß ein gemischter Aufklärungs-Spähtrupp in Zugstärke unter Captain Robert Hunter plötzlich auf starke Feindkräfte. Private (Gefreiter) Honyust, einer der wenigen Indianer im Marine Corps, befand sich an der Spitze und gab das Zeichen zum Rückzug. Dabei geriet die Patrouille in einen gut vorbereiteten Hinterhalt. Captain Hunter wurde schwer verwundet und ein Corporal fiel. Ein junger Leutnant übernahm nun das Kommando und die Truppe igelte sich für die Nacht auf einem Hügel ein. In den frühen Morgenstunden des folgenden Tages erkämpften sich die Marines den Ausbruch. Selbst der schwerverwundete Captain wälzte sich von der Tragbahre herunter und beteiligte sich mit seiner Pistole am Nahkampf. Die angeschlagene Truppe kämpfte sich bis zu einer Plantage zurück und verschanzte sich. Erst nach einer Woche gelang es einer Entsatzeinheit, die Kameraden aus der bedrohlichen Lage zu befreien. Captain Hunter war zwischenzeitlich seinen Verletzungen erlegen.

1929 nahmen die Kämpfe an Heftigkeit zu und die Marines verstärkten ihre Bemühungen beim Aufbau einer einheimischen Polizeitruppe. Da es besonders an qualifiziertem Führungspersonal fehlte, übernahmen Unteroffiziere und Mannschaften Dienstposten als Offiziere. Diese Aufgabe erwies sich als schwierig und gefährlich. Es kam zu Befehlsverweigerungen und Unruhen, dabei wurde auch amerikanisches Militärpersonal getötet. Nachdem die Miliz für ausreichend kampfkräftig angesehen wurde, erfolgte abermals eine Verminderung der US-Präsenz auf 2 000 Mann. Es gelang nicht, entscheidende Erfolge gegen die Rebellen zu erzielen, die von großen Teilen der Bevölkerung unterstützt wurden. Schon 1930 versuchte man es mit einer unkonventionellen Methode, die in späteren Jahrzehnten noch oft ihre Wiederholung finden sollte: Um der Widerstandsbewegung die Basis zu entziehen, wurde die ländliche Bevölkerung evakuiert und in Konzentrationslagern festgehalten. Die Maßnahme brachte außer neuen Problemen keinerlei Erfolge und wurde wenig später abgeblasen.
Im Juni 1930 gelang es den Marines, Sandino bei einem Luftangriff auf sein Hauptquartier zu verletzen. Er zog sich in das als Operationsbasis genutzte, unwegsame Landesinnere zurück. Mehrere groß angelegte Aktionen blieben ohne Erfolg, der Kopf der Guerilla blieb verschwunden. Mit unterschiedlicher Heftigkeit flackerte der Kleinkrieg an den verschiedensten Orten auf. Kleinere Garnisonen und Spähtrupps gerieten wiederholt unter Feindfeuer. Die Truppenstärke verringerte sich auf ein Bataillon und einige Flugzeuge, bedingt auch durch die enormen

Bahnbrechende Unternehmungen

Im April 1932 griffen die Freiheitskämpfer eine von Oberleutnant Laurin Covington geführte Einheit an und töteten vier Mann. Oberleutnant Laurence Brunton eilte zur Hilfe und fiel ebenfalls. Insgesamt kostete das Scharmützel zehn Tote! Mehr Erfolg hatte die 40köpfige Truppe unter Oberleutnant Puller im September, als sie bei einer Flußüberquerung angegriffen wurde. Aus gut getarnten Stellungen feuerten die Guerillas mit Maschinenwaffen. Puller ergriff sofort die Initiative und ging im Gegenangriff gegen den Feind am Ufer vor. Trotz Verwundungen am Arm gab ihm dabei der Sergeant William Lee, ein erfahrener Scharfschütze, Feuerschutz. Es gelang ihm, mit einem leichten Maschinengewehr den Gegner mit gut gezielten Feuerstößen so lange festzunageln, bis sich die eigene Truppe auf die Uferböschung hinaufgearbeitet hatte. Dort wurden die Rebellen unter Beschuß genommen und ließen 16 Tote zurück. Anschließend kämpfte sich die Einheit unter Mitführung von drei Verwundeten 120 Kilometer bis zur eigenen Truppe zurück.

Im November kam Puller, einer der bekanntesten Haudegen im Corps, erneut zum Zuge. Der noch amtierende Präsident sollte bei El Sauce eine neue Eisenbahnlinie einweihen. Puller erfuhr, daß Sandino ein Attentat plante. Er stellte sich mit einer Anzahl ausgesuchter Marines und Nationalgardisten als Leibwache zur Verfügung. Als sich die Einheit im Vorfeld der Feierlichkeiten mit der Eisenbahn dem Bahnhof näherte, geriet sie mitten in einen Überfall der Guerilla auf ein Lager in der näheren Umgebung. Rund 100 berittene Rebellen kreisten den Zug ein und versuchten, die Insassen mit Gewehrfeuer und Handgranaten zu vernichten. Sofort sprangen die Soldaten von den Wagen und gingen gegen die Rebellen vor. Im folgenden einstündigen Gefecht fielen 32 Guerillas. Die Bahnlinie konnte nun problemlos ihrer Bestimmung übergeben werden.

Schwierigkeiten der USA als Folge der weltweiten Wirtschaftskrise. Die erwartete Stärkung der Kampfkraft der Nationalgarde verwirklichte sich nur zögernd.

Zwischenzeitlich hatte eine neue Regierung die Macht auf legale Weise übernommen. Die Anwesenheit von US Truppen war nicht mehr erwünscht. Am 2. Januar 1933 endete mit dem Abzug der letzten Einheiten des 5. Regiments das jahrzehntelange Engagement. Sandino überlebte, wurde aber später von Angehörigen der Nationalgarde ermordet. Die von den Marines geschaffene Nationalgarde bildete in den kommenden Jahren den entscheidenden Machtfaktor des Landes. Allerdings entwickelte sie sich mit der Machtübernahme des Diktators Anastasio Somoza zu dessen Haustruppe.

Die sichtbaren Ergebnisse für die politischen Ziele der USA waren eher mager, die negativen Folgen der US Besatzung lagen über den durchaus auch für die Gesamtentwicklung positiven Entwicklungen.

Eine noch längere Zeitspanne blieben die Marines auf Haiti. Die ehemaligen Sklaven der einst französischen Kolonie hatten schon früh einen eigenständigen Staat gebildet. Eine chaotische Führung von unfähigen und grausamen Diktatoren brachte das Land schnell an den Rand des wirtschaftlichen Ruins. Der korrupte Staat wurde praktisch allein von US Banken und europäischen Finanzhäusern am Leben gehalten. Ende 1914 kam es wieder einmal zu einer ernsten Krise und die Bankiers befürchteten, daß der angekündigte Raub der Goldreserven bei der Staatsbank von Haiti in die Tat umgesetzt werden würde. So kam es zu einem klassischen Lehrbeispiel: Eine New Yorker Bank setzte bei der US Regierung die Rückführung der Devisen in Gold durch. Zwei US Kriegsschiffe wurden zur Insel in Marsch gesetzt. An Bord der USS Machiase befanden sich 65 ausgesuchte Marines unter dem Kommando von Major Charles Hatch. In einer Blitzaktion bemächtigten sie sich des Goldschatzes und brachten ihn an Bord des Schiffes. Die Überraschungsaktion wurde vom 5. Regiment abgesichert, welches sich als »Eingreiftruppe« im Falle von Problemen in der Nähe aufhielt.

Wenige Monate später geriet der gerade »amtierende« Diktator Vilbrun G. Sam unter schweren Druck der »Caco«, einer militanten Mischung aus Freiheitskämpfern, Rebellen, Banditen und Söldnern.

Nach einem Massaker des Diktators an politischen Gefangenen (er ließ 162 von 167 ermorden) breitete sich rasch ein blutiger Aufstand aus. Der Mob stürmte ausländische Botschaften, Mord und Raub beherrschten die Straßen. Am 28. Juli 1915 landeten die ersten Marines und gingen auf die Haupstadt vor. Im folgenden Machtkampf forderte einer der beiden Bewerber um das Präsidentenamt US-Unterstützung. Diese wurde bereitwillig gewährt. Als Philippe Dartiguenave an die Macht gekommen war, revanchierte er sich mit einem Vertrag, der den Vereinigten Staaten von Amerika weitgehende Rechte einräumte. Kernpunkt war der Aufbau einer Truppe aus Einheimischen unter dem Kommando von US Offizieren. Bis Ende August 1915 hielt sich hierzu die 1. Brigade mit rund 2 000 Marines auf Haiti auf.

Im Norden des Inselstaates hatten sich die aufständischen »Cacos« festgesetzt. Ihre militärischen Aktivitäten nahmen nach dem Eintreffen der Nordamerikaner zu. Mitte November gelang es einer starken Streitmacht der Marines, die Rebellen in ihrem festungsartigen Stützpunkt zu überraschen und zu schlagen. Sie drangen über einen schmalen Gang in die ehemalige französische Festung ein. Bei dem mit Bajonetten, Macheten und Gewehren geführten Nahgefecht wurden 50 »Cacos« getötet. Die Festung wurde anschließend gesprengt.

Im folgenden Jahr machte die Ausbildung der Polizeitruppe einige Fortschritte, 120 Marines übernahmen die Führung und Ausbildung. Ein Großteil der Soldaten wurde nach erheblichen Spannungen mit der einheimischen Bevölkerung abgezogen. Die schweren Unruhen zogen sich weiter, die Anwesenheit der US Soldaten und die Aktivitäten der von ihnen aufgebauten Polizeitruppe gerieten unter schwere in- und ausländische Kritik. Vor allem die Erschließung des Landes unter Einsatz zahlreicher Zwangsarbeiter führte zu heftigen Kontroversen.

Im Oktober lebten die Aktivitäten der Guerilla wieder auf. Ein fähiger Einheimischer namens Peralte schaffte es,eine kampfkräftige Truppe aufzubauen und die

Soldaten ständig in Atem zu halten. Im Jahr 1918 häuften sich die Überfälle auf abgelegene Polizeistationen und im Frühjahr 1919 befanden sich die Freiheitskämpfer im Aufwind. Daraufhin wurde die Marine Brigade personell verstärkt und die 4. Fliegerstaffel kam mit 13 Maschinen als weitere Verstärkung. Peralte wagte mit seiner buntgemischten Truppe Angriffe gegen die Marines, wurde aber zurückgeschlagen.

Anschlag auf den Guerilla-Häuptling

Sergeant Herman Hanneken, als Hauptmann der einheimischen Polizeitruppe eingesetzt, plante im Oktober 1919 ein subversives Kommandounternehmen mit dem Ziel den Guerilla-Führer gefangenzunehmen oder zu ermorden. Er schickte drei vertrauenswürdige Männer als Unterführer in das Gebiet der Aufständischen. Dort gelang es ihnen, schnell eine Truppe aufzubauen und Kontakt mit der Haupttruppe von Peralte aufzunehmen. Jean Conze, der Chef des Teams, überzeugte schließlich den Anführer von der günstigen Möglichkeit, die angeblich geschwächte Garnison Grande Reviere du Nord unter Hanneken anzugreifen. Während sich etwa 1000 »Cacos« zum Angriff bereitstellten, wurde die Garnison heimlich verstärkt. Hanneken und 20 seiner Männer begaben sich zu dem vereinbarten Treffpunkt bei Mazare. Um nicht aufzufallen, hatten sie die Gesichter geschwärzt und trugen die landesübliche Bekleidung der Bauern. Aber der schlaue Peralte erschien nicht wie vereinbart, er wollte erst nach dem erfolgreichen Angriff eingreifen und wartete auf einem Berg bei Fort Capois auf die Nachricht über einen guten Ausgang. Genau diese gedachten nun Hanneken und seine Leute zu überbringen. So konnten sie in die unmittelbare Nähe des Führers gelangen. Es gelang ihnen unbeanstandet, die ersten vier Sicherungen hinter sich zu bringen. Der fünfte Posten reagierte mißtrauisch, wurde aber von Hanneken durch eine List getäuscht. Als die Gruppe das Hauptquartier erreichte, unterhielt sich Peralte gerade an einem Feuer. Hanneken und ein weiterer Offizier traten an den Rebellenführer heran und riefen ihn kurz an. Als dieser fliehen wollte erschoß ihn der Sergeant. Mit mehreren Feuerstößen säuberten die Soldaten die Stellung und blieben bis Tagesanbruch. In den nächsten Tagen versetzten die Marines und Gendarmen den Freiheitskämpfern so schwere Schläge, daß sich ein Großteil der führerlosen Einheimischen ergeben mußte. Im Norden war nun der Aufstand niedergeschlagen.

In den Bergen im Zentrum von Haiti wurde weitergekämpft. Dort griff eine 2000köpfige Gruppe sogar größere Städte erfolgreich an. Im Winter 1920 verstärkten die 13000 Ledernacken und 2700 einheimischen Polizisten den Druck auf die Freiheitskämpfer auch in dieser Region und fügten ihnen erhebliche Verluste zu. In den folgenden Monaten kam es noch zu kleineren Gefechten, aber gegen Ende des Jahres galt der Aufstand als beendet.

Obwohl nach dem Ende des Ersten Weltkrieges und der Niederschlagung der
»Cacos« jegliche Daseinsberechtigung fehlte, blieben die Marines weiterhin auf
Haiti stationiert. Zunehmend gerieten negative Verhaltensweisen einzelner Soldaten und Offiziere des Corps in die Öffentlichkeit. Es fanden Verbrechen gegen die
Menschlichkeit an der schwarzen Zivilbevölkerung statt. Brutalität, Bestechungs-
skandale und Machtmißbrauch wurden kritisiert und von der Regierung untersucht. Trotz unliebsamer Vorkommnisse verbesserten sich aber die Lebensumstän-
de der Einheimischen zunehmend. Die Marines leisteten auch hierzu ihren Beitrag.

In den Jahren nach 1920 herrschte vorwiegend Frieden auf Haiti. Unter Anleitung der zivilen und militärischen US-Entwicklungshilfe qualifizierten sich nach
und nach viele Einheimische. Die Sicherheitskräfte erhielten qualifizierteren Nachwuchs und 1928 wurde die »Garde d'Haiti« bereits zur Hälfte von eigenen Offizieren geführt. Ende 1929 wurden die Ledernacken erneut bei der Niederschlagung
innerer Unruhen eingesetzt. 1930 empfahlen US Experten den Abzug der Marine-
Brigade. Aber erst 1934 räumten die letzten Einheiten Haiti.

Relativ kurz gestaltete sich dagegen die Besetzung der Dominikanischen Republik. Auch im ehemaligen »Santo Domingo« waren die Marines keine Fremden.
Im Frühjahr 1916 kam es in der Hauptstadt zu schweren Unruhen. Daraufhin rückten zwei Kompanien aus dem benachbarten Haiti unter Führung von Captain Fritz
Wise ein und übernahmen den Schutz der Botschaften. Obwohl schnell Ruhe ein-
kehrte, landeten weitere Verbände und besetzten strategisch wichtige Punkte in der
Hauptstadt. Als bei Puerto Plata im Norden weitere Einheiten anlandeten, wurden
sie von Rebellen beschossen. Nachdem Verstärkungen des 4. Regiments eingetroffen waren, gingen die Truppen in Richtung der etwa 120 km entfernten Stadt Santiago vor. Dort befand sich der provisorische Regierungssitz der dominikanischen
Revolutionäre. Die Marines konnten zwar unter Einsatz von Artillerie und modernen Maschinenwaffen die Guerillas mehrfach schlagen, aber im unwegsamen Landesinneren stockte der Vormarsch. Im Juli erreichten die Ledernacken Santiago
und nahmen Waffenstillstandsgespräche auf. Die Stadt wurde kampflos übergeben
und von den Marines besetzt.

Mittlerweile befand sich die gesamte 2. Brigade mit 1800 Mann auf der Karibikinsel. Für den Monat November waren allgemeine Wahlen angesetzt. Da anzu-
nehmen war, daß eine den USA mißliebige Partei an die Macht kommen würde,
verhinderten die Amerikaner die freie Abstimmung. US Präsident Wilson genehmigte die Errichtung einer Militärregierung. Die gesamte Regierungsverant-
wortung und öffentliche Verwaltung lag nun in den Händen von US Offizieren.
Alle wichtigen Ministerposten besetzten Offiziere im Dienstgrad Oberst/Kapitän
der US Kriegsmarine und des Marine Corps.

In diesem Fall hatten aber die Politiker den Bogen überspannt. Es wurde lediglich ein Grund gesucht – und gefunden – die eigenen wirtschaftlichen Interessen
durchzusetzen, ohne dabei auf den Willen der einheimischen Bevölkerung Rücksicht zu nehmen. So weigerten sich die maßgeblichen Politiker, in dieser undemo-
kratisch entstandenen Regierung mitzuarbeiten und die Marines erhielten die undankbare Aufgabe, die unpopulären Maßnahmen gewaltsam durchzusetzen.

Bald fanden sich die US Soldaten in einen regelrechten Guerillakrieg gegen die

Zivilbevölkerung verwickelt. Mit dem Sieg über den Rebellenführer Vincentico Evangelista im März 1917 flaute der Widerstand zwar ab, die Streifen der 2. Marine Brigade wurden aber immer wieder angegriffen und in Scharmützel verwickelt. Bei den Einsätzen im unerschlossenen Landesinneren benutzten die Marines oftmals Pferde, da bessere Transportmöglichkeiten fehlten.

Mit Pferd und Machete

Im August 1918 war ein »Marine-Kavallerie-Trupp« in Stärke von vier Mann zur Erkundung unterwegs. Beim Überqueren eines Stromes gerieten sie in einen Hinterhalt. Obwohl es gelang zahlreiche Gegner kampfunfähig zu machen, fielen die Soldaten nach und nach im Feuer des zahlenmäßig überlegenen Feindes. Schließlich blieb noch ein junger Gefreiter übrig. Er blutete aus mehreren Schuß- und Machetenverletzungen. Einer der Freiheitskämpfer holte mit seiner Machete zum entscheidenden Schlag aus, um den Soldaten zu enthaupten. Er verfehlte sein Ziel und der Hieb streifte lediglich die Hand des Gefreiten. Der Soldat warf sein Pferd herum und floh mitten durch den Kugelhagel seiner Verfolger. Obwohl er weitere Verwundungen erlitt, gelang es ihm auf dem ebenfalls verletzten Pferd einen Stützpunkt zu erreichen.

Auch in der Dominikanischen Republik begann der Aufbau einer eigenen Polizeitruppe, die als Werkzeug der Besatzer bei der Zivilbevölkerung äußerst unbeliebt war. So übernahmen Marines die Führer- und Unterführer-Stellen.

Nach Ende des Ersten Weltkrieges erfolgte mit der Verlegung des 15. Infanterie-Regiments und einer Fliegerstaffel eine Erhöhung der Gesamtstärke auf etwa 3000 Mann. Im Verlauf des Jahres 1919 nahmen die Kämpfe an Heftigkeit zu. In den abgelegenen Berg- und Dschungelgebieten spielte sich ein grausamer Kleinkrieg ab, aber entscheidende Erfolge blieben aus. Großangelegte Operationen erwiesen sich als wirkungslos, die Einheimischen unterstützten die Rebellen.

Neben den militärischen Aktionen beteiligten sich die USA auch hier am wirtschaftlichen und verkehrsmäßigen Aufbau. 1922 versuchten sie es mit einer gänzlich neuen Taktik: Mit großzügigen Hilfsangeboten und freundschaftlicher Unterstützung begann eine Offensive um die Gunst der Zivilbevölkerung. Tatsächlich ließen die Auseinandersetzungen nach und die Verwaltung ging an die eigene Regierung zurück. Im Juli 1924 endete die Besatzungszeit und im Dezember waren alle Einheiten aus der Dominikanischen Republik abgezogen. Als Präsident Franklin Roosevelt 1933 unter der Losung »Gute Nachbarschaft« eine politische Kehrtwendung signalisierte, begann eine neue Epoche in der US Außenpolitik. Künftig sollte auf militärische Interventionen in der Art der vorangegangenen Jahrzehnte verzichtet werden. Die Einmischung in die Angelegenheiten fremder Staaten sollte nun der Vergangenheit angehören.

In der Rückschau können die Aktionen in der Karibik und in Mittelamerika nur als bedingt erfolgreich bezeichnet werden. Zwar gelang es den USA, sich als die führende Macht zu entwickeln, aber der Preis für den politischen und wirtschaftlichen Einfluß war hoch. Die Nachbarländer duckten sich zwangsläufig und mußten die Vormacht der Vereinigten Staaten von Amerika anerkennen. Jedoch reagierte die einheimische Bevölkerung nicht gerade freundlich auf die rücksichtslose Anwendung wirtschaftlicher und militärischer Macht. Die Bevölkerung dachte nicht daran, ihre Eigen- und Selbständigkeit aufzugeben und die Lebensweise der Nordamerikaner zu übernehmen. Demokratie und stabile Regierungen blieben auch nach Ende der US-Besatzung in der Region rar. Die Einheimischen fühlten sich von den mächtigen US-Konzernen ausgebeutet, Löhne und Rohstoffpreise blieben auf niedrigem Niveau. So ist es verständlich, daß bis in die Gegenwart Spannungen und Ablehnung gegen einen zu starken US-Einfluß im lateinamerikanischen Raum anzutreffen sind.

Auf dem militärischen Sektor trug das Marine Corps die Hauptlasten. Auf Schiffen der Kriegsmarine konnten die Marines schnell an die Konfliktherde transportiert werden. Sie landeten gewöhnlich ungehindert in funktionsfähigen Hafenanlagen. So kann von amphibischen Landeunternehmen nicht gesprochen werden. Nach dem Einmarsch operierten die Ledernacken als gewöhnliche Infanterie. Da meist eine den USA angenehme Regierung unterstützt wurde, entwickelte sich zwangsläufig als Gegenkraft eine Widerstandsbewegung. Bei der Bekämpfung von Freiheitskämpfern, Guerillas und Banden lernten die US Soldaten sehr früh die besonderen Verhältnisse und Tücken des subversiven Krieges kennen. Der zu bekämpfende Feind arbeitete eng mit der ländlichen Zivilbevölkerung zusammen und es war schwer entscheidende militärische Erfolge zu erringen.

Im Verlaufe des Ersten Weltkrieges stand bald der Einsatz in Europa im Mittelpunkt, Engagement und Unterstützung für die in mehrere Kleinkriege verwickelten Marines verringerten sich zwangsläufig. Um die Personalmängel auszugleichen, mußten einheimische Polizeiformationen aufgebaut und geführt werden. Mangelnde Motivation und finanzielle Unterstützung führten zu meist unbefriedigenden Verhältnissen. Gleichzeitig mußten die Soldaten auch zivile Verwaltungs- und Aufbauarbeiten übernehmen, für die sie oft nicht ausgebildet und befähigt waren. Machtmißbrauch und Ausschreitungen warfen negative Schatten auf die US Besatzungstruppen.

Die Folgen einer allgemeinen Entmilitarisierung nach dem Weltkrieg wirkten sich auch auf die Qualifikation des Personals aus. Wenige oft schlecht ausgebildete, ausgerüstete und bezahlte Soldaten wurden unter schwierigsten gesellschaftlichen und klimatischen Verhältnissen hart gefordert. Moderne Bewaffnung erreichte nur sehr zögernd die Einheiten. Viele Marines erkrankten an Tropenkrankheiten und Seuchen. Positiv wirkte sich der Einsatz eigener Flugzeuge aus.

Ein Unruheherd besonderer Art entwickelte sich etwa ab der Jahrhundertwende in China. Bereits vor dem Ersten Weltkrieg intervenierten dort europäische Mächte und die USA mehrfach. Japan mauserte sich mehr und mehr zur bestimmenden Nation des Fernen Ostens und die Expansionsgelüste waren bald nicht mehr zu übersehen.

Nachdem in China die alten Ordnungsstrukturen zusammengebrochen waren, kämpften verschiedene Gruppierungen um die Macht. 1921 entstand mit der kommunistischen Partei ein weiterer Faktor, der die künftige Entwicklung entscheidend prägte.

Die nächsten Jahre waren erfüllt von Machtkämpfen untereinander, das Land versank im Chaos, Nationalisten, Kommunisten und eine bunte Mischung von »Warlords« versuchten die Oberhand zu gewinnen. Kleinere Einheiten von Marines schützten bereits seit Jahren US-Konsulate in verschiedenen chinesischen Städten. Anfangs 1927 eskalierten die Ereignisse mit der Bedrohung der »Internationalen Siedlung« in Schanghai, der verbindenden Handelsbrücke Chinas zum »Rest der Welt«. Am 4. Februar 1927 rückte die Vorhut des 4. Infanterie-Regiments in der bedrohten Stadt ein, wenige Tage später folgte der Rest des Verbandes von der Insel Guam. Gemeinsam mit weiteren ausländischen Soldaten übernahmen die Marines den Schutz der Enklave. Mit dem 6. Infanterie-Regiment und einer Fliegerstaffel erhöhte sich das US-Personal auf rund 4500 Mann, die nun als 3. Brigade geführt wurden. Die Aufgaben beschränkten sich auf streng defensive Schutz- und Überwachungsaktionen. Jegliche Konfrontation mit den chinesischen Kräften wurde vermieden. In Peking befand sich eine Schutztruppe von über 500 Mann. Dort enstand auch die legendäre Formation der »Horse Marines«. Hierbei handelte es sich um eine improvisierte Reitertruppe der Seesoldaten. Ein Zug verfügte über mongolische Pferde und stand so als »Feuerwehr« für schnelle Verstärkungen bereit. In der Praxis diente die Reitertruppe aber hauptsächlich der Selbstdarstellung und offiziellen Repräsentation.

Als sich 1928 die Lage stabilisierte, begann der Rückzug der 3. Brigade. Im Januar 1929 befanden sich noch 500 Ledernacken als Schutzmannschaft in Peking. Mit rund 1150 Mann blieb das 4. Regiment in Schanghai präsent.

1931 marschierten die Japaner in China ein und besetzten große Teile des Landes. Anfangs 1932 begann der Angriff auf Schanghai. Das alarmierte 4. Regiment bezog Verteidigungsstellungen zum Schutz der Internationalen Siedlung. Es kam aber zu keiner direkten Konfrontation und im Juni des Jahres endete die Krise. Im Sommer 1937 flammte der Krieg zwischen Japan und China wieder auf. Endlich hatten sich die untereinander verfeindeten chinesischen Kräfte zusammengefunden und bekämpften gemeinsam die Japaner. Heftige Kämpfe fanden im August des Jahres in Peking statt. Mehrmals wurden US-Einrichtungen und Kriegsschiffe angegriffen, aber die USA hielten sich weiter offiziell aus dem Krieg heraus und beschränkten sich erneut auf die Verteidigung ihrer Liegenschaften.

Als sich im folgenden Herbst die Lage weiter verschärfte, traf das 6. Infanterie-Regiment erneut zur Verstärkung ein. Mehr als 2500 »China Marines« standen nun auf dem chinesischen Festland. Die Japaner dominierten und zwangen die chinesischen Streitkräfte auf der ganzen Linie zum Rückzug. Nachdem die Kämpfe sich in das Landesinnere verlagert hatten, erging der Befehl zur Rückverlegung der US-Verstärkungen Mitte Februar 1938. Als 1939 der Zweite Weltkrieg begann, befand sich das 4. Regiment, verlassen von den Schutzeinheiten der Briten und Franzosen, noch immer fern der Heimat auf Posten. Die USA versuchten zunächst, sich mit allen Mitteln aus dem Krieg herauszuhalten und so hatte Japan weitgehend freie Hand.

Aber Ende 1941 bahnte sich in der US Regierung ein grundlegendes Umdenken an. Im November 1941 schien ein Krieg zwischen den USA und Japan in den Bereich des Möglichen zu rücken. Es war höchste Zeit, die schwache »Vorhut« der Ledernacken aus der gefährdeten Region abzuziehen. Abgeschnitten und zahlenmäßig unbedeutend wären die Überlebenschancen gleich Null gewesen. Erst am 10. November 1941 kam der heiß erwartete Evakuierungs-Befehl des Kriegsministeriums. Zwei US Kriegsschiffe nahmen die Truppe trotz japanischer Gegenmaßnahmen an Bord und brachten sie zum Marinestützpunkt Subic Bay auf den Philippinen. Am 28. November 1941 marschierten die Marines parademäßig, freundlich verabschiedet von der einheimischen Bevölkerung, ein letztes Mal in Richtung Hafen. Keinen Tag zu früh zogen die Marines nach 14 Jahren als Schutz- und Friedenstruppe aus ihrer zweiten Heimat ab. Wenige Tage später befanden sich nach dem Überfall auf Pearl Harbor auch die USA im Krieg mit Japan.

In den zwei Jahrzehnten zwischen den beiden Weltkriegen war das zahlenmäßig schwache Corps fast ständig im Einsatz. Mit dem sich verändernden politischen und militärischen Umfeld traten neue Anforderungen an die Spezialtruppe heran. Im Ersten Weltkrieg kämpften die Marines weitgehend als Infanterie, eingebunden in die Organisation der US Army. Die »Friedenseinsätze« in den folgenden Jahren entsprachen mehr den Notwendigkeiten einer Ordnungs- und Polizeitruppe.

Aber die Eigenständigkeit des Corps gründete auf seiner amphibischen Kapazität. Während die Bedeutung der Marines als Angehörige der Besatzungen von Kriegsschiffen sank, ergab sich der Bedarf an einer Truppe, die entlegene US Stützpunkte global verteidigen konnte. Ebenso entwickelte sich die Notwendigkeit größere Landeunternehmen in Zusammenarbeit mit der Kriegsmarine und auch mit der US Army durchführen zu können. Insbesondere der Aufstieg Japans zur militärischen Vormacht im Fernen Osten und Pazifik verlangte Veränderungen im militärischen Bereich. Erste Versuche mit den vorhandenen Kräften, größere amphibische Unternehmen durchzuführen, endeten in einem Fiasko. Es fehlte an Spezialschiffen, neuen Führungs- und Koordinierungsmaßnahmen und die Ausbildung der Soldaten mußte angepaßt werden. Erst ab 1930 ging man ernsthaft daran, eine einsatzfähige Landungstruppe zu schaffen. Erste Vorschriften gaben Hilfen zur Bewältigung der komplizierten Techniken und Verfahren einer Landung von See her. Die Zusammenarbeit mit den anderen Teilstreitkräften, vor allem der Kriegsmarine, mußte abgestimmt und verfeinert werden. Viel Pionierarbeit erforderte die Entwicklung von Landungsbooten. Eine Vielzahl ziviler Boote und Fähren wurden getestet und auf ihre mögliche militärische Eignung hin untersucht. Es dauerte mehrere Jahre bis die benötigten Waffen- und Personaltransporter zur Verfügung standen. 1940 standen die ersten gepanzerten Amphibienfahrzeuge auf Gleiskette bereit. Der »Alligator« fuhr im Wasser etwa 15 Kilometer/Stunde und erreichte auf dem Land Geschwindigkeiten bis zu 40 km/h.

Große Fortschritte ergaben sich bei den Fliegerkräften des Corps. Ihre Bedeutung bei der Unterstützung amphibischer Landung wurde erkannt und die Verfahren zur Zusammenarbeit mit den Kräften am Boden erheblich verbessert. Als 1939 der Krieg begann, waren rund 250 Flugzeuge vorhanden.

Zweiter Weltkrieg – »Inselspringen« im Pazifik

Der 7. Dezember 1941 zählt zu den schwärzesten Tagen in der Geschichte der Vereinigten Staaten. In zwei überraschenden Luftangriffen beschädigten oder versenkten 360 japanische Kampfflugzeuge acht US-Schlachtschiffe, drei Kreuzer, drei Zerstörer sowie weitere Schiffe. 188 Flugzeuge wurden überwiegend bereits am Boden zerstört. 2403 Amerikaner kamen während des Überfalls um. Eine japanische Kampfgruppe mit sechs Flugzeugträgern und weiteren Kriegsschiffen hatte sich unbemerkt dem US-Flottenstützpunkt Pearl Harbor genähert und ohne jegliche Kriegserklärung in zwei Wellen Tod und Vernichtung gebracht. Der »schlafende Riese« hatte sich zunächst aus dem Krieg herausgehalten. Nun aber erreichte der Krieg Amerika auf drastische Weise. Wenige Tage später, am 11. Dezember 1941, erklärte auch Deutschland den USA den Krieg.

In den Unterkünften des Flottenstützpunktes Hawaii befanden sich etwa 500 Marines. Innerhalb weniger Minuten nach dem ersten Angriff wurde scharfe Munition ausgegeben und es gelang mit MG-Feuer, drei japanische Sturzkampfbomber abzuschießen. Neun Ledernacken wurden beim Angriff verwundet.

Schlechter erging es den 870 Marines an Bord der schwerpunktmäßig angegriffenen Kriegsschiffe. 108 wurden getötet, 49 verwundet. Da eine japanische Invasion von Hawaii befürchtet wurde, bezogen die Marines umgehend Verteidigungsstellungen und wurden als infanteristische Reserve bereitgehalten.

Die Bewachungskräfte in China wurden bedroht und erhielten den Befehl, sich ohne Widerstand zu ergeben. Auf der Insel Guam kapitulierte die schwache US-Garnison nach anfänglichem Widerstand gegen haushoch überlegene Feindkräfte.

Kein leichtes Spiel hatte die japanische Invasionsflotte beim Angriff auf die von einem Verteidigungs-Bataillon der Marines gehaltene Wake-Insel. Es gelang ihnen, mit Geschützfeuer einen Zerstörer zu versenken und weitere Kriegsschiffe schwer zu beschädigen. Ein Zerstörer wurde durch Luftangriffe der Marine-Flieger zerstört, feindliche Kampfflugzeuge konnten abgeschossen werden.

Die Garnison bestand aus knapp 400 Marines des 1. Verteidigungsbataillons, 60 Fliegern mit zwölf Flugzeugen sowie technischem Personal der US Army und der Kriegsmarine. Mehrere Artilleriebatterien und einige Flugabwehrgeschütze standen als schwere Waffen bereit.

Dem ersten japanischen Landungsversuch am 11. Dezember waren bereits heftige Luftangriffe vorangegangen. Sie verursachten erhebliche Verluste und schalteten US-Fliegerkräfte praktisch aus.

Ein in Marsch gesetzter Unterstützungsverband erreichte die kleine Inselgarnison nicht mehr. Am 23. Dezember griffen die Japaner mit überlegenen Kräften erneut an. Der Flottenverband verfügte über Flugzeugträger, schwere Kreuzer und Zerstörer. Rund 1500 Japaner landeten und es entbrannte ein heftiges Gefecht. Die sich tapfer verteidigenden Marines hatten gegen die Übermacht keine Chance. Eine Kompanie verteidigte sich über sechs Stunden erfolgreich gegen ein verstärktes gegnerisches Bataillon. Erst als nahezu alle US-Soldaten tot oder verwundet waren, gelang es den Japanern die Stellung einzunehmen. Nachdem der komman-

Amphibische Landungen brachten im 2. Weltkrieg die Wende im Pazifik.

dierende Offizier die Hoffnungslosigkeit der Lage erkannt hatte, die Nachrichten-verbindungen abgeschnitten waren und mit Entsatz nicht zu rechnen war, nahm er das Angebot zur Kapitulation an. Mehr als 50 US-Soldaten waren gefallen, der Rest ging in Gefangenschaft.

Auch auf den Philippinen kämpfte das 4. Infanterie-Regiment einen aussichtlo-sen Kampf. Es gelang zwar Bataan und Corregidor noch über einen längeren Zeit-raum zu halten, aber am 5. Mai 1942 suchten die Japaner die Entscheidung. Mit starker Luft- und Artillerieunterstützung landeten sie mit überlegenen Kräften. Es gelang ihnen, die dünnen Linien der Verteidiger zu durchstoßen und Gegenangrif-fe abzuwehren. Nach dem Eingreifen von japanischen Panzern brach der Wider stand zusammen. Colonel Howard wurde angewiesen, sich mit dem 4. Regiment zu ergeben. Schweren Herzens begaben sich die knapp 1300 Marines in die Gefan-genschaft. 330 Soldaten waren während der Kämpfe getötet worden, 357 verwun-det. Von den Überlebenden kamen später 239 Mann in japanischer Kriegsgefan-genschaft um. Wenige Stunden später erhielten alle US-Streitkräfte auf den Philip-pinen den Befehl, die Waffen niederzulegen.

Mittlerweile war es den japanischen Streitkräften gelungen, weite Gebiete Asiens und des Pazifiks unter ihre Kontrolle zu bringen. Aber die völlig überraschten US-Streitkräfte sollten bald den Schock überwunden haben. In der Seeschlacht im Korallenmeer vom 4. bis 8. Mai 1942 gelang es erstmals die Offensive der Japaner zu stoppen. Einen Monat später siegte die US-Kriegsmarine bei Midway und vernichtete vier Flugzeugträger. Es fehlte nun die Luftunterstützung und die japanische Invasion mußte abgeblasen werden.

Von Haiwai bis Samoa bezogen zahlreiche Verteidigungs-Bataillone Abwehrstellungen, die Fliegerkräfte wurden verstärkt und operierten offensiv.

Die Schlacht um Midway kann als einer der der großen Wendepunkte im Zweiten Weltkrieg betrachtet werden. Danach begaben sich die USA im Pazifik in die Offensive. Mittlerweile gab es zwei Marine-Divisionen, das erste Mal in der Geschichte der Marines waren nun Großverbände oberhalb der Brigadeebene vorhanden.

Guadalcanal, eine mittlere Insel der Gruppe der Salomonen, wurde zum ersten Ziel einer amphibischen Landung bestimmt. Man beabsichtigte durch die Einnahme der japanisch besetzten Insel zu verhindern, daß sie von der gegnerischen Luftwaffe als Stützpunkt genutzt werden konnte. Vielmehr wollten die US Streitkräfte selbst diesen Stützpunkt nutzen. Unter dem Schutz eines starken Flottenverbandes sollte die verstärkte 1. Division von Neuseeland aus landen. Dort sollte die Division auch über einen längeren Zeitraum ausgebildet werden. Im Dezember 1941 dienten lediglich 518 Offiziere und 6 871 Soldaten in der Marinedivision. Durch den dann vollzogenen schnellen Personalaufbau in der ersten Jahreshälfte 1942 gelangten überwiegend junge, unerfahrene Rekruten in die Kampfverbände. So überraschte der plötzliche Einsatzbefehl die jungen und alten Ledernacken.

Am 7. August 1942 begann die Invasion. Die Japaner leisteten zunächst keinen Widerstand. In der folgenden Nacht schlugen sie aber zurück und es entwickelten sich heftige Nahkämpfe. Kurze Zeit nach der geglückten Landung zog sich der eigene Flottenverband zurück. Diese Maßnahme hatte verheerende Folgen. Es fehlte nun an Artillerie- und Kampfunterstützung durch Träger-Flugzeuge. Im Bereich der Versorgung gab es böse Pannen. Gleichzeitig näherte sich ein starker japanischer Flottenverband. Die Marines waren nun praktisch isoliert. Es entwickelte sich ein viermonatiges Ringen um den Besitz der Insel. Die Marines kämpften im Dschungel gegen einen fanatischen, erfahrenen und zähen Gegner. Den Japanern gelang, es Verstärkungen in den Kampf zu werfen und mehrfach wurde mit einer Niederlage der Marines gerechnet. Aber die 1. Marine-Division behauptete sich. Mitte Oktober befanden sich rund 200 000 japanische Soldaten auf der Insel und die US-Führung schickte die »Americal«-Division der Army zur Verstärkung. Mitte November versuchten die Japaner im Schutze der Dunkelheit eine weitere kampfstarke Division anzulanden. Diese frischen Kräfte hätten vermutlich die Auseinandersetzung zugunsten der Japaner entschieden. Aber in einem mehrtägigen Seegefecht konnte die US Kriegsmarine elf Transportschiffe versenken. Die restlichen vier Schiffe liefen bei der Landung auf Grund und wurden unter Einsatz aller Kräfte vernichtet. Ab diesem Zeitpunkt gelang es den Japanern nie mehr, ihre Truppen auf Guadalcanal zu verstärken und zu versorgen. Die 1. Marine Division konnte zur Auffrischung abgezogen werden. Die Verluste beliefen sich auf rund 2 000 Mann und viele Marines waren erkrankt und »ausgebrannt«. Am 9. Dezember 1942 stach ein Schiffsverband mit den überlebenden Ledernacken Richtung Australien in See. Anfangs Januar 1943 befanden sich rund 50 000 US Soldaten auf der Insel. Neben der 23. und 25. Infanterie-Division der US Army, kämpfte nun auch der größte Teil der 2. Marine-Division gegen die sich absetzenden Feinde. Als es den Japanern Anfang Februar 1943 gelungen war, einen Großteil ihrer Soldaten unbemerkt zu evakuieren, flauten die Kämpfe ab. Die Schätzungen über die japanischen Verluste schwanken zwischen 23 000 und 30 000 Mann.

Den US-Streitkräften war es gelungen, die Initiative zu erringen und einen strategisch wichtigen Stützpunkt im »Inselspringen« Richtung Zentral-Pazifik zu gewinnen. Es war kein leichter Sieg, die US-Gesamtverluste lagen bei rund 1600 Toten und 4700 Verwundeten, die zahllosen Erkrankten und erheblichen Materialverluste nicht eingerechnet. Nicht übersehen werden dürfen aber die Auswirkungen auf die »Moral der Truppe«. Erstmals war es gelungen den Gegner unter schwierigsten taktischen, klimatischen und geländemäßigen Umständen zu besiegen. Hier bildete sich der Kern einer erfahrenen, kampferprobten Truppe, die schließlich den Frieden wieder herstellen konnte.

Nach dem Sieg über die Japaner auf den südlichen Salomonen-Inseln galt Rabaul, der bedeutenste japanische Stützpunkt im Südwestpazifik, als nächstes Zwischenziel. Da es den USA und ihren Verbündeten aufgrund der großen Distanzen nicht möglich war, das Inselreich direkt anzugreifen, arbeiteten sich die Verbände von Inselgruppe zu Inselgruppe an das Zentrum der fernöstlichen Großmacht heran.

Nach geglückter Landung folgten meist heftige Bodenkämpfe.

Ein intensiver Luftkrieg unter starker Beteiligung der Fliegerkräfte des Marine Corps leitete den Angriff gegen den japanischen Schwerpunkt ein. Zunächst mußte der wichtige Luftstützpunkt Munda Point erobert werden. Die Operationen wurden gemeinsam mit der US Army durchgeführt, die unter General Mc Arthur zunehmend auch für amphibische Landungen eingesetzt wurde. Am 21. Juni 1943 landeten mehrere Raiderkompanien bei Segi Point, um die Invasion von Heeresverbänden vorzubereiten. Am 30. Juni gingen Marines und GI's auf Rendova, gegenüber von Munda Point an Land. In den folgenden Wochen entwickelten sich in dieser Region heftige Boden- und Luftkämpfe. Erst am 5. August gelang es Einheiten der US Army, Munda zu nehmen.

Den nächsten Angriff führte die 3. Marine-Division auf Bougainville. Es handelte sich um einen neuen Großverband, dem aber viele bereits kampferfahrene Soldaten angehörten. Die Stärke des Gegners sollte rund 17 000 Soldaten betragen, die sich auf der unwirtlichen Insel bestens zur Verteidigung eingerichtet hatten.

Am 1. November landeten die beiden durch Raiders verstärkten Regimentskampfgruppen. Fast 100 Landungsfahrzeuge wurden bereits in der Anfangsphase von der rauhen See und durch Feindfeuer ausgeschaltet. Am Strand gerieten die Ledernacken in das Feuer aus feindlichen Stellungen und gutausgebauten Bunkern. Trotz blutiger Verluste konnten aber etwa 14 000 Marines Fuß fassen und sich eingraben. In den nächsten Tagen gelang es ihnen, den Brückenkopf auszubauen und einen Behelfsflugplatz zu schaffen. Nachdem es die Japaner nicht schafften, in einer Reihe von Gegenangriffen die Amerikaner in das Meer zurückzutreiben, versuchten sie das weitere Vorrücken mit starken Sperren zu verhindern. Mit Sprengladungen und Flammenwerfern mußten die im Dschungel gut getarnten Bunker systematisch niedergekämpft werden. Die heftigen Kämpfe zogen sich bis Ende Januar 1944 hin. Mehr als 400 Tote und 1400 Verwundete kostete die Eroberung des »Sprungbretts« für die Offensive gegen Rabaul. Ende 1943 griff die 1. Marine-Division im Rahmen einer großen gemeinsamen Operation mit der US Army bei Kap Gloucester in Neubritannien an und brachte in den Nachtstunden 11 000 Mann an Land. Die Invasion selbst verlief ohne größere Verluste, aber bis Mitte Januar des folgenden Jahres zogen sich die Gefechte hin. Nachdem die Kräfte der Japaner erschöpft waren, gelang es den US-Soldaten unter Einsatz von Artillerie und Panzern den sich zäh und verbissen verteidigenden Gegner zur Aufgabe zu bewegen. Bis zuletzt versuchten die japanischen Einheiten durch Gegenangriffe die Initiative zu erlangen. Tausende von Soldaten opferten sich.

Unter Aufbietung aller verfügbaren Kräfte gelang es den Marines, den japanischen Flugstützpunkt einzunehmen und Gegenangriffe abzuwehren. Der erschöpfte Gegner brach den Kampf ab und zog sich weiter in das unwegsame Dschungelgebiet zurück. Die Verfolgung kostete erneut Verluste und im April 1944 übernahm eine Infanterie-Division der Army die Ablösung der dezimierten 1. Marine-Division. Zu diesem Zeitpunkt befanden sich die Verbände der US Army und ihrer Verbündeten im Vormarsch. Sie konnten wenig später die Militärbasis Rabaul besetzen. Die Marines wurden abgezogen und rund die Hälfte des überlebenden Personals konnte nach mehrjährigem Fronteinsatz in die Heimat zurückkehren.

Von Tarawa bis Iwo Jima

Ende 1943 befanden sich die US-Streitkräfte in der Offensive. Der Süd-Pazifik-Raum galt als weitgehend gesichert und die akute Bedrohung Australiens und Neuseelands war vorüber. Admiral Nimitz unterstand das V. Corps mit drei Divisionen der Marines sowie unterstellten Heeresverbänden. General McArthur von der US Army befeligte eine beachtliche Zahl von Heeresdivisionen. Der Krieg im Pazifik und die Zerschlagung der japanischen Militärmacht sollte aber keinesfalls als Landkrieg angesehen werden. Eindeutig dominierten die Luft- und Seestreitkräfte. Sie stellten die entscheidenden Weichen, um die Wende einzuleiten. Durch Landungen sollten hauptsächlich strategisch wichtige Stützpunkte gewonnen werden. Die eroberten Häfen und Flugplätze dienten als Basis für weitere Angriffe der Marine, der Fliegerkräfte der »Armee-Luftwatte« und der Marines gegen die Japaner.

Langsam rückte die Front immer näher und bedrohte schließlich das Kernland des Gegners. Im Gegensatz zu den großen Invasionen in Europa und Afrika, die den Beginn ausgedehnter Operationen im Binnenland darstellten, wurden die Marines im Sinne ihrer ursprünglichen Einsatzgrundsätze verwendet. Also keine langwierigen Landkämpfe, sondern die Eroberung und Verteidigung von wichtigen Basen im Rahmen und zur Unterstützung der Seestreitkräfte.

Von den eroberten Inselstützpunkten aus konnten schwere Bomber die japanischen Hauptinseln erreichen.

Die Schiffsartillerie unterstützte mit aller Kraft die amphibischen Landungen (im Vordergrund Flugabwehr-Geschütze).

Noch befanden sich die japanischen Inseln nicht in Reichweite der US-Bomber. Der Vorstoß in den zentralen Pazifik begann mit der Invasion von Tarawa, einem winzigen Korallen-Atoll mit kleinen Inseln und tückischen Riffen. Auf der Insel Betio, etwa fünf Kilometer lang und einen halben Kilometer breit, befand sich ein Flugplatz. Der Stützpunkt war zu einer uneinnehmbar erscheinenden Festung ausgebaut worden. Die rund 5 000 japanischen Soldaten hatten sich bestens zur Verteidigung eingerichtet und verfügten über rund 200 Geschütze! Sie waren entschlossen, die Insel mit allen Mitteln zu halten. Die Marines erlebten während der mehr als drei Tage währenden Schlacht die Hölle. Grobe Fehlentscheidungen trugen mit Schuld, daß unverhältnismäßig hohe Verluste eintraten. Viele Marines wurden bereits vor der Anlandung getötet und ertranken. Die Landungsboote blieben in den Riffen hängen oder liefen auf Grund, ein willkommenes Ziel für die aus gut ausgebauten Bunkern kämpfenden Verteidiger, deren Kampfkraft sträflich unterschätzt wurde.

Mit dem Angriff wurde die 2. Division betreut. Am 1. November 1943 verließ der Flottenverband Wellington um Landemanöver zu üben. Durch diese Fehlinformation sollte der Gegner über die wahren Absichten getäuscht werden. Gleichzeitig erfolgten massive Luft-Angriffe gegen die Inselfestung. Das kleine Ziel wurde pausenlos aus der Luft und von der schweren Schiffartillerie angegriffen und »sturmreif« geschossen. Es handelte sich um die stärkste Vorbereitung einer amphibischen Landung im bisherigen Pazifik-Krieg. Aber die Stellungen hielten weitgehend stand und aus dem geplanten »Spaziergang« wurde eine der blutigsten Schlachten des Krieges. Am Vormittag des 20. November 1943 begann der Angriff gegen die drei Abschnitte »Beach Red 1 bis 3«. In mehreren Wellen näherten sich die als Sturmtruppe eingesetzten drei Bataillone vom 2. und 8. Infanterie-Regiment in knapp 100 »Amtracs« (Amphibienfahrzeuge) dem Strand. Am rechten Flügel griff das 3. Bataillon des 2. Infanterie-Regiments den Abschnitt »Red 1« an. Die Sicht war beschränkt, noch immer dauerten die Luftangriffe an, während sich die einzelnen Züge entwickelten. Mit ernsthafter Gegenwehr rechnete kaum jemand mehr. Etwa einen halben Kilometer vor der Strandlinie liefen die ersten Amphibientransporter auf Riffe, die Wassertiefe erwies sich als weitaus geringer als angenommen. Darauf schienen die japanischen Soldaten gewartet zu haben. Sie eröffneten mit Infanteriewaffen und Artillerie das Feuer und verursachten erste Verluste. Die Japaner waren keineswegs durch die vorangegangenen schweren Angriffe ausgeschaltet worden, sondern überschütteten die Marines förmlich mit Feuer aller Kaliber. Viele Marines starben noch im Wasser oder erlitten schwere Verwundungen. Wer das rettende Land erreichte, lag auf einem äußerst schmalen Streifen von wenigen Metern auf dem Präsentierteller, praktisch schutzlos der feindlichen Waffenwirkung ausgeliefert. Unmittelbar hinter dem schmalen Sandstreifen versperrte eine massive Steinmauer den weiteren Weg in das Innere der Insel. Die Überwindung dieser Sperre, hinter der sich die gut ausgebauten japanischen Stellungen befanden, sollte noch erhebliche Verluste kosten. Zu den ersten Toten zählte ein kompletter Pionierzug. Noch im Wasser gerieten die Pioniere unter Artilleriebeschuß und fielen sämtlich. Nun fehlten die so dringend für das Niederkämpfen der Befestigungen benötigten Sprengmittel und Flammenwerfer. Während sich die auf der Insel befindlichen Ledernacken verzweifelt zu halten versuchten, verlagerte sich das Abwehrfeuer bereits auf die nächste Landungs-Welle. Besonderes Pech widerfuhr der »L«-Kompanie. Nur wenige hundert Meter vor dem Ufer lief die Fähre auf ein Riff und wurde bewegungsunfähig. Den Marines blieb keine andere Wahl sich der verheerenden feindlichen Waffenwirkung zu entziehen, als durch das Feuer an Land zu waten. Zu den Besonderheiten der amphibischen Kampfführung gehört das weitgehende Fehlen von Rückzugsmöglichkeiten, so bleibt immer nur der Angriff, meist deckungslos und der feindlichen Waffenwirkung ausgeliefert! Im Wasser mußten viele der Soldaten Waffen und Ausrüstung ablegen, um nicht zu ertrinken. Als die dezimierte Truppe weit verstreut wieder trockenen Boden unter den Füßen spürte, hatte die Einheit als geschlossene Formation zu existieren aufgehört. Praktisch ohne schwere Waffen,

total durcheinandergewürfelt und erschöpft hofften die Marines die Nacht zu überleben. Noch schlimmer entwickelte sich die Lage im Abschnitt »Red 2«, dem am
härtesten verteidigten Zentrum. Dort lagen die Marines vom 2. Bataillons des 2.
Infanterie-Regiments wie festgenagelt hinter der nur bedingt Schutz bietenden
Mauer und kamen zunächst nicht vorwärts. Eine Kompanie war fast vollständig
vernichtet, eine weitere erreichte nie den Strand und die restlichen beiden Kompanien zeigten sich schwer angeschlagen.

Kurz nach 9 Uhr näherte sich das 2. Bataillon des 8. Infanterie-Regiment dem
Abschnitt »Red 3«. Zuerst entwickelte sich das Abwehrfeuer mäßig. Erst als die
Kompanien gelandet waren, eröffneten die Japaner das Feuer. Auch diesen Einhei-
ten gelang es nicht, die Mauer zu überwinden und die japanischen Stellungen
anzugreifen. Die Taktik der Japaner war einfach und wirksam. Man ließ die ersten
Wellen in den gepanzerten Fahrzeugen anlanden, isolierte sie auf dem schmalen
Streifen zwischen Wasser und Mauer, um sie dann nach und nach zu dezimieren.
Das Feuer verlagerte sich anschließend gegen die nachrückenden Verbände, die
mangels Transportraum auf Landungsfähren verladen waren. Diese führten die
schweren Waffen mit und blieben häufig in den Riffen hängen. So konnten sie
effektiv unter Feuer genommen werden.

Bei immer höher werdenden Verlusten erschien die Situation auf »Red 3« nicht
sehr hoffnungsvoll. Ein zur Verstärkung eingesetztes weiteres Bataillon erlitt
schon im Wasser schwerste Verluste und die wenigen Marines an Land mußten um
das nackte Überleben kämpfen. Mit großer Mühe war es gelungen eine Panzerkompanie anzulanden. Wegen der vielen Leichen und Verwundeten am Ufer konnte
sie aber nicht am Strand operieren. Die Panzer fuhren in das Meer zurück und suchten bessere Einsatzmöglichkeiten an anderen Stellen. Dabei gingen fast alle »Sher-
mans« verloren.

Gegen Abend befanden sich etwa 5 000 Marines auf der Insel, mindestens 1500
Soldaten waren gefallen oder verwundet. So gut es ging richteten sich die Ledernacken zur Verteidigung ein. Sie rechneten mit einem vernichtenden Nachtangriff,
der merkwürdigerweise jedoch nicht erfolgte. Diese Fehlentscheidung kostete den
Japanern den Sieg und rettete die Marines aller Wahrscheinlichkeit nach vor der
vollständigen Vernichtung.

Am nächsten Morgen landete ein weiteres Bataillon unter erheblichen Verlusten. Heftige Gegenangriffe der Japaner brachten die Truppe erneut in schwere
Bedrängnis. Am Nachmittag gelang endlich die Eroberung mehrerer gegnerischer
Schlüsselstellungen und so bestand die Möglichkeit, das gesamte 6. Infanterie-
Regiment an diesem Abschnitt ohne Verluste anzulanden. Langsam gelangen nun
örtliche Vorstöße und die zulaufenden Pionierkampfmittel und Flammenwerfer
ermöglichten es, gegen die Betonbunker der Japaner vorzugehen. Am dritten Tag
nach Beginn des Unternehmens hatten die Marines einen Brückenkopf von etwa
einem halben Kilometer Durchmesser erobert. Heftigste Kämpfe tobten, aber die
Marines befanden sich nun in der Offensive und statt einer drohenden Niederlage
winkte der Sieg. Die nachgeführten Verstärkungen, schweren Waffen und Panzer
trugen entscheidend dazu bei, den Gegner niederzukämpfen. Dieser versuchte mit
verzweifelten Gegenangriffen die Situation zu retten, in wahren Selbstmordein-

sätzen rannten die Soldaten immer wieder in das Feuer der Amerikaner.

Am 26. November starteten nahezu 200 japanische Soldaten einen letzten Angriff. Diesen sollen nur zwei Japaner überlebt haben, die in Gefangenschaft gerieten. Von den fast 5000 japanischen Soldaten überlebten weniger als 20 die schrecklichen 76 Stunden des gnadenlosen Kampfes, alle anderen fielen oder begingen Selbstmord.

Mit nahezu 3500 Mann an Verlusten erwies sich der Blutzoll für die umkämpfte Insel als viel zu hoch. Beide Seiten begingen gravierende Fehlentscheidungen. Die Amerikaner vertrauten zu stark auf die Wirkung des vorbereitenden Feuers aus der Luft und der Schiffsartillerie. Aufprund dieser Fehlentscheidung war der Kräfteansatz für die Sturmlandung viel zu gering. Es gelang nicht, genügend eigene schwere Waffen sinnvoll einzusetzen. Besonders tragisch wirkte sich der Mangel einer gründlichen Aufklärung, Vermessung und Erkundung des Geländes und der Wasserverhältnisse aus. Die Folge war, daß viele Marines ertranken und hilflos der feindlichen Waffenwirkung ausgesetzt waren. Vor allem lernte aber die höchste Führung, daß es nicht notwendig war, unter hohen Verlusten jeden befestigten Inselstützpunkt sofort zu nehmen. Unter Berücksichtigung der hohen Verluste stand die Inbesitznahme der Inselgruppe in keinem vertretbaren Verhältnis. Daraufhin setzte sich die Erkenntnis durch, schwer befestigte Stützpunkte einfach zu »überspringen«, zu isolieren, auszuhungern und sie durch Luftangriffe nach und nach zu zermürben.

Nahgefechte im März 1944 bei der Schlacht um Bougainville.

General McArthur operierte zu Beginn des Jahres 1944 im Südwestpazifik. Im April wurde Hollandia auf Neuguinea erobert. Sein Ziel war die Befreiung der Philippinen, sicher auch ein persönlicher Wunsch des nicht unumstrittenen amerikanischen »Feldherren«.

Admiral Nimitz rückte mit den Marines im Zentral-Pazifik weiter in Richtung der Marshall-Inseln vor, mehr als 1000 Kilometer vom Schlachtfeld Tarawa entfernt. Er befürchtete, daß sich die Japaner auf den zahlreichen Inseln von Mikronesien festsetzten und diese hartnäckig verteidigten. Erstes Ziel des gemeinsamen Unternehmens des Marine Corps und der US Army war Kwajalein, der Mittelpunkt der Region. Die neu aufgestellte 4. Division erhielt den Auftrag, die Inseln Roi und Namur einzunehmen. Der erwartete heftige Widerstand blieb jedoch aus und am 7. Februar befand sich die gesamte Inselgruppe in den Händen der Amerikaner. Dabei verlor die 4. Division etwa 300 Tote und 500 Verwundete. Die weiteren Angriffsziele wurden ebenfalls unter verhältnismäßig geringen Verlusten genommen, Dutzende von Inseln besetzt. Als dominierendes Kriegsziel galt nun die Eroberung von Stützpunkten, die es den weitreichenden »Fliegenden Festungen« der »Army Air Force« ermöglichten, die japanischen Inseln zu bombardieren. So wurden bedeutende japanische Kräftekonzentrationen wie Truk ignoriert. Die Inselgruppe der Marianen bildete die nächste Station des »Inselhüpfens«. Auf der Insel Saipan lag ein strategisch bedeutsamer Flugplatz, weniger als 2 000 Kilometer von der japanischen Hauptstadt entfernt. Das III. Amphibische Corps mit der 3. Division und einer selbständigen Brigade sollte die Insel Guam angreifen; das V. Corps mit der 2. und 4. Division hatte die Inseln Saipan und Tinian. Am 15. Juni 1944 landeten acht Sturmbataillone an der Westküste von Saipan. Obwohl die Verbände neu gegliedert, besser mit schweren Waffen und mehr Amphibienfahrzeugen ausgestattet waren, kam es zu Verlusten von über einem Drittel. Aber die Masse der Verbände erreichte in weniger als einer halben Stunde den Strand und erkämpfte bescheidene Geländegewinne. Es glückte innerhalb des ersten Tages etwa 20 000 Soldaten anzulanden, aber die Verluste lagen mit zehn Prozent doch ziemlich hoch. Am nächsten Tag brachten heftige Panzerangriffe die 2. Division in schwere Bedrängnis. Mit Handgranaten und Bazookas gelang es den Marines ein gegnerisches Panzerbataillon bis auf wenige Kampffahrzeuge zu vernichten. In den nächsten Tagen kamen die Angriffe gegen die zäh verteidigenden Japaner nur langsam voran. Die 27. Infanterie-Division der Army kam zur Verstärkung und bald standen über 75 000 US-Soldaten im Einsatz. Erst am 30. Juni 1944 befand sich der überwiegende Teil von Saipan in amerikanische Hand und man rüstete zum Endkampf gegen die sich noch im Norden der Insel haltenden Japaner. Mit halbierter Mannschaftsstärke traten die beiden Divisionen gegen die mit Todesverachtung kämpfenden japanischen Soldaten an. Es kam zu tragischen Verzweiflungstaten der in die Enge getriebenen Gegner. Nachdem der Oberkommandierende den Freitod gewählt hatte, wagten rund 3 000 Japanische Soldaten einen rücksichtslosen Massenangriff gegen die überraschten Amerikaner. Zwei Infanterie-Bataillone der US Army wurden nahezu vollständig aufgerieben, ein Artillerie-Bataillon der Marines erlitt erhebliche Verluste. Aber auch die Zivilbevölkerung suchte freiwillig den Tod. Hunderte von Zivilisten töteten sich selbst, viele stürzten sich von Felsen in das Meer. Insgesamt betrugen die US-Verluste 3500 Tote und 13000 Verwundete, weit mehr als 30000 Japaner starben.

Unterdessen hatte bereits die Invasion von Tinian durch das V. Corps begonnen. Dieses Unternehmen war außerordentlich gut vorbereitet worden. Ein Dutzend Artillerie-Bataillone, Kampfpanzer und zahlreiche gepanzerte Landungsfahrzeuge erleichterten die erste Phase. Anfangs August kapitulierten die japanischen Soldaten nach erheblichen Verlusten. Schwieriger entwickelte sich die Eroberung der Insel Guam. Nach 20 Tagen harter Kämpfe gelang es den letzten Widerstand zu brechen. Die US-Verluste gingen erneut in die Tausende!

Die Lage entwickelte sich für die Japaner zunehmend unerträglicher. Die Kriegsflotte war in großen Teilen vernichtet worden, ebenso die Luftstreitkräfte und auch in Europa stand der Sieg der Alliierten kurz bevor. McArthur begann mit der Rückeroberung der Philippinen. Hauptsächlich zur Flankensicherung dieser Operation landete die 1. Division auf der Insel Peleliu, 750 Kilometer östlich der Philippinen. Hier kämpften die japanischen Soldaten buchstäblich bis zur letzten Patrone und brachten den Angreifern Verluste von fast 10000 Mann bei. Ähnlich wie bei Tarawa bestand aber keine aktuelle Notwendigkeit für diese Aktion. Nicht weit entfernt konnten Einheiten der US Army kampflos eine Insel besetzen und diese als Stützpunkt nutzen.

Das Schlimmste aber stand den Ledernacken noch bevor. Die Schlacht um »Iwo Jima« ging als die härteste Herausforderung in die Kriegsgeschichte der Marines ein. Die unbewohnte, sieben Kilometer lange und drei Kilometer breite Vulkaninsel eignete sich vorzüglich als Luftstützpunkt, zumal Rollbahnen vorhanden waren. Sie liegt etwa auf halbem Weg zwischen den Marianen und den japanischen Hauptinseln. Zur Verteidigung standen über 20000 Soldaten mit zahlreichen Geschützen und sogar einer Panzereinheit bereit. Tatsächlich bildete die gesamte Insel eine riesige Festung. Bunker und unterirdische Befestigungen überstanden die mehrere Monate während Luftangriffe ohne Schaden, die Japaner waren entschlossen, jeden Fußbreit zu verteidigen und den Vormarsch der Amerikaner nach Möglichkeit zu stoppen, wenigstens aber zu verzögern. Eine gewaltige Seestreitmacht mit einer Viertelmillion Soldaten in 800 Schiffen näherte sich im Februar 1945 der Felsenfestung. In spätestens zwei Wochen sollte die Aktion siegreich beendet sein. Aber es kam ganz anders. Am 19. Februar 1945 leiteten vier Regimenter der 4. und 5. Division die Invasion ein. Für die neu aufgebaute 5. Division bedeutete das Unternehmen die erste große Bewährung im Feuer. Zunächst gelang es den 500 Amphibienfahrzeugen, ihre schwer bewaffneten Fahrgäste gut abzuliefern. Erst beim weiteren Vorrücken eröffneten die Japaner das Feuer aus allen Rohren. Nur mühsam gelangen einige Geländegewinne. 30000 Marines drängten sich am Ende des ersten Kampftages am Strand und boten ein willkommenes Ziel für die gegnerische Artillerie. 550 Tote und 1770 Verwundete kosteten schon die ersten Stunden. Nur mühsam ging es in den kommenden Tagen vorwärts. Hunderte von Bunkern und unterirdischen Befestigungen mußten mit Flammenwerfern und Handgranaten niedergekämpft werden, was hohe Verluste verursachte. Die in Reserve gehaltene 3. Division griff nun ebenfalls in die Auseinandersetzung ein und nach drei Tagen hatte das 28. Regiment die Basis Suriba-

Das »Klassische Symbol« der Marines – die Flaggenhissung nach der
Erstürmung von Mount Suribachi. Schlacht um Iwo Jima, 1945.

chi eingekesselt. Am 23. Februar eroberten die Marines einen nahegelegenen
Bergrücken. Mehrere Ledernacken erkletterten den Gipfel und hissten das mitgeführte Sternenbanner. Von den sechs Mannschaftsdienstgraden und Unteroffizieren erlebten nur drei, Ira Hayes, John Bradley, Arthur Gagnon, die Eroberung der
Insel. Joe Rosenthal, Fotograf der »Associated Press« knipste ein Foto. Es machte
ihn und die Marines weltberühmt. Die Aufnahme ging um die ganze Welt und soll
seit dieser Zeit auf die besondere Opferbereitschaft der Marines hinweisen. Das Mo-
tiv diente später als Vorlage für das Kriegerdenkmal der Ledernacken in den USA
und ist als Symbol recht bekannt.

Die folgenden Wochen waren von erbitterten Nahkämpfen geprägt. Nur noch
eine geringe Anzahl der am ersten Tag gelandeten Soldaten waren noch einsatzbereit. An ihre Stelle trat Ersatz, der aber meist unerfahren war und sich blutige
Nasen holte. Die meisten Bataillone verfügten nur noch über Kompaniestärke,

die Stärke der Divisionen war auf unter 40 Prozent geschrumpft. Besonders hohe Opfer forderte der Angriff auf die Höhe 362. Zwei Kompanien verloren fast alle Männer, die heftigen Nahgefechte überlebten nur fünf bzw. sieben Soldaten vom 3. Bataillon des 9. Regiments. Am 16. März wurde die Eroberung der Insel gemeldet, aber bis zum 26. März flackerten immer wieder vereinzelte Kämpfe auf. Der Sieg mußte teuer genug erkauft werden. Unmengen von Munition und Material mußten bereitgestellt werden und die Luftstreitkräfte flogen pausenlose Einsätze. Mit fast 26 000 Mann lag die Zahl der Gefallenen und Verwundeten höher, als die Gesamtzahl der auf der Insel vorhandenen japanischen Soldaten. Die hohen Menschenopfer führten zur massiven Kritik an der Durchführung der Aktionen, aber der Krieg ging in unerbittlicher Härte und Konsequenz weiter. Noch während der Kämpfe um die Insel waren »Seebienen« bereits damit beschäftigt, die Rollbahnen zu reparieren. Schon bald starteten US-Flugzeuge und warfen ihre todbringende Last über Japan ab. Von einer wohlverdienten Ruhepause konnten die meisten der noch lebenden Ledernacken allerdings nur träumen. Obwohl auf Iwo Jima noch heftig gerungen wurde, begann schon der Abzug der ersten Verbände. Sie wurden bereits für die Invasion der großen japanischen Insel Okinawa bereitgestellt.

Siegreiche Beendigung des Zweiten Weltkrieges

Im Frühjahr 1945 wollten die Amerikaner mit der Eroberung der großen Insel Okinawa ihrem Kriegeziel einen weiteren Schritt näher kommen. Aber noch niemand glaubte, daß es sich hierbei um die letzte große Schlacht des Weltkrieges handeln würde. Kritiker rechneten auch nach einer Einnahme Okinawas noch mit einer monatelangen Fortdauer des Krieges im Fernen Osten, einige sogar mit Jahren. In Europa war der Gegner geschlagen und so konnten alle Kräfte auf den pazifischen Kriegsschauplatz konzentriert werden.

Nachdem die Rückeroberung der Philippinen unter General McArthur siegreich beendet war, standen zusätzliche Truppen für den Angriff auf die japanische Insel zur Verfügung. Insgesamt wurden 550 000 Soldaten aller Teilstreitkräfte bereitgestellt. Für die Sturmlandung bestimmte man kampferprobte Divisionen der US Army sowie die bewährte 1. Division. Am 1. April 1945 landeten nach massiver Vorbereitung vier Infanteriedivisionen der Marines und der Army am Strand. Pausenlos flogen 500 Jagdbomber von Flugzeugträgern aus Angriffe. Tausende Tonnen Granaten der Schiffsartillerie der riesigen US-Flotte regneten auf die Insel herab. Zahlreiche Minen konnten geräumt werden und Taucher entfernten eine Vielzahl von Unterwasserhindernissen. Rund 100 000 japanische Soldaten standen zum »letzten Gefecht« bereit. Während des um Okinawa tobenden Kampfes setzten die Japaner in Todesverachtung die noch immer beachtlichen Reste ihrer einstmals gewaltigen, gefürchteten Streitmacht ein. Fast 2 000 japanische »Kamikaze-Flugzeuge« stürzten sich auf die US-Flotte und versenkten 36 Kriegsschiffe. Nahezu 800 US-Flugzeuge gingen verloren und das letzte noch verfügbare Schlachtschiff der Kriegsmarine griff in die Kämpfe ein. Aber die japanischen Kräfte waren insgesamt stark geschwächt. Die pausenlosen Luftangriffe hatten ihre

Trägergestützte Kampfflugzeuge bombardieren japanische Stellungen.

Marines des 29. Regiments 1945 auf Okinawa.

Wirkung nicht verfehlt und der Nachschub war weitgehend unterbrochen.

So bewahrte die Überlegenheit an Personal und Material die Amerikaner vor einer Niederlage. Allerdings für einen sehr hohen Preis.

Wie in den vorangegangenen Schlachten hielt der Tod reiche Ernte. In Europa hatten bereits die Siegesfeiern begonnen, aber auf Okinawa kamen die Truppen gegen einen sich zäh und verbissen wehrenden Gegner, der nichts mehr zu verlieren hatte, nur mühsam voran. Vermehrt fanden auch Kampfpanzer Verwendung und es kam zu klassischen Frontalangriffen der Infanterie mit Panzerunterstützung. Beim Niederkämpfen von Befestigungen bewährten sich die neu entwickelten Flammenwerferpanzer. Bis zum 21. Juni zogen sich die Gefechte hin. Wieder waren die Verbände nahezu ausgeblutet und bei Feuereinstellung standen über 20 000 Marines auf den Verlustlisten. Wesentlich schlechter erging es der US-Navy, fast 5000 Matrosen fielen bei den Seeschlachten. Insgesamt kostete die Eroberung von Okinawa rund 75 000 Soldaten aller Waffengattungen das Leben oder die Gesundheit.

Nachdem mit der Eroberung von Okinawa der Weg zum japanischen Kernland geöffnet war, bereiteten sich die US-Truppen auf die vermeintlich letzte, aber sicherlich schwerste Invasion vor. Es wurde mit mindestens 1,5 Millionen kampfbereiten und -erprobten japanischen Soldaten gerechnet. Für die noch bevorstehende größte Invasion aller Zeiten wurde das gesamte Marine Corps und erhebliche Teile der US Army eingeplant. Am 1. November 1945 sollte die südliche Insel Kyusbu angegriffen werden, die entsprechenden Pläne lagen bereits »in der Schublade« und das Oberkommando rechnete mit sechsstelligen Verlusten. Während die Planungen weitergingen, bahnte sich eine überraschende Wende an. Die Siegermächte einigten sich in Potsdam auf ein Kapitulationsangebot gegenüber Japan. Dieses wurde abgelehnt. Am 6. August 1945 – noch während der Verhandlungen – fiel die erste Atombombe aus einem US-Bomber auf die japanische Stadt Hiroshima. Drei Tage später explodierte eine weitere »A«-Waffe über Nagasaki. Am 14. August kapitulierte Japan und somit endete der Weltkrieg auch im Fernen Osten.

Am 30. August landete das 4. Infanterie-Regiment in der Nähe von Tokio. Dort vereinigten sich die Marines mit den Fallschirmjägern der 11th »Angels«-Airborne Division und bildeten vorsorglich einen Brückenkopf. Das Regiment blieb bis Anfang Januar 1946. Die 2. und 5. Marine Division übernahmen Aufgaben als Besatzungsmacht, wurden aber schon im Laufe des Jahres 1946 abgezogen und von Verbänden der Army abgelöst.

Früher als erwartet endete der Krieg im Pazifik. Die Japaner leisteten keinen Widerstand mehr und die in den riesigen Weiten des Ozeans verstreuten Garnisonen, die man bewußt »übersprungen« hatte, ergaben sich und die japanischen Soldaten kehrten in die Heimat zurück.

Das Marine Corps befand sich nur im pazifischen Raum im Einsatz. Nur wenige Marines dienten auf dem europäischen Kriegsschauplatz. Dort führte die US Army eigenständig Landungen in Nordafrika, Sizilien, Süditalien, Südfrankreich und der Normandie mit Erfolg durch. Bei Kriegsende gab es fast eine halbe Million Marines. Etwa die Hälfte befand sich außerhalb der Vereinigten Staaten von Amerika.

Das Korps verfügte über sechs kampfstarke und erprobte Infanterie-Divisionen sowie eine eigene Luftwaffe mit rund 116000 Fliegern. Mit nahezu 20000 Gefallenen, 72000 Verwundeten und Verletzten verzeichnete das Corps eine verhältnismäßig hohe Verlustrate. Aus einer kleinen, unbedeutenden Spezialtruppe hatte sich eine mächtige, konventionelle Streitmacht entwickelt. Die Marines erlernten die Techniken, um erfolgreich amphibische Landungen durchzuführen. Neues Gerät und Führungsgrundsätze entstanden auf der Grundlage der bitteren Erfahrungen. Der Gegner kämpfte hart, rücksichtslos und manchmal geradezu fanatisch. Der japanische Soldat muß zumindest als gleichwertig, in Teilbereichen als überlegen bezeichnet werden. Der Nahkampf im Dschungel formte eine besondere Art von Kämpfer, der mehr auf sich selbst und die Gruppe, als auf technische Unterstützung und materielle Überlegenheit angewiesen war. Gelegentlich war es für das Corps schwer, seine Interessen gegen die übermächtigen »klassischen« Teilstreitkräfte durchzusetzen. So wurden die Fliegergeschwader mehrfach der Führung des Corps entzogen und anderweitig eingesetzt. Auch die gesellschaftlich-soziale Lage änderte sich. Viele ehemalige Unteroffiziere mußten die Aufgaben von Offizieren übernehmen, Bataillonskommandeure unter 30 Jahren waren keine Ausnahme. Weibliche Marines entlasteten die Kämpfer, indem sie vermehrt Unterstützungsaufgaben an der »Heimatfront« übernahmen. Erstmals dienten Schwarze als Freiwillige, hauptsächlich noch in der Versorgung. Im Verlauf des Krieges wurden Wehrpflichtige eingezogen, jedoch wählte die Masse aus eigenen Stücken den Dienst bei den Ledernacken.

Für viele Marines ging aber der Wunsch nach einer schnellen Rückkehr in die Heimat noch nicht in Erfüllung. In Nord-China dauerten die Auseinandersetzungen zwischen den Kommunisten und den National-Chinesen an. Die umfangreichen japanischen Verbände mußten entwaffnet und zurückgeführt werden. Außerdem galt es, dem Expansionsstreben der kommunistischen Kräfte einen Riegel vorzuschieben. So vertauschten mehr als 50000 Ledernacken ihre tropischen Standorte im Pazifik mit der winterlichen Kälte des asiatischen Festlandes. Natürlich sollte die Anwesenheit amerikanischer Truppen die Lage in China stabilisieren, die nach dem Zusammenbruch der japanischen Armee noch verworrener geworden war. So standen die US-Soldaten zwischen den beiden großen chinesischen Machtblöcken, wobei die US-Politik eindeutig die National-Chinesen unterstützte. Es kam zu wiederholten Zusammenstößen und kleineren Gefechten. Obwohl der Krieg beendet war, mußte eine Anzahl von Marines den Einsatz in China mit dem Leben bezahlen.

In den Nachkriegsjahren verminderte sich die Zahl der Ledernacken fortwährend. Trotz massiver Unterstützung durch die USA gerieten die National-Chinesen in immer größere Bedrängnis, Anfang Januar 1949 schien der Sieg der Kommunisten ziemlich sicher zu sein. Ende Mai 1949 wurden die letzten Marines des 7. Infanterie-Regiments aus China abgezogen. Inzwischen war der Kalte Krieg zwischen den demokratischen westlichen Staaten und den östlichen kommunistischen Diktaturen voll entbrannt. In wenigen Monaten sollten sie erneut in diesen Großraum zurückkehren...!

Die USA rüsteten unmittelbar nach Kriegsende ihre gewaltige Militärmacht radikal ab. 1946 wurde die Masse der Divisionen aufgelöst, lediglich die 1. und 2. Division sowie eine Brigade der 6. Division blieben bestehen. Anfang 1948 war ein absoluter Tiefstand von 92 000 Soldaten erreicht. Wie nach jedem siegreich beendeten Krieg, forderten bestimmte Kreise die Auflösung des Corps bzw. die Eingliederung der Verbände in die US Army. Der Kommandant, General Vandegrift, ehemals erster Kommandeur der 1. Marine-Division, mußte vor zahlreichen Ausschüssen für das Überleben der amphibischen Mehrzwecktruppe kämpfen. Das US-Atommonopol trug dazu bei, daß die Notwendigkeit von herkömmlichen militärischen Formationen in Frage gestellt wurde.

Am 26. Juli 1947 unterzeichnete US-Präsident Truman mit dem »National Security Act« ein Gesetz, welches die Rolle der Streitkräfte neu definierte. Demnach wurde das Marine Corps offiziell damit beauftragt, drei Infanterie-Divisionen und drei Flieger-Divisionen ständig verfügbar zu halten. Sie sollten für amphibische Unternehmen in Zusammenarbeit mit den Seestreitkräften bereitstehen. Weiterhin erhielten die Marines verschiedene Sicherheits- und Spezialaufgaben übertragen. Somit bestand das Corps weiter. Es war bemüht, eine hohe Kampfkraft und Präsenz als »Feuerwehr« für weltweite Einsätze zu erhalten. Struktur, Ausbildung und Material sollte an die veränderten politischen, gesellschaftlichen und militärischen Rahmenbedingungen angepaßt werden

Harte Kämpfe im Koreakrieg

Um 4 Uhr koreanischer Zeit überschritten am 24. Juni 1950 starke nordkoreanische Panzer- und Infanterieverbände den 38. Breitengrad, die Demarkationslinie zwischen dem kommunistischen Norden und Südkorea. Nachdem die Kommunisten große Teile Osteuropas versklavt hatten, die Tschechoslowakei gefallen war und der Kessel Berlin nur über eine aufwendige Luftbrücke gehalten werden konnte, siegten auch im chinesischen Bürgerkrieg die Kommmunisten. Die Gefahr, daß der bisherige Kalte Krieg in einen »heißen« Konflikt umschlagen und weitere geschwächte Länder in die Hand der Kommunisten geraten würden, war sehr real. Der Sicherheitsrat der Vereinten Nationen forderte die sofortige Feuereinstellung und Beendigung der Aggression. Nachdem sich immer mehr herausstellte, daß es sich um keinen lokalen Grenzzwischenfall, sondern um einen regelrechten Angriffskrieg handelte, beauftragte US-Präsident Truman den Oberbefehlshaber Fernost in Tokio, General McArthur, mit der Verteidigung der Republik Korea gegen die überlegenen Angreifer aus dem Norden. Im Gegensatz zu Südkorea verfügten die Kommunisten über eine modern ausgebildete und ausgerüstete Armee einschließlich einer Panzerbrigade, ausgebildet und geführt von sowjetischen Beratern. Eine Luftwaffe von rund 180 Maschinen stand ebenfalls zur Verfügung. Der Süden besaß nur eine Gendarmerie und leichte Truppen. Zunächst versuchte man den Krieg regional einzudämmen. Die 7. US-Flotte verhinderte durch ihre Präsenz in der Formosa-Straße eine Wiederaufnahme der Kämpfe zwischen Nationalchinesen und den Kommunisten. Umfangreiche materielle Unterstützungsmaßnahmen liefen an und bereits am 28. Juni 1950 fiel die Hauptstadt Seoul.

Die schwache Verteidigung stand kurz vor dem Zusammenbruch und General McArthur bat um die Freigabe von zwei US-Besatzungsdivisionen aus Japan, um eine drohende Katastrophe zu verhindern. Allerdings waren die US-Truppen nicht für einen Einsatz in Korea vorbereitet. Kriegsmarine und Luftwaffe begannen mit ihren ersten Einsätzen. Mit der Verlegung von zwei Kompanien der 24. Infanteriedivision auf dem Luftweg erreichten die ersten Bodentruppen die Krisenregion. Die befürchteten Auswirkungen auf Europa blieben jedoch aus, Stalin sah sich 1950 noch nicht in der Lage, Westeuropa anzugreifen und die Aktion wurde politisch zur »Polizeiaktion« abgewiegelt. Die 8. US Armee in Japan mußte nun das behäbige Besatzerdasein aufgeben und sich für den Kampf vorbereiten. Sie war weit unter dem Personal-Soll und der Ausbildungsstand ließ zu wünschen übrig. Die US-Truppen gerieten in den Rückzug der sich auflösenden südkoreanischen Armee. Der 24. Infanteriedivision gelang es nicht, die Linie Seoul – Taejon zu halten, um einen geordneten Rückzug zu ermöglichen. Die Army erlitt schwere Verluste und begann sich auf den »Pusan-Perimeter« am äußersten Südostzipfel der koreanischen Halbinsel zurückzuziehen. Dort befand sich der einzige geeignete Tiefwasserhafen, notwendig für die Aufrechterhaltung der Verbindungen nach außen. Eine sich anbahnende Niederlage, vergleichbar mit der hoffnungslosen Lage der Briten bei Dünkirchen während des Zweiten Weltkrieges, hätte verheerende Folgen gehabt. Anfang August wurden die Stellungen um Pusan verstärkt. Es galt, die Front bis zum Eintreffen weiterer Verstärkungen unter allen Umständen zu halten. Im Laufe des August trafen die Verbände aus Japan, Tacomo, Okinawa, Hawaii und San Diego ein; zu ihnen gesellte sich die 27. britische Infanterie-Brigade aus Hongkong. Bis Monatsende konnte auch die Zahl der Kampfpanzer auf rund 500 erhöht werden. Zu den Verstärkungen gehörten Verbände der Marines, die bald zur Entlastung der schwer angeschlagenen GI's in die harten Kämpfe eingriffen.

Als der Krieg in Korea begann, zählte das Corps weniger als 75 000 Angehörige. Sofort wurde eine provisorische Brigade gebildet und von Camp Pendleton aus in Marsch gesetzt. Sie verfügte über rund 6 500 Soldaten und bestand in der

Harter Weg nach Pusan

Im August 1950 kämpfte das 5. Infanterie-Regiment der Marines am Fluß Naktong. Über das Flußtal war ein direkter Vorstoß nach Pusan, der letzten Bastion der US-Truppen, möglich. Zusammen mit mehreren Verbänden der Army führten die Marines einen Gegenangriff durch. Die drei schwachen Züge der »D«-Kompanie des 2. Bataillons gingen über ein deckungsarmes Reisfeld vor. Plötzlich gerieten die Soldaten unter heftigstes Maschinengewehrfeuer aus beiden Flanken. Die Marines lagen hilflos festgenagelt und warteten vergeblich auf Artillerie- und Luftunterstützung. Als der 3. Zug den Angriff in Richtung eines Bergrückens fortsetzte, verfügte er noch über eine

Hauptsache aus dem traditionsreichen 5. Infanterie-Regiment, einem Artilleriebataillon sowie einem Flieger-Geschwader. Gleichzeitig erhielt das Marine Corps die Weisung, innerhalb von zwei Monaten die 1. Division für die Durchführung einer amphibischen Großlandung bereitzustellen. Um dieses Ziel zu erreichen, mußten 50 000 Reservisten alarmiert werden. Kurz nach dem Eintreffen der Brigade in Japan verschlechterte sich die militärische Lage in Korea bedenklich und die Ledernacken wurden kurzfristig an die gefährdete Pusan-Front geworfen. Gemeinsam mit dem 5. Infanterie-Regiment der Army, zwei Infanteriedivisionen und der 1. Kavalleriedivision, versuchten die Marines den Vormarsch der Kommunisten zu stoppen. Am 7. August 1950 beteiligte sich das 5. Infanterieregiment der Marines gemeinsam mit dem 5. Infanterieregiment der Army am ersten Gegenangriff. Bei den heftigen Nahkämpfen kam es zu ersten Verlusten. Der mit dem Gelände bestens vertraute Gegner kämpfte tapfer und ohne Rücksicht auf eigene Verluste. Im Ausnutzen des Geländes, Tarnen und im Bau von Stellungen stellten sich die Nordkoreaner äußerst geschickt an. Nach einer Reihe von harten und verlustreichen Feuergefechten gelang es den US Truppen, den Vormarsch einer Division zu stoppen. Mitte August wurde die Brigade mit der Eisenbahn 100 Kilometer nördlich in den Raum Miryang transportiert. Dort war einer nordkoreanischer Division ein tiefer Einbruch gelungen, der Pusan unmittelbar bedrohte. Der Gegenangriff der US Army brach zusammen und die Ledernacken kamen in gewohnter Weise als »Feuerwehr« zur Hilfe. Den US-Kampfgruppen gelang es innerhalb einer Woche in mühevollen Einsätzen, Hügel um Hügel zurückzuerobern und schließlich den Einbruch zu bereinigen. Dabei wirkte sich zunehmend die Überlegenheit an schweren Waffen, Luftunterstützung und die höhere Zahl von Kampfpanzern positiv für die amerikanische Seite aus. Fast 350 Marines wurden bei diesen Gefechten getötet oder verwundet. Ende August wurde die Brigade aus der Front herausgezogen und erhielt Personalersatz. In der Zwischenzeit trafen weitere Teile der 1. Marinedivision in Japan ein und bereiteten sich für eine amphibische Landung im Rücken des Gegners vor. Dabei handelte es sich überwiegend um das 1. Infanterieregiment, die weiteren Verbände benötigten einen längeren Zeitraum

Stärke von 15 Mann. Nur neun Mann überlebten und konnten sich auf der Höhe festsetzen. Als die Munition ausging, zogen sich die restlichen sechs Marines unter Mitnahme der Verwundeten zurück. Die links angreifende »E«-Kompanie erlitt ähnlich hohe Verluste, teilweise durch zu kurz liegendes Feuer der eigenen Artillerie. Gegen Mittag hatte das Bataillon mit 23 Toten und 119 Verwundeten mehr als die Hälfte der 240 Infanteristen verloren, das Angriffsziel konnte von dem schwachen Bataillon mit zwei Kompanien nicht genommen werden. Erst nach Verstärkungen durch das 1. Bataillon und Kampfpanzer gelang es den Höhenrücken zu nehmen und den Gegner zu vertreiben.

zum Anmarsch. General McArthur beabsichtigte im Verlauf des Krieges durch ein kühnes Landeunternehmen eine Wende herbeizuführen. Um den weiter schwer bedrängten Kessel Pusan zu entlasten, plante er eine Invasion bei Inchon an der Westküste, in unmittelbarer Nähe der vom Feind eroberten Hauptstadt Seoul. Man wollte so dem Gegner eine zweite Front aufzwingen und die verlorengegangene Initiative wiedergewinnen. Insgesamt wurden rund 70 000 Soldaten in Japan auf 260 Schiffe verladen, darunter auch Kontingente weiterer UN-Staaten. Die 1. Marinedivision sollte die Spitze bilden, gefolgt von der 7. Infanteriedivision der US Army. Zahlreiche Probleme machten das Unternehmen sehr riskant. Ein Fehlschlag mußte einkalkuliert werden. Die starken Gezeiten verursachten Wasserstands-Unterschiede von bis zu 10 Meter. Bei Ebbe bestand der ganze Hafen aus einer sich über fünf Kilometer erstreckenden Schlickfläche. Die meisten Landungsfahrzeuge hatten einen Tiefgang von sieben Metern und darüber. Um die Gefahr des Auflaufens zu vermeiden, mußten Landung und Rückfahrt in wenigen Stunden vollbracht sein. Riffe, viele kleine Inseln und gefährliche Untiefen kamen noch hinzu. Rund vier Meter hoch war das zu überwindende Ufer. Bedrohlich näherte sich ein gefährlicher Taifun und die Landungsflotte geriet am 11. September 1950 in einen fürchterlichen Sturm. Bevor am 15. September die ersten Ledernacken an Land stürmten, erfolgten schwere Beschießungen und Luftangriffe. Da die UN-Streitkräfte aber über die absolute See- und Luftherrschaft verfügten, war das Risiko insgesamt noch vertretbar. Das Unternehmen sollte in zwei Abschnitten verlaufen. Das 3. Bataillon des 5. Regiments erhielt den Auftrag, die vorgelagerte Insel Wolmi-Do, die mit dem Festland durch einen Damm verbunden war, zu nehmen. Ohne Schwierigkeiten konnten die Marines landen und mit Leitern die meterhohe Schutzmauer erklettern. Die Verteidiger leisteten nur geringen Widerstand. Nach 20 Minuten flatterte bereits die US-Flagge auf einer Höhe und nach eineinhalb Stunden befand sich die gesamte Insel fest in den Händen der Invasoren. Der US-Oberbefehlshaber verfolgte den Verlauf von einem in sicherer Entfernung ankernden Kriegsschiff. Als McArthur mit dem Fernglas die US-Flagge erspähte und die Meldung über die Eroberung vernahm, sprach er den Beteiligten ein großes Lob aus: »Die Kriegsmarine und die Marines waren nie großartiger als an diesem Morgen«. Dann setzte sich der 70jährige Feldherr wieder in seinen Stuhl und betrachtete die Aktion bereits als siegreich beendet. Außer drei Verwundeten gab es auf US-Seite keine Verluste.

Im Abschnitt 2 folgten mit der nächsten Flut am Nachmittag zwei weitere Landungen, »Blue Beach« und »Red Beach« am Festland.

Die Landung des 5. Regiments verlief planmäßig. Der Damm konnte mit Leitern überwunden werden und der nur vereinzelt aufflackernde Widerstand des Gegners bildete kein ernstes Hindernis. Im anbrechenden Morgen waren nach weniger als zwei Stunden sämtliche Angriffsziele genommen. Nicht so reibungslos entwickelten sich die Dinge beim 1. Regiment, welches etwa fünf Kilometer südlich landete. Es wurden viele Fehlentscheidungen getroffen, die Einheiten landeten an falschen Stellen und hatten ihre Zeitpläne nicht eingehalten. Landungsfahrzeuge blieben stecken und mehrere Kompanien wateten ungedeckt an das Ufer. Glücklicherweise trafen die Marines nur auf sehr geringen Widerstand und rückten bis zur Straße

Inchon – Seoul vor. Kurze Zeit später folgten Panzer, Artillerie und weitere schwere Waffen sowie Nachschubgüter in großer Zahl. Rund 13 000 US Soldaten und weitere Truppen befanden sich am Ende des ersten Tages an Land. Mit rund 200 Verlusten, davon zehn Prozent Gefallene, erwiesen sich die Ausfälle als unerwartet gering. Am nächsten Tag rückten die beiden Regimenter zügig weiter in Richtung Flughafen Seoul vor. Langsam versteifte sich der Widerstand der Nordkoreaner, die nun auch Kampfpanzer sowjetischer Bauart T-34 einsetzten. Es kam zu kleineren Panzergefechten und die Ledernacken zeichneten sich als mutige Panzernahkämpfer aus. Durch zerstörte Stadtteile kämpfte sich das 5. Regiment über den Han-Fluß vor und nahm am 18. September 1950 den Flughafen ein. Das 1. Regiment ging entlang der Straße Inchon – Seoul vor und näherte sich den Vororten der Hauptstadt. Größere Verluste forderte die Flußüberquerung, eine Kompanie verlor dabei ein Drittel des Personals. Zwischenzeitlich war auch das 7. Regiment eingetroffen und die Marine-Division verfügte endlich über ihre volle Dienststärke. Der Gegner setzte nun erhebliche Kräfte ein um eine Eroberung der Stadt Seoul zu verhindern. So wurde das Vorrücken des 1. Regiments verzögert und die Verluste häuften sich. Nachdem das 2. Bataillon Gesamtverluste von 250 Mann erlitten hatte, mußte das Bataillon der Regimentsreserve in den Kampf geworfen werden. Am 22. September 1950 rückten die ersten Einheiten des 5. Regiments in der Stadt ein und wurden in heftige Straßenkämpfe mit einem starken Gegner verwickelt. Um jedes Haus wurde erbittert gekämpft und die Nahkämpfe zogen sich hin. Aus politischen Gründen sollte die Hauptstadt unbedingt bis zum 25. September 1950 eingenommen werden.

Von mehreren Seiten griffen nun die US-Truppen an und erhielten schwere Verluste. Von einer 200köpfigen Kompanie der Marines blieben ganze 28 kampffähige Soldaten übrig. Besonders hart erwischte es das 5. Regiment. Von den ursprünglich 18 Zugführern blieb lediglich einer einsatzfähig, fast alle Kompaniechefs waren verwundet oder gefallen.

Das 1. Regiment wurde am 26. September Ziel eines Gegenangriffs starker Panzer und gepanzerter Artillerieverbände. Der Vorstoß brach jedoch im konzentrierten Artilleriefeuer der Marines zusammen und der Gegner verlor 500 Soldaten und sieben Panzer.

Die Marines rückten weiter gegen das Stadtzentrum vor und die Abwehrkraft der Kommunisten näherte sich langsam dem Ende. Am 29. September befand sich die südkoreanische Hauptstadt wieder in den Händen der UN-Truppen. Die erfolgreiche Landung und Rückeroberung hatte die 1. Marinedivision mehr als 420 Tote und 2 000 Verwundete gekostet. Aber die Aktion wendete das Kriegsglück zugunsten der UN-Verbände. Plötzlich schien die drohende Niederlage vergessen und ein Sieg nahe. Während noch hart um Seoul gerungen wurden, griffen mehrere US-Divisionen aus dem Kessel Pusan heraus an und brachten den nordkoreanischen Verbänden erhebliche Verluste bei. Bald befanden sich die Angreifer in der Defensive und wurden nach Norden zurückgedrängt. Die Invasion selbst verlief problemlos. Schwieriger zeigte sich allerdings die Eroberung der Hauptstadt.

Fünf Jahre nach Ende des Zweiten Weltkrieges hatten die Marines wieder einmal bewiesen, daß sie trotz unzureichender Voraussetzungen leistungsfähig und

PFC Leguire hißt nach der Rückeroberung von Seoul am 27. 9. 1950 auf dem Dach des US-Konsulats das Sternenbanner.

verläßlich waren. Es bleibt anzumerken, daß es sich bei der Inchon-Landung um das bisher letzte große amphibische Unternehmen im Divisions bzw. Korpsrahmen handelte. In den folgenden Jahrzehnten kam es zwar vielfach zu Landeeinsätzen, jedoch wurde dabei der Brigaderahmen nicht überschritten. Letztmals wurde 1991 im Persischen Golf ein großes amphibisches Unternehmen angekündigt, jedoch nicht durchgeführt. Es handelte sich lediglich um ein strategisches Täuschungsmanöver.

Anfang Oktober zogen die Marines aus Seoul ab und bereiteten sich auf das nächste Unternehmen vor. Obwohl der Angreifer auf seine Ausgangsstellungen zurückgeworfen worden war, ging der Krieg weiter. McArthur wollte »reinen Tisch« machen und die Gefahr aus dem Norden endgültig bannen. Gegen erhebliche Opposition setzte sich der »Falke« mit dem Plan durch, die zurückflutenden geschlagenen Verbände über den 38. Breitengrad hinweg zu verfolgen und weitere Ziele in Nordkorea anzugreifen. Die verheerenden politischen und militärischen Folgen dieser Entscheidung sollten sich noch lange negativ auf die Gesamtsituation im Fernen Osten und pazifischen Raum auswirken.

Der Vorstoß nach Norden verlief in mehreren Stoßkeilen. Die 1. Marinedivision blieb weiter Teil des X. Corps der US Army und erhielt den Befehl, hinter den kommunistischen Linien bei Wonsan zu landen. Das Hafengelände war vom Gegner vermint worden und mußte erst geräumt werden. Bevor jedoch die ersten

76

Ledernacken am 10. Oktober 1950 an Land gingen, hatten südkoreanische Verbände die Stadt bereits besetzt. Das 1. Regiment übernahm örtliche Sicherungsaufgaben und hielt die Verkehrsverbindungen aufrecht. Da die nordkoreanischen Soldaten nun zur Guerillataktik wechselten und versteckt vom hügeligen Gelände aus operierten, hatten die Marines alle Hände voll zu tun, um die Situation im Griff zu behalten. Kleinere Einheiten wurden überraschend angegriffen und vernichtet. Überraschungsangriffe in den Nachtstunden verwickelten die US-Soldaten in blutige Nahkämpfe.

Ende Oktober bereiteten sich die beiden weiteren Regimenter für den Vormarsch nach Norden vor. Der heranrückende Winter machte sich nun bemerkbar und unter den Gefangenen befanden sich überraschend viele chinesische »Freiwillige«. Seit dem 24. Oktober 1950 durften die UN-Einheiten nach einem eigenmächtigen Befehl General McArthurs uneingeschränkt in Richtung des Yalu-Stroms vorrücken. Die Drohung der Chinesen, im Falle eines weiteren Vorrückens einzugreifen, nahm der Oberbefehlshaber nicht ernst. Am Grenzfluß zogen aber die Chinesen bereits starke Truppen zusammen und der Krieg eskalierte. Als Mc Arthur plante, die über den Yalu führenden Brücken zu bombardieren, drohte ein Weltkonflikt. Eine Ausdehnung der Kampfhandlungen auf chinesisches und sowjetisches Territorium bedeutete mit Sicherheit den Dritten Weltkrieg, schon entstanden Gerüchte über einen möglichen Atomwaffeneinsatz und den Eintritt von Nationalchina in den Krieg, was man bisher zu verhindern wußte.

Inzwischen befanden sich die Marines weit im Norden und rückten auf das »Chosin Reservoir« vor. Die Spitze bildete das 7. Regiment. Am 2. November 1950 gerieten die ersten Teileinheiten unter schweres Feuer und die Bataillone gruben sich entlang der durch ein Tal führenden Straße ein. Mit drei Regimentern griffen die Chinesen von den Höhen herab mit voller Wucht an. China war in den Krieg eingetreten und es ergab sich so eine völlig neue Lage. Der anbrechende eisige Winter machte die Situation nicht besser. In der Nacht konnten die Chinesen an einigen Punkten in die US-Stellungen einbrechen und mehrere Einheiten abschneiden. Nach Tagesanbruch konnten die Amerikaner mit massiver Luft- und Artillerieunterstützung den Feind wieder zurückwerfen. Wie heftig der Nachtkampf sich entwickelte, zeigten die hohen gegnerischen Verluste von 650 Toten. Das 7. Regiment konnte die zäh verteidigenden Chinesen nur langsam zurückdrängen und nahm erst 10. November 1950 Koto-Ri ein. Am 15. November wurde die Stadt Hagaru erobert. In drei getrennten Marschsäulen rückten das 1. südkoreanische Corps, die 7. Infanteriedivision der US Army und die Marines durch die unwegsame Gebirgsgegend vor. Ein Regiment der US Army erreichte schließlich am 21. November den Yalu, das vorläufige Endziel. Ab 25. November 1950 begann die vorläufig letzte Offensive der UN-Truppen in der Region. Die chinesischen Verbände hatten nun ihren Aufmarsch beendet und schlugen mit voller Kraft zu. Vier Korps in einer Stärke von 200 000 bis 300 000 Mann attackierten die 8. US-Armee und fügten ihr schwere Verluste zu. Drei chinesische Divisionen griffen am 27. November 1950 die weitgehend ohne Flankenschutz und mit langen Versorgungslinien operierenden Regimenter an. Mit starker Mörserunterstützung gingen immer neue Wellen des Gegners gegen US-Soldaten vor. Gleichzeitig griff der Gegner auch die rückwärtigen Verbindungslinien an und versuchte, die beiden vorderen Regimenter abzuschneiden.

Nur unter großen Anstrengungen gelang es den Marines, dem Druck standzuhalten und in Gegenangriffen örtliche Erfolge zu erzielen. Aber die überlegenen Chinesen zwangen die Amerikaner mehr und mehr in die Defensive. Mehrere Kompanien wurden bis auf wenige Soldaten vernichtet und am 28. November 1950 begann der Rückzug nach Hagaru. Die kommenden Tage waren von heftigsten Gefechten erfüllt. Aber es gelang nicht, den Ausbruch zu verhindern und die Straße zu sperren. Eine gemischte Kampfgruppe aus Marines, britischen Commandos und Soldaten der US Army, unterstützt von zwei Panzerkompanien der Ledernacken, hielt die Straße und ermöglichte so einen einigermaßen geordneten Rückzug. Knapp 1000 Mann zogen sich in rund 140 Fahrzeugen zurück, die Toten und Verwundeten wurden mitgeführt. Es herrschten zum Teil chaotische Verhältnisse. Besonders die US Army erlitt verheerende Verluste und viele GI's suchten ihr Heil in der Flucht. Nur ein Bruchteil erreichte Hagaru, dort wurde zunächst eine behelfsmäßige Verteidigungslinie gehalten. Die Verwundeten konnten versorgt und mit Flugzeugen evakuiert werden. Am 6. Dezember konnten die Marines Koto-Ri erreichen. Das 1. Regiment zeichnete sich bei schweren Gefechten um die Höhe 1081 aus. Starke feindliche Kräfte hielten diesen wichtigen Punkt und blockierten die Straße. Ein Bataillon des 1. Regiments eroberte in einem dramatischen Nachtangriff die feindlichen Stellungen und ermöglichte so den Rückzug nach Chinhung-Ni.

Obwohl die Marines tapfer kämpften, rettete sie wohl nur die eigene Luftüberlegenheit vor der Vernichtung. Die integrierten Fliegerstaffeln zeigten sich als wahrer Segen, da sie »unbürokratisch« zur Unterstützung eingesetzt werden konnten. Während die Nacht den Chinesen gehörte, befanden sich bei Tageslicht die Amerikaner im Vorteil. Selbst eine komplette Behelfsbrücke konnte eingeflogen werden, um einen Flußübergang zu ermöglichen. Durch die fortwährenden Kämpfe erschöpfte sich auch die Kampfkraft der Kommunisten. Aber es kam immer wieder zu kleineren Gefechten und Scharmützeln. Mehr als 300 Marines fielen beim Rückmarsch von Koto-Ri zur Hafenstadt Hungnam aus. Aber die 1. Marinedivision war aus der tödlichen Falle entkommen. Die Nachhut bildeten 40 Panzer und die Aufklärungskompanie. General Emith schlug vor, den Hafen Hungnam zu verteidigen, erhielt aber den Befehl, seine Truppe auf dem Seeweg zu evakuieren. Die Marines hatten die Angriffskraft der gesamten 9. chinesischen Armee gebrochen und den Großverband so stark »abgenutzt«, daß keine Beeinträchtigung der Einschiffung zu erwarten war. Über 100 000 Soldaten, viele Flüchtlinge und ein großer Teil des schweren Gerätes konnten auf Schiffen in Sicherheit gebracht werden. Am 15. Dezember 1950 befand sich die Mehrzahl der 22 000 noch kampffähigen Ledernacken nach unsäglichen Strapazen auf dem Weg nach Süden. Rund 340 Tote, 1680 Verwundete und 78 Vermißte blieben auf den Schlachtfeldern entlang einer 100 Kilometer langen vereisten und vielfach zerstörten Straße im unwirtlichen Bergland zurück.

Recht euphorisch hatte General McArthur einige Monate früher versprochen: »Weihnachten sind unsere Jungen wieder daheim!« Für die Korea-Veteranen erfüllte sich nun dieser Traum wenigstens teilweise. Sie waren gerade noch einmal davongekommen und konnten Weihnachten feiern.

Im Hafen von Pusan wurden die Ledernacken ausgeladen. Eine große Zahl war wegen Erfrierungen und anderer Erkrankungen nicht mehr einsatzbereit und es wurde Ersatzpersonal im erheblichen Umfang zugeführt. Bereits im Januar befanden sich Teile der Marine-Division erneut im Kampf gegen Guerillas. Mitte Februar gelang es der US Army nach dem vorangegangenen Rückzug südlich des 38. Breitengrads wieder Boden zu gewinnen. Im Rahmen der Gegenoffensive »Killer« wurde die 1. Marinedivision eingesetzt. Am 15. März konnte die total zerstörte Hauptstadt Seoul wieder eingenommen werden.

Im April 1951 wurde General McArthur vom US-Präsidenten entlassen. Man wollte die von ihm vertretene Errichtung einer weiteren Front in China und somit einen drohenden Weltkrieg verhindern. Gleichzeitig begannen Waffenstillstandsverhandlungen, die sich noch über lange Zeit hinzogen.

75 mm rückstoßfreies Geschütz unterstützt einen Infanterieangriff in Korea. Im Vordergrund ein Browning-MG.

Am 22. April 1951 starteten die Kommunisten eine große Frühjahrsoffensive. Die links von den Marines eingesetzte südkoreanische Division brach durch die Wucht der Angriffe zusammen, der Gegner erzielte erhebliche Geländegewinne. Die drei Infanterieregimenter konnten ihre Stellungen behaupten und warfen in örtlichen Gegenangriffen Nordkoreaner und Chinesen zurück. Die Gefechte zogen sich über den folgenden Tag und die Nachtstunden hin. In stundenlangen Feuergefechten wehrten sich die Marines gegen die ohne Rücksicht auf Verluste in dichten Wellen angreifenden Gegner, mehrfach drohte den Bataillonen des 1. Regiments die Einkesselung. Nach zweitägigem Einsatz meldete das 1. Regiment 300 Verluste. Die Verbände zogen sich zurück und bildeten eine neue Verteidigungslinie. Ende Mai brach der Angriff der Kommunisten zusammen und die UN-Truppen rückten erneut nach Norden vor. Die Kämpfe im Juni fanden ihren Höhepunkt im Ringen um die Höhe 1316, einer im Landserjargon als »Punchbowl« bezeichneten Region. Das 1. Regiment trug dabei die Hauptlast und einige der Kompanien verloren die Hälfte ihres Mannschaftsbestandes. Die Division ging nun in die Verteidigung über und die Politiker begannen mit „ernsthaften" Friedensgesprächen. Es folgte eine dringend notwendige Ruhe- und Auffrischungsphase, die Marines wurden zurückverlegt und von einer Division der Army ersetzt.

Ende August galten die Waffenstillstandsverhandlungen zunächst als gescheitert und die Kämpfe flackerten wieder auf. Die Front bewegte sich nun um den 38.

MG-Bedienung im Schützenloch mit charakteristischer Helmtarnung.

Breitengrad, die Lage deutete auf ein »Unentschieden« hin. In kräftezehrenden Infanteriegefechten wurde erneut um Stellungen gerungen, blutige Bajonett-Kämpfe erinnerten an den Ersten Weltkrieg. In oft tagelangen Nahkämpfen verlor die Divison erneut 1600 Mann. Ende September erging der Befehl zur Einstellung der Offensive.

Nun begann die 2. Phase im sogenannten »Korea-Konflikt«. In den ersten Monaten bestimmte ein auf beiden Seiten geführter, ausgeprägter Bewegungskrieg mit zahlreichen Offensiven und Gegenoffensiven die Situation. Dann folgte ein nicht weniger grausamer »statischer« Stellungskrieg, der sich bis Kriegsende hinziehen sollte. Die 1. Marine-Division war für einen etwa 20 Kilometer breiten Frontabschnitt verantwortlich. Nach den amphibischen Operationen des Jahres 1950 erfolgten ausschließlich infanteristische Einsätze der US Army. Aber niemand wollte auf die kampferprobten Marines verzichten, so blieben sie bis zum Kriegsende der 8. US Army unterstellt.

Im Herbst 1951 verringerte sich die Kampftätigkeit und es kam nur zu kleineren Späh- und Stoßtruppunternehmen. Im Frühjahr 1952 gruppierten die UN-Truppen um und die Marines übernahmen einen neuen Frontabschnitt am Imjin-Fluß. Sie hielten 50 Kilometer der sogenannten »Jamestown-Linie«, die Seoul sicherte. Kleinere Angriffe auf meist unbedeutende Ziele kosteten erhebliche Verluste und brachten kaum Geländegewinne. So verlor eine Infanteriekompanie 116 Mann, ohne die begehrte Höhe einzunehmen. Eine schwere Schlacht entbrannte im August 1952 um die Höhe 122, besser bekannt als »Bunker Hill«. Ein von den Chinesen eroberter vorgeschobener Stützpunkt konnte im Gegenangriff zunächst zurückgewonnen werden. Daraufhin griff der Gegner in Bataillonsstärke an und warf die Marines aus der Stellung. In der folgenden Nacht wechselte die Höhe mehrfach den Besitzer. Das Gefecht kostete das 1. Regiment 260 Mann. Am Morgen griffen die Marines die chinesischen Stellungen auf der Höhe 122 an. Dort entwickelten sich mehrtägige heftige Gefechte; Angriffe und Gegenangriffe wechselten und beide Seiten setzten alle verfügbaren Kräfte ein. Nach mehreren Tagen siegten schließlich die Marines dank erheblicher Mengen an schweren Waffen, dem Trommelfeuer aus allen Rohren des 11. Artillerieregiments und pausenlosen Unterstützungsflügen der Kampfflugzeuge.

Im Laufe des Septembers verstärkte der Gegner seine Angriffe auf Außenposten und vorgeschobene Stellungen. Die eigentlich nicht für den Grabenkampf ausgebildeten Ledernacken verteidigten den verhältnismäßig breiten Frontabschnitt meist mit zwei Regimentern, das dritte bildete die Reserve. Die Verteidigungslinien erwiesen sich als relativ schwach und wurden von vorgeschobenen Stützpunkten gedeckt. Dabei handelte es sich meist nur um Infanteriezüge von 30 bis 40 Soldaten, manchmal auch nur um Gruppen. Von diesen Außenposten war flankierendes Feuer möglich. Aber im Falle eines massierten Angriffs konnten sich die Ledernacken nur bedingt halten. Das 5. Regiment verlor Ende August den Außenposten »Irene« und zwei weitere Stützpunkte. Im Oktober gingen sechs weitere Stützpunkte verloren, zehn Tote sowie 150 Vermißte und Verwundete bildeten die traurige Bilanz. Ende Oktober griffen die Chinesen mit mehreren Regimentern und starker Artillerie die 10 Kilometer breite Front der 7. Marines an, um nach Seoul durchzubrechen. Mehrere vorgeschobene Stellungen wurden überrannt und keiner der Verteidiger konnte sich retten. Mit starken Kräften drang der Gegner in die Schützengräben der Hauptkampflinie ein und zwang die Marines zum Rückzug. In mehreren Gegenangriffen versuchten Kompaniekampfgruppen, unterstützt von Panzern und Flammenwerfern, die Einbrüche zu bereinigen. Drei Staffeln der Fliegerkräfte des Corps griffen mit 70 Kampfflugzeugen und Napalm ein. Das 1. Regiment schickte Verstärkungen und in einem blutigen Nachtgefecht eroberten die US-Soldaten ihre Stellungen wieder zurück. Der Durchbruch nach Seoul konnte so verhindert werden, aber der Preis war mit 70 Gefallenen, 400 Verwundeten, 40 Vermißten und 27 Gefangenen außerordentlich hoch.

Die Wintermonate verliefen an der Front verhältnismäßig ruhig und man wartete gespannt auf die Ergebnisse der Friedensverhandlungen und des Gefangenenaustausches.

Im März 1953 flackerten erneut schwere Kämpfe auf. Eine Offensive der Kommunisten zeigte zuerst Erfolg.

Der Gegner hatte bereits Stellungen der US Army eingenommen und griff nun drei Stützpunkte des 5. Regiments an. Die Angriffe auf »Berlin« und »East-Berlin« konnten mit Unterstützung der Artillerie abgewehrt werden. Um den Stützpunkt »Reno« entwickelten sich dramatische Nahkämpfe, »Vegas« stand ebenfalls unter schwerem Druck.

Die kleinen Besatzungen schlugen mehrere Angriffe weit überlegener feindlicher Kräfte zurück, wurden aber nach stundenlangen Kämpfen aufgerieben. Nur fünf Mann von »Reno« überlebten. Die Gefechte setzten sich fort und der Stützpunkt Vegas konnte nach mehrfachen Gegenstößen endgültig zurückerobert werden. Die Marines verloren in dem viertägigen Ringen 1000 Soldaten an Toten, Verwundeten und Gefangenen. Schätzungen zufolge lagen die Verluste beim Gegner etwa doppelt so hoch.

Nach mehr als einjährigem Fronteinsatz wurde die Division aus der Front genommen und kam zur Auffrischung in den rückwärtigen Raum. Der »Endkampf« begann am 7. Juli 1953. Die Division übernahm erneut den früheren Abschnitt, der von Feindkräften stark bedroht wurde. Kurz vor Unterzeichnung des Waffenstillstandes schlugen die Kommunisten nochmals mit aller Kraft zu. Sie wollten so ihre Positionen vor dem Kriegsende noch verbessern. Um den Stützpunkt »East-Berlin« entbrannten wieder harte Kämpfe. Dem 7. Regiment gelang es, die Besatzung zu entsetzen und den Gegner zu werfen. Nur 20 meist leicht verwundete Marines waren im Stützpunkt noch einsatzbereit. Aber einige Tage später wechselten die Stellungen erneut die Besitzer. In Bataillonsstärke griffen die Kommunisten die nur von jeweils einem Zug verteidigten Stellungen an und überrannten sie. 50 Marines des 7. Regiments ließen so ihr Leben noch kurz vor dem Beginn des Waffenstillstandes.

Buchstäblich bis zur letzten Stunde befand sich das 5. Regiment im Kampf.

Am 25. Juli 1953 griffen die Kommunisten die Stützpunkte »Dagmar« und »Esther« an.

Es gelang ihnen, in die Stellungen von »Esther« einzudringen. Die »H«-Kompanie meldete nach der Bereinigung des Einbruches zwölf Tote und 98 Verwundete.

Heftige Kämpfe tobten um die Höhe 119. Das 1. Regiment warf unter großen Opfern die in die Hauptkampflinie eingedrungenen Angreifer auf ihre Ausgangsstellungen zurück. Dies waren die letzten Bodenkämpfe der Marines im Koreakrieg. In zwei Tagen erbitterter Gefechte verloren die Ledernacken fast 50 Mann und hatten Hunderte von Verwundeten.

Der langersehnte Waffenstillstand von Panmunjom ließ am 27. Juli 1953 die Waffen schweigen. Mehr als drei Jahre standen die Ledernacken in Korea an vorderster Front. Über 4260 Soldaten fielen, die Zahl der Verwundeten lag bei mehr als 20000. Dies entspricht dem Personalstand einer kompletten Marine-Corps-Division. Der Kriegsausgang bedeutete ein »Unentschieden«, insgesamt waren die kommunistischen Kräfte in Asien keineswegs geschwächt, eher ermuntert! In den kommenden Jahren sollten sich weitere Krisen, verbunden mit erheblichen kommunistischen Machtausweitungen im südostasiatischen Raum ergeben.

In drei Jahren hatte sich die Mannschaftsstärke des Marine Corps von knapp 75000 auf mehr als 261000 erhöht. Der unsichere Waffenstillstand machte es erforderlich, daß die Vereinten Nationen weiterhin entlang des 38. Breitengrades ihre 8. Armee in ständiger Gefechtsbereitschaft hielten. Erst im Frühjahr 1955 kehrte die 1. Division in die USA zurück, die Fliegerverbände blieben bis 1956.

Nach dem Tode des sowjetischen Diktators Stalin im Frühjahr 1953 begann sich die Konfrontation zwischen Ost und West leicht zu entspannen. Die große »Entscheidungsschlacht« zwischen »Kommunismus« und »Kapitalismus« schien trotz kleinerer Krisen in die Ferne zu rücken. Das Marine Corps übernahm wieder seine traditionellen Aufgaben als amphibische »Krisenfeuerwehr« und Bereitschaftstruppe. Häufig beteiligten sich die Marines auch weltweit an Hilfsmaßnahmen bei Naturkatastrophen. Die Erfahrungen des Koreakrieges schlugen sich in einer harten Ausbildung nieder. Vermehrtes Interesse galt nun Fragen der Luftbeweglichkeit per Hubschrauber. Hier hatte es bereits in Korea erste Ansätze gegeben, die es nun fortzuentwickeln galt. Marines befanden sich zu Ausbildungs- und Einsatzzwecken über den ganzen Erdball verstreut. Sie setzten ihre Eigenständigkeit als weitgehend unabhängige Teilstreitkraft konsequent durch. Die ersten Erfahrungen als »Friedenstruppe« konnten sie im Libanon sammeln. Auf Ersuchen der damaligen libanesischen Regierung schickte Präsident Eisenhower am 15. Juli 1958 Truppen nach Beirut.

Die US-Friedenstruppe erreichte eine Stärke von rund 8000 Mann und hielt sich fast vier Monate im Libanon auf. Als sich die politische Situation wieder beruhigte und Stabilität eingetreten war, zogen sich die Soldaten zurück. Am 18. Oktober 1958 endete die Intervention. Die Marines erlitten dabei keine Verluste. Ein Vierteljahrhundert später erging erneut der Aufruf: »Sendet die Marines«! Die Ledernacken kamen erneut in die krisengeschüttelte Region und mußten dort einen der schwärzesten Tage in ihrer Geschichte erleben.

Im Oktober 1962 stand die Welt kurz vor dem »Dritten Weltkrieg«. Auf Kuba wollten die Sowjets Raketen stationieren, die eine unmittelbare Bedrohung der USA bedeuteten. Die Kommunisten verstärkten unter Fidel Castro fortlaufend ihre Positionen auf der »Zuckerinsel« und die Möglichkeit einer US-Landung auf Kuba wurde von Politikern und Militärs ernsthaft erwogen. Weltweit befanden sich die

Heißer Sommer 1958

Die Lage im Nahen und Mittleren Osten hatte sich im Sommer 1958 gefährlich zugespitzt. Im Irak kam es zu einem blutigen Umsturz, Jordanien befand sich in Schwierigkeiten und der libanesische Präsident Chamoun befürchtete einen syrischen Angriff. US-Interventionstruppen aus Deutschland erreichten auf dem Luftwege Beirut. Dabei handelte es sich um eine Fallschirmjägerbrigade der 24. Infanteriedivision, die kurz vorher aus der 11. Fallschirmjägerdivision hervorgegangen war. Innerhalb von 24 Stunden nach der Entscheidung der US-Regierung wateten bereits die ersten Marines vom 2. Bataillon des 2. Regiments der 6. Flotte bei Khaled an Land. Kurz darauf folgten ein Bataillons-Landungs-Team des 6. Regiments und ein weiteres kam vom 8. Regiment. Die gesamte 2. Marinedivision wurde in Alarmbereitschaft versetzt, mußte aber nicht eingreifen. Lediglich ein weiteres Bataillon aus Camp Lejeune landete auf dem Flughafen Beirut. Als offizielle Begründung nannte die US Regierung den Schutz der im Libanon lebenden 2500 US-Bürger und die Unterstützung der libanesischen Regierung zur Sicherung der territorialen und politischen Unabhängigkeit.

Am Rande des Abgrunds

Die Sicherheitslage hatte sich zu Beginn der 60er Jahre wieder verschlechtert. In den ehemaligen Kolonien versuchten meist kommunistisch gelenkte »Freiheitsbewegungen« an die Macht zu gelangen. Die Spannungen zwischen NATO und Warschauer Pakt eskalierten und mit dem Bau der Berliner Mauer verschärfte sich die Situation auch in Mitteleuropa dramatisch. In Südostasien bedrohte der Kommunismus die noch freien Staaten. Die 1961 von Exilkubanern unter Federführung des US-Geheimdienstes CIA durchgeführte Landung scheiterte in der »Schweinebucht« kläglich. Aber John F. Kennedy setzte alles auf eine Karte. Bevor die Sowjets ihren »Rückzieher« machten, konzentrierten die USA starke militärische Kräfte in Reichweite des Golf von Mexiko. Die 2. Panzerdivision »Hell on wheels« verlegte von Fort Hood südwärts und man rechnete mit ihrer Landung auf Kuba. In höchster Bereitschaft standen die Fallschirmjäger der 82. Airborne Division in Fort Bragg. Teams der »Green Berets« befanden sich im Geheimeinsatz. Die Marines bereiteten sich ebenfalls auf den Ernstfall vor. Die 2. Marinedivision verlegte nach Florida und in die Karibik, aus Camp Pendleton rückte die 5. Brigade an und der US-Stützpunkt auf Kuba wurde verstärkt. Aber buchstäblich in letzter Minute endete die Kriegsgefahr. Die sowjetischen Raketen verschwanden wieder Richtung Osten und die lang erwartete Invasion der Karibikinsel wurde abgeblasen.

US-Truppen und ihre Verbündeten in Alarmbereitschaft. Ein sowjetischer Flottenverband mit den für Kuba bestimmten Raketen überquerte den Atlantik und näherte sich der Karibik. Als US-Aufklärer dies mit Luftbildern belegten, handelte US-Präsident Kennedy energisch. Er stellte den Sowjets ein Ultimatum und forderte die Schiffe zur Rückkehr auf. Ein Atomkrieg lag in greifbarer Nähe. Die entschlossene Haltung wirkte, die Schiffe gingen samt Raketen auf Gegenkurs!

Im April 1965 landeten die Marines auf der Karibikinsel Santo Domingo. In der Dominikanischen Republik herrschten ständige Unruhen, die Gefahr einer kommunistischen Machtübernahme stand nach Meinung der US-Regierung unmittelbar bevor. Nachdem sich die Unruhen ausbreiteten, griffen die USA zur Wiederherstellung der Ordnung und zum Schutz von US-Bürgern militärisch ein.

Das 6. Regiment befand sich auf Flugzeugträgern vor der Küste in Bereitschaft. In den frühen Morgenstunden des 26. Aprils bestiegen die ersten beiden Kompanien die Transporthubschrauber und und landeten in Santo Domingo. Sie evakuierten eine große Zahl von Ausländern, die sich in einer Hotelanlage verschanzt hatten. Nach wenigen Stunden befand sich ein Bataillon mit schweren Waffen an Land.

Gleichzeitig beteiligte sich die US Army mit der 82. Airborne-Division an dem Unternehmen. Eine Brigade landete auf dem Flughafen und sicherte diesen strategisch bedeutsamen Raum. Die an verschiedenen Orten gelandeten US-Soldaten gingen nun weiter vor mit der Absicht, sich zu vereinigen. Dabei kam es zu Gefechten mit Zivilisten und Einheiten der dominikanischen Streitkräfte. Die Marines und die Fallschirmjäger verzeichneten erste Verluste an Gefallenen und Verwundeten. Verstärkungen wurden herangeführt, ein weiteres Bataillon der Marines und eine Brigade der Fallschirmjäger landeten. In den nächsten Tagen folgten zwei weitere Bataillone. Mittlerweile befanden sich rund 22 000 US-Soldaten in der Krisenregion. Der Widerstand ließ nach und bald zeigten die politischen Verhandlungen Erfolg. Ende Mai übernahm eine »Inter-Amerikanische« Friedenstruppe die Kontrolle und die US-Truppen zogen ab. Neun Tote und 30 Verwundete kostete der Einsatz der Marines.

Viel schlimmer erwiesen sich aber die politische Folgeerscheinungen. Obwohl die USA in erster Linie eine kommunistische Machtübernahme zu verhindern suchten, wurden sie weltweit als »Imperialisten« gebrandmarkt.

Zu Beginn der unruhigen 60er Jahre verfügte das Marine Corps über einen Personalstand von rund 189 000 Köpfen. Nach wie vor stand die Kapazität zur Durchführung amphibischer Landungen ohne regionale Einschränkungen an erster Stelle. Aber die Marines standen auch für weitere »klassische« militärische Operationen bereit.

Die zweite Hälfte des Jahrzehnts wurde vom Vietnamkrieg bestimmt, in dem die Ledernacken Seite an Seite mit den GI's der US Army in einen verlustreichen Dschungelkrieg gerieten.

Berühmte und berüchtigte Marines

Einige Marines kamen in die Schlagzeilen. Oberstleutnant John Glenn umkreiste am 20. Februar 1962 als erster Amerikaner in einer Raumkapsel dreimal die Erde. Eine größere Anzahl Ledernacken sollten ihm in den nächsten Jahren als Pioniere des Weltraums in ähnlichen Aktionen nacheifern.

Im Herbst 1963 wurde US-Präsident John F. Kennedy Opfer eines Mordanschlags.Über Ursachen und Hintergründe gibt es eine Vielzahl unterschiedlicher dubioser Erklärungen und Auslegungen. Die verschiedensten Machtgruppen stehen in Verdacht den Meuchelmord an dem beliebten Präsidenten geplant zu haben. Als »Todesschütze« wurde Lee Harvey Oswald ermittelt. Kurze Zeit später wurde Oswald vor laufenden Fernsehkammeras von Jack Ruby niedergeschossen. Eine Überprüfung des mutmaßlichen Todesschützen von Dallas ergab, daß Oswald in den 50er Jahren freiwillig bei den Marines diente. Dort galt er als schlechter Soldat und windiger Schütze – ein gewisser Widerspruch zu den gelungenen Todesschüssen auf den US-Präsidenten, im fahrenden Auto!

Die Ledernacken kämpfen in Vietnam

In den 60- und 70er Jahren standen die USA an der Seite der damaligen Republik Süd-Vietnam im Kampf gegen den Kommunismus. Immer tiefer wurde das Land in einen Konflikt hineingezogen, den es kaum militärisch gewinnen konnte – weil ihn die Politiker nicht gewinnen wollten und die Bevölkerung zunehmend ihre Unterstützung verweigerte. Millionen amerikanischer Soldaten, 10 Millionen Bomben und finanzielle Aufwendungen in dreistelliger Milliardenhöhe konnten das Blatt nicht wenden. Fast 58 000 Amerikaner starben, 500 000 leiden heute noch an den körperlichen und seelischen Folgeschäden. Aber alle Opfer konnten die militärische Niederlage nicht verhindern, die der politisch-moralischen in der Heimat voranging.

Verheerende Auswirkungen ergaben sich im Selbstverständnis der US-Streitkräfte, Moral und Disziplin erreichten einen Tiefpunkt. Über 30 000 Soldaten desertierten, eine viel größere Zahl entzog sich dem Wehrdienst durch Flucht in das Ausland. Die Wehrpflicht mußte ausgesetzt werden und ein zunächst äußerst zerbrechliches Freiwilligenheer entstand. Es dauerte fast 20 Jahre bis die Wende eintrat. Nach dem Sieg am Golf haben die US Streitkräfte ihr arg gebeuteltes Selbstvertrauen wieder zurückgewonnen und die Schmach überwunden.

Zwei Jahrzehnte lang standen Marines in Vietnam. Sie gehörten zu den ersten die kamen und zu den letzten, die gingen.

Aus einem »Einmannbetrieb« in den turbulenten Tagen nach der Niederlage der Franzosen entwickelte sich eine gewaltige Streitmacht, die gegen Ende der 60er Jahre mehr als 80000 Köpfe umfaßte. Die 1. und die 3. Marine-Division stellten die Masse der Soldaten,ergänzt von weiterem Personal und wirksamen Luftstreitkräften.

Zwar kam es mehrfach zu klassischen amphibischen Einsätzen, größtenteils ähnelten aber die meisten Aktionen denen der Landstreitkräfte. Überwiegend kämpften die Marines in der gefährdeten nördlichsten Region, in unmittelbarer Nähe der Grenzen zu Nordvietnam und Laos. Beim dortigen Gegner handelte es sich nicht um schlecht organisierte Guerillagruppen, sondern um gut ausgerüstete reguläre Kampfverbände.

In den schwersten Schlachten des Krieges bewährten sich die Marines vorzüglich. Ihrer hohen Leistungsfähigkeit erwies sich die enge Zusammenarbeit mit der Marine als zuträglich, die von der nahegelegenen See her mit Schiffsartillerie und Flugzeugen dazu beitrug, manche gefährliche Krisensituation zu meistern.

Gefangene der Operation »Starlight« 1965, die 599 Vietkong das Leben kostete.

Waffenhilfe für die Green Berets

Das Special Forces Camp Nam Dong in der Provinz Thua Thien schützte eine strategisch wichtige Einfallroute an der unsicheren laotischen Grenze und die rund 5000köpfige Bevölkerung in den umliegenden Tälern. War dieses Hindernis beseitigt, konnten leicht die fruchtbaren, dicht bevölkerten Gebiete des Küstenstreifens mit den Zentren Da Nang und Phu Bai erreicht werden. Das Green Beret Team A-726 unter Captain Roger Donlon hatte zusammen mit drei schwachen Kompanien einheimischer Miliz die schwierige Aufgabe übernommen, die Dörfer gegen Angriffe der jenseits der Grenze auf laotischem Gebiet konzentrierten Vietkong-Verbände zu schützen.

Natürlich störte der abgelegene Außenposten die Aktivitäten der Kommunisten und am 7. Juli 1964, kurz nach Mitternacht, startete ein verstärktes Bataillon einen Großangriff gegen das Camp. Ohne Rücksicht auf Verluste griffen die Guerillas in mehreren Wellen die mit Stacheldrahtverhauen verstärkten Stellungen an. Heftiges Granatwerferfeuer und starker Beschuß aus automatischen Waffen brachten die Verteidiger in arge Bedrängnis. Unter hohen Verlusten auf beiden Seiten entwickelten sich blutige Nahkämpfe und dem Vietkong gelang an mehreren Stellen der Einbruch. Mit heftigen Gegenstößen verschafften sich Amerikaner und Einheimische immer wieder Luft und so tobten die Kämpfe ohne Entscheidung bis in die Morgendämmerung. Dabei zeichnete sich der Kommandeur der Green Berets durch besondere Kaltblütigkeit und Mut aus. Obwohl aus mehreren Wunden blutend, tauchte Donlon immer dort auf, wo die Gefahr am größten war und warf die fanatisch kämpfenden Angreifer wieder zurück. Unter Feindfeuer kroch der verwundete Hauptmann in verlassene Stellungen und überschüttete die Angreifer mit Feuer aus den schweren Waffen. Durch mehrfachen Stellungswechsel gelang es ihm, die Wucht der feindlichen Attacke zu vermindern. Kurz nach vier Uhr morgens glückte es ihm, Funkverbindung mit Da Nang aufzunehmen. Sofort machten sich sechs Hubschrauber der Marines bereit, um den bedrängten Kameraden zu Hilfe zu eilen. Eine schnell gebildete Reaktionstruppe aus Angehörigen der Special Forces und Einheimischer flog unter Führung des kommandierenden Offiziers, Colonel Merchant, und begleitet von zwei Kampfhubschraubern, in Richtung des umkämpften Stützpunktes ab. Wegen starken Bodenfeuers konnten die Helikopter jedoch nicht landen und mußten mit der Verstärkung wegen Treibstoffmangel zurückkehren. Bei Tageslicht griffen amerikanische und vietnamesische Flugzeuge in die Kämpfe ein und versorgten die eingeschlossene Besatzung mit Munition. Ein erneuter Einsatz von 18 Hubschraubern der Marines zeigte Erfolg und die 93 Mann der Entsatztruppe konnten angelandet werden. Bei Tagesanbruch und nach heftigen Luftangriffen hatte es der Vietkong vorgezogen, den Angriff abzubrechen und sich in den Dschungel zurückzuziehen. Es blieben 54 Tote und erhebliches Material zurück. Aber auch 55 Vietnamesen, zwei Amerikaner und ein Australier waren in dem schweren Gefecht gefallen. Captain Donlon erhielt für seinen selbstlosen Einsatz die Medal of Honor, die höchste US-Kriegsauszeichnung. Die Zusammenarbeit zwischen Green Berets und Marines hatte in dieser Krisensituation reibungslos geklappt Ein halbes Jahrzehnt später sollten sich die Beziehungen zwischen den beiden Elitetruppen weniger ideal entwickeln!

Bereits am 2. August 1954 meldete sich der Lieutenant-Colonel des Marine Corps Croizat beim französischen Oberkommando in Saigon zum Dienstantritt als Verbindungsoffizier. Nach der endgültigen Niederlage der Franzosen im Frühjahr 1954 war nun ein auf internationaler Ebene ausgehandelter Waffenstillstand in Kraft getreten und das französische Kommando befand sich in Auflösung. So fand der Stabsoffizier alternativ eine Verwendung bei der Dienststelle für Flüchtlingsangelegenheiten. Im Zuge der Unterstützung der Evakuierung durch Schiffe der US Marine übernahm Croizat die Führung des US Teams in der Hafenstadt Haiphong. Die Aktion endete im Februar 1955; nahezu eine Million Menschen zogen das Flüchtlingsdasein im Süden einem Leben unter kommunistischer Herrschaft im Norden vor. So begann mit diesem außergewöhnlichen »Ein-Mann-Einsatz« schon recht bald das Engagement der US Marines in der südostasiatischen Krisenregion.

Nach Saigon zurückgekehrt erhielt der Offizier den Auftrag, den Aufbau der südvietnamesischen Marine-Infanterie zu überwachen. Diese sollte sich aus leichter Infanterie, Fluß-Commandos und Besatzungen von Patrouillenbooten zusammensetzen. Im Jahr 1955 geriet die von den USA unterstützte antikommunistische Regierung Diem vermehrt unter innenpolitischen Druck. Zu gewaltsamen Auseinandersetzungen kam es mit den militanten »Sekten«. Diese Bünde aus religiösen Fanatikern, organisierten Verbrechern und Berufsrevolutionären beherrschten erhebliche Teile des Landes und übten uneingeschränkte militärische und politische Macht aus. Bei der Vernichtung der berüchtigten Binh Xuyen, Cao Dai und Hoa Hao, zeichneten sich die Soldaten des 1. Landungs-Bataillons durch besondere Kampfkraft, Disziplin und Loyalität aus.

Mit dem Abzug der Franzosen stieg die Bedeutung der US-Berater beim Aufbau der neuen südvietnamesischen Streitkräfte erheblich. Lieutenant-Colonel Croizat erhielt zur Unterstützung einen weiteren Offizier und Unteroffizier zugeteilt. Mit großer Energie beteiligte sich die Dreiergruppe am Aufbau und an der Ausbildung der einheimischen Marines. Nach zeitweiligen Reduzierungen verfügte die südvietnamesische Marine-Infanterie gegen Ende der 50er Jahre über zwei Landungs-Bataillone und schwere Waffen zur Unterstützung. Einer Handvoll Berater der US-Ledernacken, denen die Beteiligung an Kampfhandlungen streng untersagt war, gelang es so in kurzer Zeit, eine schlagkräftige mobile »Feuerwehr« aufzubauen, die flexibel entlang den ausgedehnten Küstenlinien und auf den zahlreichen Wasserwegen bis tief in das Landesinnere hinein operieren konnte.

Mitte 1959 verschlechterte sich die Sicherheitslage in Süd-Vietnam bedrohlich. Die zunehmenden Fehlleistungen der Regierung Diem trieben große Teile der Bevölkerung förmlich in die Hände der immer stärker werdenden, von den Kommunisten zunehmend durchsetzten Befreiungsbewegung des Vietkong. Anfangs 1961 erreichte die Zahl der aktiven Kämpfer bereits 10.000 Köpfe. Auf Weisung des neu gewählten US Präsidenten John F. Kennedy, der den sich weltweit ausweitenden kommunistisch unterstützten »Volksbefreiungskriegen« energisch entgegentrat, erhöhte sich die US-Militärhilfe und die Zahl der Militärberater beachtlich. Das südvietnamesische Marine-Corps wurde auf vier Bataillone mit Artillerie vergrößert, auch die Zahl der amerikanischen Berater stieg geringfügig. Häufig ergaben sich verlustreiche Kämpfe gegen die Rebellen, die sich besonders im unübersichtlichen Mekong-Delta festgesetzt hatten.

Die zunehmenden Spannungen auf dem Festland blieben nicht ohne Auswirkungen auf den nächstgelegenen Großverband des US Marine-Corps. Seit der Eroberung von Okinawa im Zweiten Weltkrieg befinden sich bis zum heutigen Tage starke Kräfte der Ledernacken auf dieser großen japanischen Insel. Die 3. Division mit einer Stärke von 20000 Soldaten beobachtete wachsam die Entwicklung auf dem gegenüberliegenden Festland. Man rechnete jederzeit mit der Möglichkeit größerer Einsätze und bereitete sich auf diese Herausforderung vor.

Offiziere und Unteroffiziere weilten zeitweise als Beobachter in Süd-Vietnam und setzten sich mit den Gegebenheiten des Guerillakrieges auseinander. Im nördlichen Inselteil entstand ein Ausbildungszentrum für Infanteriekompanien, geleitet von Absolventen der Special Forces-Schule Fort Bragg oder der Dschungelschule Jahore, Malaysia. Aus den starr konventionell ausgerichteten amphibischen Landungstruppen entwickelten sich bald erfahrene Dschungelkämpfer und »Anti-Guerillas«. Noch kam es aber nicht zur Verlegung, aber die 3. Division war für alle Fälle bestens vorbereitet.

Ende 1961 begann die Verstrickung der USA in den von Experten immer wieder befürchteten Landkrieg auf dem südostasiatischen Festland. Mehrere Hubschrauber-Kompanien und eine größere Anzahl von Green Berets sollten dazu beitragen, die Kampfkraft der Südvietnamesen zu erhöhen und endlich Erfolge gegen die kommunistische Infiltration zu erringen. Viele westliche Politiker fürchteten eine kommunistische Machtergreifung in der gesamten Region. Jedoch sollte es zunächst nicht zu einem offiziellen Eingreifen in die Auseinandersetzungen kommen.

1962 verschlechterte sich die Lage der Regierung in Saigon weiter. Mehr und mehr wandelte sich die Rolle der US-Berater in Richtung Kampfunterstützung.

Mit der Verlegung einer mittleren Hubschrauber-Staffel der US Marines begann im April 1962 ein neuer Abschnitt. Innerhalb einer Woche nach der Ankunft in Soc Trang flogen die Helikopter bereits 400 Soldaten der 7. Infanteriedivision in 29 Einsätzen in das Kampfgebiet. Aus praktischen Gründen wurde auf Bordwaffen verzichtet. Lediglich zwei Maschinenpistolen vom Typ M-3 »Grease Gun« befanden sich zur Verteidigung an Bord. Bald kam es zu ersten Schäden durch Feindeinwirkung und die unerfahrenen Besatzungen lernten sehr schnell, sich auf die Gefahren eines Guerillakrieges im sumpfigen Dschungelgelände einzustellen.

Vom tiefen Süden verlegte die Einheit im September 1962 nach Da Nang im Norden des Landes. Die militärische Situation hatte sich leicht gebessert und nun bildete die Unterstützung der von Green Berets geführten einheimischen Milizverbände einen neuen Aufgabenschwerpunkt. Neben der militärischen Dienstleistung betätigten sich viele der Marines an Maßnahmen zur Verbesserung der Lebensverhältnisse der Einheimischen und zeigten dabei nicht nur guten Willen, sondern überzeugten auch mit entsprechenden Taten. Es gab noch viel Idealismus auf beiden Seiten!

Joint Task Force in Thailand

Während sich die Ledernacken im gebirgigen, rauhen Norden einlebten und gefährliche Einsätze flogen, ergab sich überraschend eine zeitlich begrenzte Krisensituation im Nachbarstaat Thailand. Im April 1962 gewannen die von der Sowjetunion und Nordvietnam beträchtlich unterstützten kommunistischen Pathet Lao im Königreich Laos zunehmend an Boden. Das von unfähigen Politikern regierte Land drohte immer mehr zum Aufmarschgebiet und zur strategischen Basis von militärischen Aktionen gegen Südvietnam zu werden. Die Situation eskalierte im Frühjahr 1962 nachdem es dem Pathet Lao mit nordvietnamesischer Unterstützung gelang, einen Großverband der laotischen Armee zu schlagen und zur Flucht nach Nord-Thailand zu zwingen. Nun standen die kommunistischen Kräfte bereits am Ostufer des Mekong und bedrohten den SEATO-Staat Thailand.

Am 15. Mai befahl Präsident Kennedy die Verlegung von US-Streitkräften nach Thailand und setzte so ein deutliches Zeichen, die Bündnisverpflichtungen uneingeschränkt mit militärischen Mitteln zu erfüllen. Die schon seit längerer Zeit als »Krisenfeuerwehr« bereitstehende »Joint Task Force 116« wurde umgehend in Alarmbereitschaft versetzt. Innerhalb weniger Stunden setzte sich die amphibische Bereitschaftsgruppe der 7. Flotte in Richtung Golf von Siam in Marsch.

Im einzelnen sah der »Operationsplan 32-59, Phase II« vor, eine »Marine Expeditionary Brigade« zur Verstärkung der sich bereits in Thailand befindlichen Infanteriebrigade der US Army bereitzustellen. Die Interventionstruppe setzte sich aus einer Regimentskampfgruppe mit drei verstärkten Infanteriebataillonen, einer Jagdbomberstaffel, einer Hubschraubertransportstaffel und Unterstützungseinheiten zusammen.

Innerhalb weniger Tage gelangten die Verbände in den Raum Udorn und die Kommunisten stoppten auf diese unmißverständliche Geste hin ihren Vormarsch kurz vor der thailändischen Grenze. Die überzeugende militärische Demonstration zeigte Wirkung und nach erfolgreichen politischen Verhandlungen in Genf entspannte sich vorerst die Lage. Nach wenigen Wochen konnten die Marines abgezogen werden und der provisorische Kampfverband wurde aufgelöst.

Unterdessen kümmerten sich in Süd-Vietnam acht US-Offiziere und fünf Unteroffiziere um die Weiterentwicklung des einheimischen Marine-Corps. Am 1. November 1963 wurde Präsident Diem Opfer eines Militärputsches an dem sich die südvietnamesische Marineinfanterie maßgeblich beteiligte. Das 1. und 4. Bataillon befanden sich gerade auf dem Rückmarsch von der Operation Phi-HO 5 und rückten statt in die Unterkünfte in die Hauptstadt Saigon ein. Dort besetzten sie strategisch wichtige Punkte der Stadt. Das 2. Bataillon blockierte die Straße nach Bien Hoa und verhinderte so die Heranführung von loyalen Regierungstruppen. In den

Morgenstunden des 2. November stürmte das 4. Bataillon den Präsidenten-Palast. An dieser Aktion beteiligten sich aber keine Angehörigen des US Marine-Corps; die Berater erhielten ausdrücklichen Befehl, sich aus den Kampfhandlungen herauszuhalten und blieben in ihren Unterkünften.

Trotz des mit großen Hoffnungen verbundenen Machtwechsels, die sich auch künftig nicht verwirklichen sollten, verschlechterte sich die Lage Ende 1963 erneut. Der Vietkong kontrollierte zumindest in den Nachtstunden einen Großteil der ländlichen Regionen. Die »Ledernacken« erhielten für ihr Engagement die ersten Tapferkeitsauszeichnungen, darunter allein vier Verwundetenabzeichen.

Hubschraubereinsätze im Bergland

In den fünf nördlichen Provinzen operierten erfolgreich die Hubschrauber der US Marines und trugen nachhaltig zum Überleben der im Bergland verstreuten Camps der Green Berets mit ihren Besatzungen aus freiheitsliebenden Einheimischen bei. Ein 47köpfiger Aufklärungszug der 3. Division wurde im April 1963 nach Da Nang verlegt und übernahm Sicherungsaufgaben zum Schutz der ständig bedrohten Flugbasis. Trotz mehr als 15 000 Flugstunden und zahlreicher Beschädigungen durch Feindeinwirkung blieben die eigenen Verluste erstaunlich gering. Aber die Hubschrauberbesatzungen und auch das technische Personal lebten unter ständiger Bedrohung. Dramatisch entwickelte sich eine der zahlreichen Rettungsaktionen. Zwei Hubschrauber erhielten den Befehl, ein vierköpfiges Such/Rettungs-Team der Green Berets und Vietnamesen an einer abgelegenen Stelle im gebirgigen Dschungel abzusetzen. Das Team hatte den Auftrag, eine mit geheimer Elektronik vollgestopfte Aufklärungsmaschine vom Typ »Mohawk« der US Army zu orten. Diese war aus unerklärlichen Gründen in die Wildnis gestürzt, der Pilot sollte nach Augenzeugenberichten mit dem Fallschirm abgesprungen sein. Beim Abseilen eines Angehörigen der Suchmannschaft stürzte der Hubschrauber plötzlich ab. Die Besatzung konnte sich aber noch rechtzeitig in Sicherheit bringen, bevor der Helikopter in Flammen aufging. Beim Versuch die Mannschaft zu retten, verunglückte ein weiterer Hubschrauber. Da zwischenzeitlich die Dunkelheit einsetzte und sich das Wetter verschlechterte, mußte die Aktion abgebrochen werden. Ein verletzter Co-Pilot starb noch in der Nacht an den erlittenen Verletzungen und das Marine-Corps mußte so den ersten Kriegstoten beklagen. In der Zwischenzeit gelang es den sich am Boden befindlichen Soldaten den verletzten Mohawk-Piloten zu finden und zu versorgen. Ein weiterer Rettungshubschrauber landete auf einer mühsam erweiterten kleinen Lichtung und sämtliche Soldaten wurden ausgeflogen.

Das Jahr 1964 brachte eine durchschlagende Wende auf dem fernöstlichen Kriegsschauplatz. Ursprünglich dachten die USA an einen Rückzug, die Folge der insgesamt fruchtlosen Bemühungen, in den vergangenen Jahren die Situation zu stabilisieren. Nach den Planungen im Pentagon sollten 1000 Berater abgezogen werden, der Sicherungszug der Marines in Da Nang stand ebenfalls auf der Streichungsliste.

Aber es kam dann alles doch ganz anders! Nach dem umstrittenen »Tonkin-Zwischenfall« – nordvietnamesische Torpedoboote sollten angeblich US Kriegsschiffe in internationalen Gewässern angegriffen haben – gab der US-Kongress am 6. August 1964 der Regierung »grünes Licht« militärisch in Vietnam zu intervenieren. Die 9. Brigade ging daraufhin mit zahlreichen Landungsschiffen vor Da Nang in Stellung, erhielt aber noch keinen Befehl zur Landung. Erst im März 1965 gingen zwei Bataillone an Land. Damit begann eine gänzlich neue Phase des Krieges.

Die mittlerweile zur Brigade verstärkten südvietnamesischen Marines nahmen weiterhin als bewährte Elitetruppe an Aktionen gegen den Vietkong teil. Sie zeichneten sich beispielsweise bei der Eroberung des stark befestigten Ruheraumes, der »Rung Sat Special Zone«, besonders aus.

Mittlerweile befanden sich 450 Marines auf dem Flugplatz Da Nang. Rund die Hälfte stand für die Bodenverteidigung zur Verfügung und unterlag der ständigen Bedrohung durch feindliche Scharfschützen. Nach dem Golf-Zwischenfall kam es nicht gleich zu der befürchteten Ausweitung der Kämpfe, aber die Marines standen schon unter zunehmendem Druck. Der Gegner wurde zunehmend gefährlicher, reguläre Verbände der nordvietnamesischen Armee mit moderner Ausbildung und Bewaffnung beteiligten sich an den Gefechten. Die Hubschrauber führten nun Maschinengewehre und Raketen als Bordbewaffnung mit. Im November verlegte die erste größere Infanterieeinheit nach Da Nang. Die »L«-Kompanie vom 3. Bataillon des 9. Regiments kam mit 255 Mann, verstärkt von Pionieren und Mörsern, und schützte die sich ständig ausweitende Flugbasis.

Am 1. November 1964, zwei Jahre nach dem Sturz von Diem, tötete eine Mörsersalve eines Vietkong-Kommandos auf dem Flugplatz Bien Hoa überraschend vier US-Soldaten, zerstörte fünf Kampfbomber B-52 und beschädigte acht weitere schwer.

Nach einem Bombenanschlag auf eine US-Offiziers-Unterkunft in Saigon starben am Heiligen Abend zwei Offiziere, mehr als 50 erlitten Verletzungen. Immer mehr reguläre Elite-Regimenter der NVA (= North Vietnamese Army) sickerten aus dem Norden ein. Am 7. Februar 1965 griff der Vietkong die Basis Pleiku an. Acht Amerikaner starben, über 100 wurden verwundet.

Nun schlugen die Amerikaner mit aller Härte zurück. Es blieb nicht nur bei heftigen Luftangriffen auf Nordvietnam. Präsident Johnson traf eine schwerwiegende Entscheidung, als er den Einsatz von starken Bodentruppen befahl.

Mit der Landung der »9. Marine Expeditionary Brigade« bei Da Nang wurde nicht nur der Schutz der US-Flugbasis verstärkt,wie offiziel verkündigt. Vielmehr begann mit der Stationierung dieses ersten Großverbandes die dramatische Phase des 2. Indochina-Krieges. Als die von Einheimischen mit Blumenkränzen begrüßten Ledernacken mit voller Ausrüstung von den Landungsbooten aus an den Strand wateten, herrschte noch Zuversicht und alle glaubten an einen schnellen Sieg.

Aber es sollte ganz anders kommen. Bald endete der reine Defensivauftrag und die Marines versuchten, den Gegner offensiv zu packen. Meist gingen die Vorstöße ins Leere, der Gegner wich der offenen Feldschlacht aus und machte den Ledernacken aus dem Hinterhalt das Leben schwer. Zunehmend mehr Verbände gelangten in das Land und bald waren die Marines in einen der schmutzigsten Kriege des 20. Jahrhunderts verwickelt.

Krieg im Norden – von der Defensive zur Offensive

Als sich die Marines an Bord der vor der Küste liegenden Schiffe auf die Landung vorbereiteten, rechneten sie mit erheblichem Widerstand. Das Gerücht eines Gegenangriffes des Vietkong ging um und die Marinesoldaten dachten buchstäblich an einen »heißen« Empfang. Nach »schulmäßiger« Sicherung des Strandes näherten sich elf schwere amphibische Transporter und landeten unter Gefechtsbedingungen die Truppe in weniger als einer Viertelstunde an. Aber statt auf grimmige Feinde stießen die Ledernacken auf ein jubelndes Begrüßungskomitee mit Vertretern der Presse und freundlichen Willkommens-Spruchbändern. Junge Mädchen hängten den verdutzten Soldaten Blumengirlanden um den Hals und Politiker hielten Ansprachen.

Warum dieser ungewöhnliche Aufwand? Die USA wollten so eine deutlich sichtbare Demonstration und Warnung an die beiden kommunistischen Großmächte UDSSR und China richten und ihre Entschlossenheit unterstreichen, nunmehr mit allen Mitteln jeder komunistischen Expansionsbestrebung mit Waffengewalt entgegenzutreten. Rein technisch stellte die amphibische Landung die beste Lösung der schnellen Verlegung größerer Verbände dar. Allerdings blieb es so den Marines vorbehalten, einen auch für die USA verlustreichen und sehr problembeladenen Krieg einzuleiten, der zu schweren Erschütterungen in der amerikanischen Gesellschaft und internationalen politischen Krisen führte.

Vorerst war der Auftrag der Landungstruppe an Land stark begrenzt. Nach der Landung am Vormittag des 8. März unter dem Kommando des Kriegsveteranen Brigadegeneral Karch, befanden sich die Marines außerhalb der Kriegszone. Sie sicherten lediglich den Flugplatz und bekämpften außer ihrer Langeweile allenfalls die quälenden Moskitos. Gelegentlich kam es zu kleineren Feuergefechten im Rahmen von Aufklärungstätigkeiten in die weitere Umgebung. Jedoch vermied es der Gegner sorgfältig, sich in Kämpfe mit den überlegenen Verbänden einzulassen. Im Juli veränderte sich die Lage nach einem überraschenden Angriff des Vietkong in den Nachtstunden, der erheblichen Schaden anrichtete. Kleinere Gefechte in der Umgebung häuften sich und fünf Monate nach der Ankunft war die ruhige Zeit für die inzwischen weiter verstärkten Marinesoldaten vorbei. Das US-Oberkommando genehmigte Ende Juni offensive Operationen. Die Nachrichtendienste stellten die Anwesenheit des 1. Vietkong-Regiments in nur 20 km Entfernung fest. 1500 Guerillas planten einen Großangriff auf den US-Stützpunkt. Diesem wollten die Amerikaner mit einem Überraschungsschlag zuvorkommen. In einer klassischen Marineinfanterie-Operation griffen die Marines den Gegner auf dem Land, aus der Luft und von der See her an. Während eine Kompanie sich entlang eines Stroms verschanzte, um ein Ausweichen nach Norden zu verhindern, landete ein Bataillon im Süden der Halbinsel An Cuong. Weiter westlich wurden zahlreiche Marines mit Hubschraubern abgesetzt und machten die Falle zu. Der Angriff der Amphibienfahrzeuge blieb zunächst im heftigen Feindfeuer liegen, konnte dann aber mit Unterstützung schwerer Schiffsartillerie erfolgreich vorangetrieben werden. Aber erst nach stundenlangen Nahgefechten gelang es, den Gegner aus seinen Stellungen zu werfen.

Schweres Feuer schlug auch den luftgelandeten Soldaten entgegen. Mehrere Infanterieangriffe wurden abgewehrt, gut gezieltes Mörser- und Maschinengewehrfeuer lag auf den Absetzplätzen. Schließlich gelang es mit Unterstützung von Panzern und Kampfhubschraubern den Widerstand zu brechen. Noch bis zum Einbruch der Dunkelheit leisteten meisterhaft getarnte und eingegrabene Scharfschützen erfolgreiche Gegenwehr.

Das Unternehmen »Starlite« demonstrierte die himmelhohe Überlegenheit der US-Soldaten auf technisch-konventionellem Gebiet. Über 600 Tote gab es beim Gegner, aber auch 45 eigene Verluste. Es war gelungen, den Vietkong zum offenen Kampf zu zwingen, den dieser trotz heldenhaften Einsatzes nicht für sich entscheiden konnte. Aber die idealen Voraussetzungen für einen Einsatz der verbundenen Waffen sollte sich im weiteren Verlauf des Krieges nicht oft wiederholen; der Guerillakrieg gegen einen unsichtbaren und kaum zu fassenden Gegner im Landesinneren unterlag völlig anderen Gesetzen. Einen erneuten Angriff schlugen die Marines Ende Oktober zurück, wobei 56 Vietkong fielen. Nachdem immer mehr US-Soldaten nach Vietnam verlegt worden waren und den Guerillas mit ihren »Such- und Zerstöraktionen« die Basis zu entziehen versuchten, nahmen die Auseinandersetzungen an Härte zu. Allein im März 1966 töteten die Ledernacken in sechs Einsätzen rund 1380 Gegner. 7000 Marines vernichteten bei der Operation »Utha« in der Provinz Quang Ngai ein halbes Regiment der regulären NVA. Der Feinddruck im Norden entlang der entmilitarisierten Zone nahm immer mehr zu. Statt schwacher, schlecht bewaffneter Partisanengruppen standen den Marinesoldaten oftmals gutausgerüstete Großverbände der nordvietnamesischen Volksarmee gegenüber.

Jederzeit war mit einem Großangriff zu rechnen. Mehrere Camps der Special Forces konnten dem Feinddruck nicht widerstehen und wurden überrannt, einige nach dem Wiederaufbau erneut. Oft mußten in Bedrängnis geratene verbündete südvietnamesische Einheiten gerettet werden.

Das erste Halbjahr 1966 stand im Zeichen zahlreicher Operationen mit wechselnden Erfolgen und im Sommer prallten die verfeindeten Akteure mehrfach heftig aufeinander. Entlang der entmilitarisierten Zone herrschte höchste Wachsamkeit und die Sicherheit der Provinzen im Bereich des I. Corps hing entscheidend von den Marines ab. Starke Bombardierungen des Ho-Chi-Minh-Pfades durch die US-Luftwaffe zwangen die Kommunisten im Laufe des Jahres eine neue Einfallpforte in den Süden zu suchen. Sie wählten hierfür die Küstenebene aus und gedachten die Provinz Quang Tri zu erobern. Mehrere über 2000 m hohe Berge beherrschten den strategisch wichtigen Punkt, an dem sich Flußläufe und Straßen kreuzten, die das Einfalltor nach Süden bildeten. Die Ledernacken hielten die Höhe 363, in weniger als 1 Kilometer Entfernung hatte sich der Vietkong auf Höhe 400 festgesetzt. Die Amerikaner wollten die 324. Division stellen und vernichtend schlagen. Sie griffen mit vier Bataillonen an.

Höhe 400

Das 3. Bataillon des 4. Regiments übernahm in den letzten September-tagen die gefährliche Vorhut und kämpfte sich durch das ausgesprochen schwierige Gelände in Richtung Höhe 400 vor.

Plötzlich geriet die »K«-Kompanie in einen Hinterhalt und mußte in Deckung gehen. Starkes Mörser- und MG-Feuer nagelte die Männer am Boden fest, bald waren sie eingekesselt. Etwas Entlastung erhielt die Einheit durch mehrere Jagdbomber, jedoch ging es immer noch nicht vorwärts. Mittlerweile waren bereits sieben Marines gefallen und 25 Verwundete warteten dringend auf ärztliche Versorgung und Hilfe. Als sich die Kompanie zur Evakuierung der Verluste Richtung Bataillons-Gefechtsstand zurückbewegte, geriet sie erneut in schweres Feindfeuer. Nachdem die Nacht verstrichen war und die eigenen schweren Waffen den Gegner pausenlos mit Feuer belegt hatten, wagte die »K«-Kompanie einen Sturmangriff auf die feindlichen Stellungen. Dieser scheiterte zunächst, glückte aber nach Verstärkung durch die Kompanien »I« und »M« doch noch. Den ganzen Tag zogen sich die schweren Gefechte noch hin, schließlich brachen die gewaltigen Artillerieschläge, Bomben und Raketensalven der Amerikaner den erbitterten Widerstand.

Nun wurde der Angriff in Richtung Höhe 484 fortgesetzt. Starke Regen-fälle erschwerten das Vorgehen und der Gegner verteidigte sich zäh aus gut befestigten Bergstellungen. Nach heftigsten Luftangriffen quälte sich die »M«-Kompanie durch eine wahre Kraterlandschaft buchstäblich meterweise nach oben und erreichte endlich den Gipfel. Aber die Soldaten der NVA kämpften weiter und als sie nach Stunden das Gefecht abbrachen, hatte das 3. Bataillon 20 Marines weniger. Das Ringen um den »Rockpile« zeigte sich als erbitterter Nahkampf zwischen gleichwertigen Gegnern. Etwa 1400 NVA-Soldaten der 324. Division sollen bei den Aktionen »Hastings« und »Prärie« gefallen sein.

Kaum war im Januar 1967 die Neujahrswaffenruhe vorbei, verstärkten die Amerikaner ihre militärischen Aktivitäten. Über 380 000 GI's befanden sich bereits im Land. Und es wurden immer mehr.

Ohne größere Erfolge verlief im Januar der Einsatz der 5. Special Landing Force und südvietnamesischen Verbänden gegen die Thamphu-Geheimzone im Mekong-Gebiet.

Infanteristische Einsätze im schwierigen Gelände waren kennzeichnend für den Vietnamkrieg.

Große Erfolge zeitigte die Operation Desoto im Norden: Duc Pho und die umliegenden Gebiete wurden erorbert. Fast 700 Tote beim Gegner waren die Folge einer großangelegten »search and destroy mission« der 3. Division südlich der Grenze. In Khe Sanh entwickelten sich kleinere Gefechte zwischen Marines und NVA. Im Mai griffen die Kommunisten das Camp bei Con Thien südlich der entmilitarisierten Zone an. Im Juni verief das Unternehmen »Cimarron« im Sand, aber bei »Union II« ergeben sich hohe Verluste. 700 feindliche Soldaten und 110 Marines starben.

Im Herbst verschärften sich die Auseindersetzungen erheblich. Einen Großangriff auf Con Thien konnte das 2. Bataillon vom 4. Regiment im Oktober erfolgreich zurückschlagen. Das 7. Regiment vernichtete im November bei der Operation »Badger Hunt« 125 Gegner und brachte mehr als 10 000 Flüchtlinge in Sicherheit. Aber nicht nur »Frontschweine« können fallen: Am 14. November 1967 wird der Hubschrauber des Kommandeurs der 3. Division abgeschossen. Generalmajor Bruno Hochmuth ist der ranghöchste gefallene US-Offizier des Krieges. Obwohl immer mehr GI's in den Einsatz geworfen wurden, rückte der Sieg doch in immer weitere Ferne. Im Zentralen Hochland bei Dak To gerieten mehrere Brigaden der US Army in schwerste Bedrängnis. Die 173. Fallschirmjägerbrigade mußte die Situation bereinigen.

Gegen Jahresende schien die Lage wieder einigermaßen stabil zu sein, aber alle Anzeichen deuteten auf eine überraschende Wende hin. Diese sollte kurze Zeit später einen unerwarteten Umschwung bringen.

Die großen »Tet«-Schlachten

Ende Januar 1968 herrschte in Südvietnam weitgehend Ruhe. Im Norden braute sich zwar einiges zusammen und die Belagerung des Marine-Stützpunktes Khe Sanh machte Sorgen, aber sonst kam es zu keinen größeren Gefechten. Die einheimische Bevölkerung bereitete sich auf die Feierlichkeiten des Neujahrsfestes vor und auch bei den Militärs herrschte Ferienstimmung. Es war im Krieg schon zu einer ungeschriebenen Tradition geworden, während des Tet-Festes auf beiden Seiten die Waffen ruhen zu lassen und »Urlaub vom Krieg« zu machen.

Aber der Frieden war mehr als trügerisch, statt des erwarteten Neujahrsfeuerwerks explodierten reihenweise Raketen und Mörsersalven.

Am 30. Januar sickerten Guerillas heimlich in die großen Städte ein und attackierten Verwaltungs- und Militäreinrichtungen. Zunächst konnten diese Angriffe abgewehrt werden, aber in den Nachtstunden vom 30. auf den 31. Januar schlug der Vietkong in einer Großoffensive mit aller Härte zu. Plötzlich wimmelten die Innenstädte von unzähligen kommunistischen Kämpfern, die unter Ausnutzen der gelockerten Feiertagsstimmung unerkannt eingedrungen waren.

Am Morgen des 1. Februars tobten in der Hauptstadt Saigon, fünf der sechs großen Städte und 64 der 242 Distrikt-Zentren heftige Kämpfe gegen die völlig überraschten Amerikaner und Südvietnamesen. Weit über 80 000 Guerillas versuchten mit allen Kräften eine Entscheidung zu erzwingen und hofften dabei auf einen Aufstand und die Unterstützung durch die Bevölkerung. Aber diese blieb weitgehend passiv und so ging der wohl wichtigste Punkt der Planung nicht in Erfüllung. Zunächst schienen die Angreifer bedingt durch den Überraschungseffekt und die Wucht der Angriffe Erfolg zu haben. Es gelang einem Stoßtrupp sogar auf das US-Botschaftsgelände vorzudringen und sich dort mehrere Stunden zu behaupten. Diese Aktion flimmerte bald weltweit über die Bildschirme und hatte entsprechend negative Auswirkungen auf die Politiker und Bürger in den USA. Der Gegner war viel stärker und gefährlicher als bisher angenommen, die Weltmacht USA schien nun nicht mehr der überlegene Riese zu sein, den eine schlecht ausgerüstete Partisanenarmee kaum ernsthaft gefährden konnte.

Nachdem die Bereitschaftsverbände ausrückten, gelang es innerhalb weniger Stunden die Hauptstadt zu säubern. In einer Anzahl weiterer Städte konnte sich der Vietkong länger halten und erst nach erbitterten Kämpfen geworfen oder vertrieben werden.

Besonders heftig wurde um die alte Kaiserstadt Hue im Norden des Landes gerungen. Dort kam es zu den heftigsten Straßenkämpfen des gesamten Krieges. Für die Marines war dies eine gänzlich neue Herausforderung. Sie standen bisher in den überwiegend ländlichen Regionen im Einsatz, fanden sich im Bergschungel und auf den oft überfluteten Feldern zurecht, verfügten aber kaum über Erfahrungen des Kampfes im überbauten Gelände. Bei den schweren Straßenkämpfen war die Überlegenheit der schweren Waffen, bedingt durch die kurzen Distanzen, in den engen Straßenschluchten begrenzt. Scharfschützen, Minen und Handwaffen beherrschten die Szene, weder Panzer noch Luftwaffe konnten wirksam zum Einsatz kommen.

Bis zum Beginn der Tet-Offensive blieb Hue weitgehend vom Krieg verschont, obwohl entlang der nur 50 km entfernten entmilitarisierten Zone immer wieder heftige Schlachten tobten. Viele Flüchtlinge hatten hinter den dicken Mauern der Altstadt Schutz gesucht, unter diesen befanden sich natürlich auch infiltrierte Guerillas. Kurz vor dem Neujahrsfest verlegten sogar Kampfeinheiten in die ländliche Umgebung, da dort schwere Auseinandersetzungen mit der NVA wahrscheinlich schienen.

So überraschte das konzentrierte Feuer aus Raketen und Mörsern am frühen 31. Januar die schwache Garnison der Südvietnamesen. Sie verzögerten zunächst, wurden aber schnell auf ihr Hauptquartier in der Altstadt zurückgedrängt und richteten sich zur Verteidigung ein. Schnell eroberten die Kommunisten, kräftig unterstützt von den zahlreichen örtlichen Partisanen, die wichtigsten öffentlichen Gebäude und besetzten strategisch wichtige Punkte. Das US Kontingent in einer Neubausiedlung südlich des Perfume-Flusses leistete heftigen Widerstand. Bald waren alle Straßen und Verkehrsverbindungen nach außen abgeschnitten. Die nächste größere Garnison der Ledernacken befand sich 12 km entfernt in Phu Bai. Dort galt es vordringlich die wichtige Straße Nr. 1 zu sichern, eine lebenswichtige Verbindungslinie zwischen Da Nang und Hue.

Die Kampfgruppe »X-Ray« bestand aus drei Bataillonen und den Stabskompanien der Regimenter 1 und 5, insgesamt etwa 4000 Marines. Zur Unterstützung der in Hue eingeschlossenen eigenen Kräfte rückte zunächst die »A«-Kompanie des 1. Bataillons, 1. Regiment aus. Prompt geriet die Einheit bereits vor den Außenbezirken in einen Hinterhalt und blieb liegen. Daraufhin kamen weitere Verstärkungen, unterstützt von Kampfpionieren und einigen Panzern. Der kleinen Kampfgruppe gelang es schließlich unter schwerem Feuer die gegnerische Abwehr zu durchbrechen und die schwer bedrängten Kameraden zu erreichen. Der Rest des Tages und die folgende Nacht standen unter dem Zeichen schwerer Abwehrkämpfe und erfolgloser Gegenstöße. In den nächsten Tagen wurden Verstärkungen herangeführt und mehrere Bataillone griffen in die Kampfhandlungen ein. Mühsam mußte Straße für Straße freigekämpft, Gebäude um Gebäude erobert werden. Die Vietkong verstärkten die zu Festungen ausgebauten Häuser mit Sperren und richteten mit Minen und Sprengmitteln schwerste Verwüstungen an. Die in der Stadt kämpfenden Ledernacken konnten nur unzureichend auf dem Wasserweg und mit Hubschraubern versorgt werden, da die Zugänge weiter vom Gegner kontrolliert wurden. Als Transportmittel fanden Flußfähren Verwendung, mehrere gingen durch feindliches Feuer verloren. Viel riskierten die Hubschrauberbesatzungen, es kam zu schweren Beschädigungen, jedoch gab es nur einen Totalverlust.

Langsam mehrten sich nach und nach die Erfolge der Ledernacken. Sie lernten schnell, sich taktisch klug zu bewegen und jede Deckung meisterhaft auszunutzen. Jede Unvorsichtigkeit konnte tödlich sein, überall lauerten Scharfschützen. Selbst-

»Ontos«, wie dieser hier am Strand von Chu Lai im Juni 1965, halfen den Marines aus der Klemme.

mordkommandos arbeiteten sich in der Dunkelheit an die Stellungen heran um sie in die Luft zu sprengen. Wenig Hilfe brachten die schwerfälligen Kampfpanzer M-48. Aber eine Spezialentwicklung für die Marines mit der Bezeichnung »Ontos« leistete wertvolle Dienste zur Bekämpfung »harter« feindlicher Ziele und Stellungen. Dabei handelt es sich um ein leicht gepanzertes Kettenfahrzeug mit sechs rückstoßfreien Leichtgeschützen.

Der Ortskampf zog sich bis zum 22. Februar hin. Unzählige Granaten, Raketen und Sprengladungen trugen dazu bei, große Teile der historischen Kaiserstadt in

Schutt und Asche zu legen. Die schwere Artillerie mehrerer Kreuzer und Zerstörer griff ein, nach einer Wetterbesserung bombardierten Jagdbomber die erbittert verteidigten Stützpunkte der Kommunisten. Als die Vietkongfahne von der alten Zitadelle verschwand, blieben (in später entdeckten) Massengräbern die Leichen von 2 800 Personen zurück, die unter der Terrorherrschaft des Vietkong als Opfer einer »schwarzen Liste« den Tod fanden.

142 Ledernacken, 350 Südvietnamesen und mehr als 4 000 Guerillas waren gefallen.

Während es in den meisten Städten zu erbitterten Häuserkämpfen kam, die teilweise in ihrer Härte und Heftigkeit an die großen Schlachten des Zweiten Weltkrieges erinnerten, braute sich in der nordöstlichen Landesecke einiges zusammen. Die Belagerung der Einsatzbasis Khe Sanh, von Marines der 3. Division erfolgreich verteidigt, stellt zweifelsohne einen der Höhepunkte des Zweiten Indochinakrieges dar. Zeitgleich mit der Tet-Offensive rückte das Ringen um den abgelegenen Stützpunkt in den Mittelpunkt des öffentlichen Interesses. Die Bevölkerung der USA und in vielen Teilen der Erde blickte wie gebannt auf Khe Sanh und verfolgte über die Medien die einzelnen Phasen der Belagerung. Bald ergaben sich Vergleiche mit einer ähnlichen militärischen Aktion in Dien Bien Phu, die 15 Jahre früher in eine militärische Katastrophe für Frankreich führte.

Dien Bien Phu

1954 vernichtete die Katastrophe von Dien Bien Phu die Elite des französischen Expeditionskorps in Indochina und besiegelte die Niederlage der Franzosen. Zweifelsohne ergaben sich gewisse Parallelen zu dem Entscheidungskampf um die Dschungelfestung in der Nähe der laotischen Grenze von März bis Mai 1954. Die Stellungen und Forts waren um einen Behelfsflugplatz angeordnet, der sich im Tal befand. Die Festung selbst war bestens angelegt und ausgebaut und wurde überwiegend von Fremdenlegionären und Fallschirmjägern gehalten. Aber ein entscheidender Fehler war gemacht worden: Die umliegenden Höhen wurden dem Gegner überlassen. Dieses Versäumnis sollte letzten Endes den Ausgang der Kämpfe bestimmen. Den Vietminh gelang es unter unsäglichen Anstrengungen, unbemerkt schwere Artillerie durch den unwegsamen Bergdschungel zu transportieren und entlang der Höhen in Stellung zu bringen. Als dann die Zugangswege unterbrochen wurden, stellte sich die Festung als riesige Mausefalle heraus. Niemand rechnete vorher mit dem unerwartet starken Artillerietrommelfeuer, welches die Stützpunkte nach und nach zermürbte und »knackte«. Von den Höhen aus gelang es den Flugplatz unter Feuer zu nehmen und so die letzte Verbindung nach außen zu unterbrechen. Trotz Aufbietung gewaltiger Kräfte war die Kapitulation von Dien Bien Phu am 7. Mai 1954 nicht mehr abzuwenden. So setzten die Amerikaner alle Kräfte ein, um eine derartige Niederlage zu vermeiden. Rückschauend betrachtet ist freilich nicht sicher, ob die Kommunisten überhaupt planten sich so einer offenen Feldschlacht zu stellen und eine wegweisende Entscheidungsschlacht zu erzwingen.

Sicher ergab sich durch die Nähe des »neutralen« Staates Laos und der Grenze zwischen Nord- und Südvietnam eine gewisse strategische Bedeutung. Zusätzlich versperrten die Stellungen den Zugang zur Provinz Quang Tri und den dicht bevölkerten Küstenregionen. Aber die USA mußten Kampfverbände aus anderen Gebieten abziehen und auf verhältnismäßig engen Raum konzentrieren. Sie fehlten bei der Niederschlagung des Tet-Aufstandes, insgesamt sollen so rund 30 000 US-Soldaten gebunden worden sein. Aber als besonders wertvoll ist der Propagandaeffekt zu bezeichnen: Die Weltöffentlichkeit nahm voller Erstaunen die unerwartet hohe Kampfkraft der »Guerillas« wahr, die sich zwischenzeitlich längst in eine geordnete Armee gegliedert hatten und als durchaus ebenbürtige Gegner angesehen werden mußten. Mit dem Übergang zur »konventionellen Phase« begann eine entscheidende Wende, die Situation auf dem südostasiatischen Kriegsschauplatz veränderte sich grundlegend.

Wie in vielen Gegenden Vietnams tauchten auch in Khe Sanh als erste US-Soldaten bereits frühzeitig Berater der Green Berets auf. Captain Floyd Thompson trat mit seinem Team der 7th Special Forces Group aus Fort Bragg im Dezember 1963 seinen sechsmonatigen Dienst an. Wenige Monate später wurde er bei einem Beobachtungsflug abgeschossen und galt als der erste Vermißte der US Army in Südvietnam. Mit wechselnden Besatzungen blieb ein A-Team in einem zum Camp umgebauten alten französischen Fort stationiert. Die Besatzung bestand aus rund 500 Einheimischen, überwiegend vom Stamme der Bru.

1964 ereignete sich wenig Aufregendes in der unwegsamen Gegend, der Gegner ging größeren Gefechten aus dem Weg und beschränkte sich auf die Kleinkriegstaktik mit gelegentlichen Scharfschützeneinsätzen und Fallen. Zwei weitere Angehörige der Special Forces dienten als Berater eines im nahgelegenen Lang Vei untergebrachten Infanteriebataillons der südvietnamesischen Armee.

Im Sommer 1964 rückten die ersten Marines in die gottverlassene Gegend. Ein verstärkter Zug hatte den Auftrag, Abhöreinrichtungen und Aufklärungselektronik einzurichten und zu unterhalten. Ausdrücklich verboten war es den Ledernacken aber an offensiven Kampfhandlungen teilzunehmen.

Im Laufe des Jahres 1966 gewann der Stützpunkt als Ausgangsbasis gegen den Ho Chi Minh Pfad immer größere Bedeutung für die US-Aufklärung durch Sondereinheiten und als Behelfsflugplatz für die Aufklärungsflugzeuge der Luftwaffe. General Westmoreland ordnete höchstpersönlich im September 1966 die Verstärkung des Stützpunktes durch Marines an. Zunächst vertrugen sich die Green Berets und die Marines in der gemeinsamen Basis recht gut. Ein »Seabee«-Bau-Bataillon der Marine übernahm den Bau von Stellungen und Gebäuden, ebenso wurde der Flugplatz vergrößert und das Flugfeld verlängert. Das 1. Bataillon, 3. Regiment sorgte für eine wesentliche Verstärkung der Verteidigungskraft.

Im April 1967 stießen die Patrouillen der Marines in der näheren Umgebung immer öfter auf Widerstand und wurden in schwere Feuergefechte verwickelt. Nachdem der eingegrabene Feind in Bataillonsstärke auf einigen der umgebenden Höhen festgestellt und ein Angriff vermutet wurde, erhielten die Marines zwei Infanteriebataillone und ein Artilleriebataillon als Verstärkung. Mit der Verlegung einer großen Zahl von Ledernacken nach Khe Sanh mußten die Green Berets bereits im Dezember 1966 Bunker und Unterkünfte räumen. Special Forces und Einheimische richteten sich ein neues Camp beim nahegelegenen Ort Lang Vei ein, unmittelbar an der Grenze zu Laos. Die Marines schlugen sich während der sogenannten »Hügelkämpfe« mit zwei regulären Regimentern der NVA herum und sicherten gegen Norden.

In den Nachtstunden des 4. Mai konzentrierten sich die Marines auf die Kämpfe um die Höhe 861. Die Kommunisten griffen mit Unterstützung von eingeschleusten eigenen Leuten überraschend das Camp Lang Vei an, konnten die Stellungen durchbrechen und töteten den größten Teil der Besatzung. Als die Rettungsmannschaften nach einem verzweifelten Funkspruch des Team-Sergeanten eintrafen, hatte der Gegner das weitgehend zerstörte Camp bereits wieder verlassen. Neben Sergeant First Class Steptoe überlebten nur zwei weitere Amerikaner. Der kleine Stützpunkt wurde 800 m weiter auf einer Anhöhe wiedererrichtet. Der Name Lang Vei sollte aber noch einmal in die Schlagzeilen kommen!

Mittlerweile befand sich das verstärkte 26. Regiment in der Krisenregion. Zur Unterstützung der Infanterie erfolgte eine effektive Artillerieschwerpunktbildung mit rund 50 Rohren bis zum Kaliber 175 mm. Absolute Priorität hatte der Ausbau der eigenen Stellungen. Der Hauptverteidigungsring umgab die Fluglandebahn, ein riesiges Munitionsdepot, Treibstofflager, Mörser-, Artillerie- und Versorgungsstützpunkte. Das Camp Lang Vei galt eher als lästiges »Anhängsel« von nur sekundärer militärischer Bedeutung. So wurden nach der erstmaligen Eroberung des Außenpostens zwar Maßnahmen für eine Verstärkung bzw. Evakuierung geplant, jedoch nur halbherzig verwirklicht. Jedoch wurden konkrete Pläne zur Artillerieunterstützung des nur wenige Kilometer von der Hauptbasis entfernten Camps abgesprochen sowie Feuerleitpersonal eingewiesen.

Bereits im Herbst 1967 mehrten sich die Anzeichen für eine Großoffensive. Der Gegner zog immer mehr Großverbände zusammen und verfügte schließlich über vier Divisionen, unterstützt von gepanzerten Einheiten und schwerer Artillerie. Anfang Januar schien der Aufmarsch seinen Höhepunkt erreicht zu haben und am 22. Januar wurde noch das 1. Bataillon vom 9. Regiment zur Verstärkung eingeflogen. Am 27. Januar folgte das 37. Rangerbataillon der südvietnamesischen Armee. Mittlerweile befanden sich rund 6000 Soldaten in der Festung. Um nicht die gefürchtete »Mausefalle« von Dien Bien Phu zu wiederholen, hatten die Marines bereits 1967 in einer Reihe von Gefechten die umliegenden Höhen erobert und hielten sie mit Kompaniekampfgruppen. Im Norden und Nordwesten lagen die Höhen 881 Süd, 881 Nord, 1015, 950 und 558; im Westen befand sich Nr. 689. Am 20. Januar endete das nerventötende Warten, ein Überläufer verriet den gesamten Angriffsplan.

Zu dieser Zeit schlug sich gerade die verstärkte ''I''-Kompanie auf dem Hügel 881 Süd mit dem Gegner herum, etwa acht Kilometer vom Hauptstützpunkt entfernt. Die 400 Marines erhielten Kampfunterstützung durch Mörser, Leichtgeschütze und drei 105 mm-Haubitzen. Immer wieder flammten Infanteriekämpfe auf. Aber keiner Seite gelang es, einen durchschlagenden Erfolg zu erzielen. Als in der Nacht des 20. Januar der Hauptstützpunkt unter schwerstes Feuer genommen wurde, versuchten die nordvietnamesischen Soldaten auch die Außenposten zu erobern. Der Angriff konzentrierte sich auf die Höhe 861 im Norden und so war es den Marines von 881 Süd möglich, die schweren Unterstützungswaffen zur Entlastung der Kameraden einzusetzen. Da ein massierter Infanterieangriff den Kommunisten außer vielen Gefallenen nichts einbringen würde, versuchte man nun die Amerikaner von ihrer Versorgung abzuschneiden und auszuhungern. Die Landeplätze der Hubschrauber lagen unter Mörserfeuer und bald fehlte es am Notwendigsten. Ein Sanitätshubschrauber mit 20 Verwundeten bildete das bedauerlichste Opfer des gegnerischen Flugabwehrfeuers. Unter der Bezeichnung »Operation Super Gaggle« gelang es dann aber doch, den lebenswichtigen Nachschub sicherzustellen. Unterstützt von Artillerie, Kampfhubschraubern, Mörsern und Jagdbombern flogen gleichzeitig zwölf Hubschrauber an und warfen in Sekundenschnelle Netze mit jeweils drei Tonnen Versorgungsgüter ab. In 30 Sekunden war die Aktion beendet. Aber der Verlust von 17 Helikoptern kostete doch einen hohen Preis! Jedenfalls hielten sich die kleinen Bergbesatzungen tapfer. Mit zunehmender Wetterlage verbesserten sich auch die Möglichkeiten der Versorgung sowie der Luft- und Artillerieunterstützung. Über die zerschossenen und mit Kratern übersäten Hänge kamen die Kommunisten nicht hinaus. Die Hügel blieben in den Händen der Amerikaner, das Drama der Franzosen wiederholte sich nicht.

Hunderte von Raketen und Granaten explodierten in kürzester Zeit am Verteidigungsring und im Innern des Stützpunktes. Unglücklicherweise vernichtete eine der Raketen das Hauptmunitionsdepot, etwa 1500 t Munition flogen buchstäblich in die Luft. Eine unvorstellbare Druckwelle erschütterte die Anlage, die bald an allen Ecken zu brennen anfing. Brände erleuchteten ein gespenstisches Szenario, durch die Hitzeentwicklung explodierten in einer Kettenreaktion immer weitere Munitionsbestände und Betriebsstofflager. Gebäude, Fahrzeuge und Fluggerät verbrannten in wenigen Minuten. Als im Morgenlicht mit den ersten Aufräumarbeiten begonnen wurde, standen die Ledernacken vor einem wahren Trümmerhaufen. Der befürchtete Infanterieangriff der NVA blieb aber aus und so wurden die Stellungen wieder in Ordnung gebracht. Außerhalb des Stützpunktes gerieten die Angreifer zunehmend unter Druck. Jagdbomber griffen pausenlos an, strategische Bomber B-52 zerpflügten mit ihren schweren Bombenteppichen systematisch das Umland und auch die Artillerie hatte alles bestens im Griff. Aber trotzdem machte die NVA den Ledernacken das Leben in der primitiven Enge des Stützpunktes nicht leichter. Scharfschützen, Störfeuer und plötzliche schwere Artillerieüberfälle gehörten zum Tagesablauf.

Wie gefährlich es außerhalb des Verteidigungsrings war, zeigt das Schicksal eines Aufklärungszuges. Als er sich nur 200 m entfernt hatte, geriet er unter Infanteriefeuer und mußte in Deckung gehen. In wenigen Minuten war die Einheit eingeschlossen und vernichtet, lediglich vier Mann konnten sich zurückschlagen.

Kleinere Angriffe der NVA konnten regelmäßig abgewehrt werden. Die Raketenangriffe dauerten weiter an. Allerdings hatte diese Niederlage noch ein Nachspiel. Nach einem Monat nahm die »B«-Kompanie Rache für ihre Toten und brach im Rahmen eines Ausfallangriffs in die Stellungen der NVA ein. Drei Stunden lang lieferten sie der NVA einen erbitterten Nahkampf und töteten 115 Gegner. Die vor einem Monat gefallenen Kameraden wurden geborgen und zurückgebracht.

Mit mehr als 50 Toten und 135 Verwundeten waren die Gesamtverluste der »B«-Kompanie recht hoch, die Kampfmoral aber auch!

Die Belagerung durch rund 20 000 Soldaten der 304. und 325. NVA-Division zog sich weiter hin, ohne daß sich etwas Entscheidendes ereignete. Dagegen häuften sich beim Gegner Ermüdungszeichen und die Marines übernahmen vermehrt die Initiative. In der Zwischenzeit begann eine großangelegte Entlastungsaktion anzulaufen. Sie sollte zu einer weiterführenden Großoffensive ausgedehnt werden. Am 1. April 1968 begann die »Operation Pegasus«. Entlang der Straße 9 griff die 1. luftmobile Kavalleriedivision der US Army zusammen mit mehreren Bataillonen der Marines in westlicher Richtung an. Erst im Raum Khe Sanh verstärkte sich der feindliche Widerstand. Beim Versuch, die Höhe 471 zurückzuerobern, wurde das 2. Bataillon, 7. Kavallerieregiment vorübergehend festgenagelt, konnte sich aber später nach massiver Artillerieunterstützung durchsetzen. Während die Luftkavallerie mit Hubschraubern schnell verlegen konnte, gingen die Marines entlang der Straße Nr. 9 vor. Südlich von Khe Sanh kam es am 6. April nochmals zu schweren Kämpfen, der Kontakt mit der Besatzung der Festung konnte hergestellt werden. Die Marines zeigten sich von der in ihren Augen unnötigen »Rettungsaktion« wenig beeindruckt. Man war der Auffassung, daß die aufwendige Aktion im Grunde unnötig gewesen sei und die Angelegenheit in eigener Regie hätte geregelt werden können. Grundsätzliche Führungsfehler und erhebliche Mängel bei der Koordinierung der Teilstreitkräfte kamen später ans Tageslicht.

Nach dem Eintreffen der Verstärkungen beendeten die Kommunisten ihre Belagerung und zogen ihre Divisionen ab. Schon zwei Monate danach wurde der Stützpunkt zerstört und ganz aufgegeben. Eine neue Verteidigungsstellung entstand an der Straße 9. So ergab sich bald die Frage warum eigentlich die Mühen einer 77tägigen, verlustreichen Verteidigungsaktion aufgewendet wurden. Immerhin starben dabei 205 Amerikaner und mehr als 1600 gegnerische Gefallene konnten gezählt werden. Insgesamt sollen die Kommunisten jedoch 10 000 bis 15 000 Soldaten, meist durch schwere Luftangriffe und Artillerieüberfälle, verloren haben.

Die Tet-Offensive entwickelte sich zu einem militärischen Sieg der Amerikaner und brachte den Kommunisten hohe Verluste ein. Ihre politische Rechnung – ein Massenaufstand aller Vietnamesen, war nicht aufgegangen. Rund 40 000 Tote ließen sie zurück. Die politischen Wechselwirkungen bei den Amerikanern zeigten sich noch viel negativer. Die moralische Berechtigung der Kriegsführung wurde nicht nur von Randgruppen, sondern von großen Teilen der Bevölkerung angezweifelt.

Bald leiteten die USA den Rückzug mit der sogenannten »Vietnamisierung« ein. 1969 verlief im Da Krong-Tal die letzte große US-Operation, die Südvietnamesen sollten nun selbst offensiv werden. Im Sommer 1971 verließen die letzten Marines offiziell den Kriegsschauplatz. Ohne die fehlende, nachhaltige Unterstützung durch Politiker und Bevölkerung konnten auch die Marines den schmutzigen Krieg in Südostasien nicht gewinnen.

Flugzeuge der Marines unterstützten die Südvietnamesen bis zum Waffenstillstand im Januar 1973. Als im Jahr 1975 die Würfel endgültig zu Ungunsten Südvietnams fielen, die Kommunisten das Land überrannten und vor den Toren Sai-

Reibereien mit den Green Berets

Am Rande der großen Schlacht soll ein Blick auf das Schicksal der 22 Green Berets und einer großen Zahl Einheimischer im nahegelegenen Stützpunkt Lang Vei geworfen werden. Dort spielte sich am 7. Februar eine weitere Tragödie ab. Zwei Ereignisse brachten das Schicksal des eigenständigen Camps in die Schlagzeilen. Erstmals im Krieg setzte der Vietkong beim Überraschungsangriff mehrere leichte Panzer ein, dies bedeutete auch für die Besatzung von Khe Sanh eine zusätzliche Bedrohung. Vor allem wurde jedoch das Verhältnis zwischen den Teilstreitkräften US Army und US Marines erheblich strapaziert. Es wird von Spannungen und erheblichen Differenzen, zumindest auf der höheren Kommandoebene gesprochen. Im Falle Lang Vei ergab sich daraus der Vorwurf einer fehlenden Unterstützung der US Special Forces durch die Ledernacken. Bei nüchterner Betrachtung der Situation ergeben sich aber durchaus vernünftige Erklärungen.

Am 24. Januar 1968 häuften sich die Probleme für die 24 Green Berets im Raum Lang Vei. Das Camp befand sich nur 1500 m von der Grenze nach Laos entfernt und lag rund 8 km westlich von der Marine-Basis.

Auf der Flucht vor den Kommunisten wählte das angeblich vom Feind geschlagene 33. »Königlich Laotische Elefanten-Bataillon« die Straße 9 und schlug bei den Ruinen des alten Stützpunktes Lang Vei ein Lager auf. Nun hatten die Special Forces neben den wenig kampfstarken Laoten vor allem 2200 Zivilisten am Hals, um die sie sich notgedrungen kümmern mußten. Damit hatte sich die Zahl der Einheimischen, die in unmittelbarer Nähe des Stützpunktes etwas Schutz und Sicherheit erwarteten, auf 8000 Köpfe erhöht. Unter diesen befanden sich zweifelsohne viele eingeschleuste Vietkongs. Die Flüchtlinge meldeten starke Feindkräfte und das Gerücht der Anwesenheit feindlicher Panzer ging um. Daraufhin wurden rund 50 leichte Panzerfäuste LAW angefordert und eine improvisierte Panzernahbekämpfung begonnen. Wenige Stunden später lag schweres Mörser- und Artilleriefeuer auf dem Stützpunkt. Kurz nach Mitternacht standen die ersten Panzer des sowjetischen Typs PT-76 vor den Stellungen. Es gelang zwar einige kampfunfähig zu machen, weitere PT-76 walzten aber mühelos die Stacheldrahthindernisse nieder und erreichten gegen 2.30 Uhr den inneren Verteidigungsring. Wenig Wirkung zeigten die Panzerfäuste, die Nordvietnamesen

gons standen, mußten Marines als Nothelfer bei einer überstürzten, fluchtartigen Evakuierung die Sicherheit des US-Personals übernehmen, eine der vielen Spezialaufgaben der Ledernacken weltweit. Zunächst galt es am 12. April 1975 das Botschaftspersonal aus Phnom Penh in Kambodscha herauszubringen. Dort übernahmen die »Roten Khmer« die Macht und errichteten ein Terrorregime, dem bald Millionen unschuldiger Menschen zum Opfer fielen. Vom Flugzeugträger Okinawa aus starteten Hubschrauber mit Marines vom 2. Bataillon, 4. Regiment, trugen den Angriff mit Infanterie und Sturmpionieren weiter vor. Im betonierten Kommandobunker hielt sich ein Teil der Green Berets und ihrer Verbündeter verschanzt, gerieten aber zunehmend unter Bedrängnis. Aber selbst als einer der Panzer auf die massive Decke des Bunkers fuhr, gab die Besatzung nicht auf. Captain Frank Willoughby forderte Artillerieunterstützung auf die eigene Stellung an. Die Zusammenarbeit mit den Batterien der Marines klappte, ebenfalls mit weiteren Feuerbasen in der Umgebung. Auch Kampfhubschrauber und Jagdbomber griffen ein. Jedoch gab Colonel Lownds vom 26. Regiment die beiden als »Feuerwehr« vorgesehenen Infanteriekompanien nicht für einen Entlastungsangriff frei. Diese Entscheidung wurde von den Angehörigen der US Army teilweise heftig kritisiert. Dem Kommandeur unterstellte man, daß er die Besatzung des Außenpostens geopfert habe um die eigenen Soldaten nicht zu gefährden. Zur gleichen Zeit lag Khe Sanh unter heftigem Beschuß. Der Verlust von zwei Kompanien ist gleichbedeutend mit einer gefährlichen Schwächung der Verteidigungskräfte und hätte den Hauptstützpunkt im Falle eines Großangriffs gefährdet. Mit an Sicherheit grenzender Wahrscheinlichkeit wären die Einheiten noch vor Lang Vei in einen Hinterhalt geraten und vernichtet worden, ohne der Besatzung zur Hilfe kommen zu können. Dies zu provozieren dürfte auch der eigentliche Grund für den Angriff auf den Posten Lang Vei gewesen sein. Aber die Green Berets halfen sich selbst: Einer kleinen improvisierten Entsatztruppe gelang es nach mehreren Versuchen in der durch pausenlose Luftangriffe entstandenen Panik und Verwirrung in die Nähe des Stützpunkts vorzurücken und die noch Lebenden zu evakuieren.

First Lieutenant Paul Longgrear gehörte zu den Überlebenden, die in Khe Sanh Zuflucht fanden. Als der schwer verwundete Offizier zum Verbandsplatz humpelte und zusammenzubrechen drohte, kam ihm ein unbekannter Soldat der Marines zur Hilfe und stützte ihn. Diesen Akt der Kameradenhilfe knipste der Reporter eines führenden Nachrichtenmagazins und bald schmückte dieses Foto die Titelseiten einer Reportage über die Kämpfe in Vietnam. Ganz selbstverständlich halfen sich die Soldaten der unterschiedlichen Waffengattungen. Von Differenzen war dabei nichts zu merken! Zumindest auf den unteren Ebenen und bei der gemeinsamen Bewältigung des Kampfauftrages hielten die Soldaten zusammen und halfen sich während des gesamten Krieges nach Möglichkeit gegenseitig aus der Patsche.

sicherten auf einen Sportgelände in der umkämpften Stadt einen Hubschrauberlandeplatz und flogen die Botschaftsangehörigen und weitere Flüchtlinge trotz Feindfeuer ohne Verluste in Sicherheit.

Wenige Tage später versank Südvietnam im Chaos. Um eine Panik zu vermeiden, ordnete der US Botschafter nur eine Evakuierung im kleinen Rahmen an. Als bei den Kampfhandlungen mehrere Sicherheitskräfte der Marines getötet wurden, begann die letzte Operation »Frequent Wind«. Die Marines organisierten auf dem schon umkämpften Flugplatz Tan Son Nhut die Evakuierung, ebenso auf dem Botschaftsgelände in der Hauptstadt Saigon. Dort herrschte Weltuntergangsstimmung. Die Bevölkerung befand sich in Panik und die Marines mußten mit Waffengewalt die verzweifelten Menschen zurückdrängen, die die Hubschrauber zu stürmen drohten. Immer enger wurde der Ring, es kam zu Unfällen und Verzweiflungstaten. Buchstäblich in letzter Minute entkamen die Amerikaner über das Dach der Botschaft in den rettenden Hubschrauber und somit in die Freiheit. Zu den letzten Amerikanern, die so unrühmlich das lange umkämpfte Land verlassen mußten, zählten elf Ledernacken, die am Morgen des 30. April 1975 nach Erfüllung des Auftrages mit dem Hubschrauber am Horizont verschwanden.

Ereignisreiche Jahre

Die letzten Kriegsjahre in Südostasien und der sich anschließende Zeitraum sahen die gesamten US-Streitkräfte in einer schweren Krise. Nach dem Rückzug aus Südvietnam stärkten US Politiker und die Gesellschaft den Veteranen des Krieges nicht eben den Rücken, man suchte nach Verantwortlichen und »Sündenböcken«. Die Wehrpflicht wurde abgeschaft und die militärische Handlungsfähigkeit der US-Regierung stark eingeschränkt. Erneut ergab sich auch die Frage über die künftige Notwendigkeit des Marine Corps. Zunächst wurde die Mannschaftsstärke auf 192 000 Soldaten herabgesetzt, aber die drei Großverbände blieben in der bisherigen Form weitgehend erhalten. Pläne entstanden, die Marines

Pionieroffizier der Bundeswehr bespricht sich mit einem Sergeanten des US Marine Corps während gemeinsamer Manöver in Schleswig-Holstein.

als Verstärkungstruppen für den NATO-Bereich Europa vorzusehen, besonders für Verwendungen an den gefährdeten Nord- und Südflanken. Die Ausstattung mit schweren Waffen wurde entsprechend verstärkt. Aber eine Verwendung als »Reservearmee« im Falle des befürchteten großen Konflikts zwischen Warschauer Pakt und NATO entsprach kaum den Wünschen und Kapazitäten einer leichten, für den Angriff gedrillten Elitetruppe.

Der Fall Mayaguez

Der »Fall Mayaguez« ging am 12. Mai 1975 um die ganze Welt. Im Golf von Thailand kaperten kambodschanische Kriegsschiffe in der Nähe der Insel Poulo Wai das US-Handelsschiff »Mayaguez«. Wohl noch unter dem Eindruck der wenige Wochen unter teilweise chaotischen Umständen erfolgten US-Evakuierungen aus mehreren südostasiatischen Großstädten ordnete Präsident Ford den Einsatz der Marines zur Befreiung von Mannschaften und Schiff an. Am 14. Mai 1975 flogen die ersten 230 Marines von Okinawa zum US-Luftwaffenstützpunkt U-Tapao in Thailand. Dort bestiegen sie 14 Hubschrauber der US-Luftwaffe. Geplant war mit acht Helikoptern in mehreren Wellen die Soldaten am südlichen Strand der Insel Koh Tang anzulanden. In der Nähe der Insel lag zwar das Schiff, der Aufenthalt der Mannschaft aber war unbekannt. Drei weitere Hubschrauber brachten Soldaten auf das US-Kriegsschiff »Harold Holt«. Sie hatten den Auftrag, die Mayaguez zu entern. Aber als die ersten beiden Helikopter gelandet waren, lagen die herausstürmenden US-Soldaten unter schwerem Mörser- und Raketenfeuer. Beim Rückflug wurde ein Transporthubschrauber so schwer beschädigt, daß er notlanden mußte. Andere Hubschrauber riskierten wegen des unerwartet starken Widerstandes keine Landung und flogen wieder zur Ausgangsbasis zurück. Auch am Oststrand war die Hölle los. Mehrere Helikopter wurden schwer beschädigt und einer mußte im Meer notlanden. Die Hälfte der Besatzung kam dabei um, 13 Mann schwammen auf das offene Meer hinaus und konnten erst nach drei Stunden gerettet werden. Lediglich die Besatzung eines Transporthubschraubers erreichte die Insel und mußte sich zur Abwehr heftiger Angriffe einigeln. Schließlich gelang es, an einigen anderen Stellen zu landen und die Kampfstärke auf 130 Mann zu erhöhen. Überlegene Feindkräfte belegten die Marines aus gutgetarnten Stellungen im umliegenden dichten Dschungel mit heftigem Feuer. Der Verteidigungsring konnte gehalten werden, aber es gab weitere Verwundete. Im Laufe des Tages stellte es sich heraus, daß die gefangene Schiffsbesatzung bereits freigelassen worden war. Trotzdem landete die inzwischen eingetroffene zweite Welle auf Koh Tang. Sie hatten alle Hände voll zu tun, um die Kameraden zu evakuieren. Ein weiterer Hubschrauber ging verloren und die Aktion verlief im heftigen Feuer des Gegners. Die Nacht war schon hereingebrochen, als die letzten 29 Mann auf ein US-Schiff gebracht werden konnten. Das Unternehmen kostete 41 US-Soldaten das Leben, etwa die Hälfte waren Besatzungen der US-Luftwaffe. 50 Amerikaner wurden verwundet.

Luftkissenfahrzeug LCAC (Landing Craft Air Cushion Hovercraft) während einer Übung in nordischen Gewässern.

Schwierigkeiten ergaben sich auch beim Personal. Es gelang nicht, genügend qualifizierte Rekruten anzuwerben und dies zeigte Auswirkungen auf Image und Leistungsvermögen der Ledernacken. Mangelnde Schulbildung, Drogenmißbrauch, überdurchschnittlich viele Desertionen und weitere Disziplinarprobleme bereiteten dem Corps viele Sorgen. Aber die Zwänge immer wieder auftretender Krisen erforderten weiter den Einsatz der Marineinfanteristen.

Bereits Ende der 70er Jahre zeichnete sich eine erneute Verschlechterung des politischen Klimas ab. Der Überfall sowjetischer Verbände auf das Nachbarland Afghanistan brachte 1980 das strategische Gleichgewicht im Osten und den angrenzenden Regionen gewaltig durcheinander. Man rechnete mit einer weiteren Machtausweitung der Sowjets und konnte die Möglichkeit einer Besetzung der Ölfelder nicht mehr ausschließen. Wer aber würde die sowjetischen Panzer an der Grenze des Irans aufhalten? Eine Überprüfung der zur Verfügung stehenden militärischen Mittel für den »Fall des Falles« verlief negativ. Die Verlegung von 100000 Sodlaten an den Persischen Golf hätte einen Zeitraum von mindestens sechs Monaten erfordert. Dann wäre ein von den Sowjets ausgehender Angriff vermutlich längst erfolgreich beendet gewesen. So begannen die Amerikaner unver-

110

züglich mit dem Aufbau einer »schnellen Eingreiftruppe« – der »Rapid Deployment Force«.

General Paul Kelley vom Marine Corps erhielt den Oberbefehl über dieses Teilstreitkräfte-übergreifende Kommando.

Neben mehreren Divisionen der US Army wurden drei Brigaden der Marines zu je 16 500 Mann für eine Verwendung als »Krisenfeuerwehr« in »Regenwäldern, überbauten Gebieten, unter arktischen Bedingungen oder in Wüsten sowie Steppenregionen« – vor allem aber zur Sicherung des Ölnachschubs eingeplant. Da die Transportkapazität der US Navy für derartige umfangreiche Seetransporte nicht genügte, wurden zivile Schiffe unter Vertrag genommen. Gleichzeitig begann die Verlegung von »vorstationierten« Versorgungsverbänden auf die Insel Diego Garcia im Indischen Ozean. Der Bau weiterer schneller Seetransporter ging in Auftrag. Die neue Doktrin entsprach in ihrem wesentlichen Inhalt den Kapazitäten und Vorstellungen des Marine Corps mit seinen speziellen Fähigkeiten zur schnellen Verlegung amphibischer und Luftlandetruppen an praktisch jeden Punkt der Erde. Es sollte ein weiteres Jahrzehnt verstreichen, bis der Nachfolger der »RDF«, das US Central Command, 1990 eine halbe Million Soldaten genau in die besagte Golfregion verlegen mußte, um die lebenswichtigen Ölvorräte im Nahen Osten vor dem Zugriff des Iraks zu schützen.

Nach fast 25 Jahren kehrten die Ledernacken im Sommer 1982 wieder in den Libanon zurück. Als »Friedenstruppe« sollten sie gemeinsam mit weiteren multinationalen Verbänden für Ruhe und Ordnung in dem vom Bürgerkrieg geschüttelten Staat sorgen. Die ersten Monate verliefen ausgesprochen ruhig und friedlich. Die 2 000 Marines kontrollierten den Flughafen von Beirut und das umliegende Gelände. Mehrfach wechselten die verwendeten Einheiten und kleinere Probleme traten erst im Winter 1983 auf, nicht etwa mit der PLO oder den Drusen, sondern mit israelischen Truppen. Die Ledernacken hatten ihr Hauptquartier in einem Gebäude des Flughafens aufgeschlagen, wurden aber von einigen vor der libanesischen Küste ankernden Schiffen der 6. US-Flotte versorgt. Bis zur Mitte des Jahres kam es nur zu kleineren Zwischenfällen, aber mit dem Abzug der Israelis im August spitzte sich die Lage zu. Es kam zu Machtkämpfen der rivalisierenden Gruppen mit der libanesischen Regierung. Diese wurde zunehmend von den USA militärisch unterstützt. Berater der Green Berets beteiligten sich an der Ausbildung der libanesischen Regierungstruppen und umfangreiche Waffenlieferungen folgten. Beabsichtigt oder unbeabsichtigt gerieten die Stellungen der Marines unter Beschuß. Mit schwerer Artillerie und Kampfhubschraubern erwiderten sie das Feuer. Als das US-Kriegsschiff »Bowen« im September 1983 Stellungen der drusischen Milizen im zentrallibanesischen Bergland beschoß und die USA eindeutig für die libanesische Regierung Partei ergriffen, konnte von einem neutralen Einsatz als Friedenstruppe nicht mehr gesprochen werden. Die Gefechte forderten bei der Marineinfanterie die ersten Toten. US-Kongreß-Abgeordnete verlangten ängstlich den sofortigen Rückzug der US-Truppen aus dem Kriegsgebiet. Daran dachte aber Präsident Reagan noch nicht. Aus der Friedenstruppe waren nun Gegner geworden und die Angriffe mit schweren Waffen nahmen in den folgenden Wochen an Heftigkeit zu.

»Desert One«

Am 4. November 1979 wurde die US-Botschaft in Teheran besetzt und 65 US-Bürger als Geiseln genommen. Unter ihnen befanden sich 13 Marines der Bewachungsmannschaft. Nach vergeblichen Bemühungen um Freilassung der widerrechtlich Festgehaltenen, kam es am 24. April 1980 zu einem Befreiungsversuch durch US-Streitkräfte. Es handelte sich um eine Teilstreitkräfte-übergreifende Operation unter Beteiligung der US Army, der US Air Force, der US Navy und des Marine Corps. Die Rettung der Geiseln sollten knapp 100 Mann der Spezialtruppe »Delta«, überwiegend als Anti-Terrortruppe ausgebildete »Green Berets«, übernehmen. Zusätzlich war als Deckungstruppe ein Rangerbataillon vorgesehen. Da große Entfernungen zu überwinden waren und nicht auf günstig gelegene Stützpunkte zurückgegriffen werden konnte, wurde ein kompliziertes »Langstrecken-Unternehmen« geplant. Vom Flugzeugträger »Nimitz« im Indischen Ozean sollten acht Hubschrauber nach »Desert One«, einem einsamen Ort in einer Salzwüste, 500 Kilometer südlich von Teheran, fliegen. Dort sollten sie die Angehörigen von »Delta« treffen, die mit Transportflugzeugen der Luftwaffe aus Ägypten kamen. Nach dem Umladen in die Hubschrauber war geplant, ein Versteck in der Nähe von Teheran zu erreichen und von dort aus in den Nachtstunden des folgenden Tages die Rettung der Geiseln in einer überraschenden »Blitzaktion« vorzunehmen. Die Hubschrauber sollten dann die Befreiten zu einem vorher von den Rangers eroberten Flugplatz bringen. Von dort sollten »Starlifter«-Großraumtransporter der US Air Force alle Amerikaner ausfliegen. Das komplexe Unternehmen verlangte viele Improvisationen. Eine bemerkenswerte Schwachstelle war der Einsatz der Hubschrauber. Hierbei handelte es sich um CH-53D, die mit Zusatzausrüstung für Minenräumaufgaben vorgesehen waren. Als Piloten waren Offiziere der Marines eingesetzt. Diese verfügten aber über keine Zusatzausbildung für Sondereinsätze.

Während des Anfluges gerieten sie in Sandstürme und technische Probleme traten auf. Zwei Hubschrauber mußten daraufhin zum Flugzeugträger zurückfliegen, der Zeitplan war durcheinander geraten. Nachdem mit den übrigen Helikoptern das Unternehmen zu risikoreich wurde, erging der Befehl zum Abbruch der Aktion. Beim Auftanken der Hubschrauber für den Rückflug ereignete sich ein schwerer Unfall. Ein Helikopter stieß mit einem Transportflugzeug zusammen und beide Maschinen gingen in Flammen auf. Panik kam auf, Treibstoff und Munition drohten zu explodieren. Fünf Angehörige der Besatzung des Transportflugzeuges kamen um, außerdem verbrannten drei Unteroffiziere der Hubschraubermannschaft. Nun wurden die Helikopter am Boden aufgegeben und fluchtartig flogen die Soldaten in den verbliebenen drei C-130 Transportern der US Air Force zurück.

Der mißglückte Rettungsversuch wurde politisch ausgeschlachtet und es gab natürlich diverse Schuldzuweisungen. Angeblich konnte nicht abschließend geklärt werden, wer den Befehl für den Abbruch gegeben hatte. Es stellte sich aber mit aller Deutlichkeit heraus, daß vor allem mangelnde Koordination und Zusammenarbeit auf höchster Führungsebene das Unternehmen fehlschlagen ließ.

Ein schwerer Schlag

Am 23. Oktober 1983 gegen 6.20 Uhr näherte sich ein ziviler Lastwagen dem vierstöckigen Stabs- und Unterkunftsgebäude. Es gelang den überraschten Posten nicht, das Fahrzeug aufzuhalten. Nach wenigen Augenblicken erschütterte eine furchtbare Detonation die morgendliche Stille.

Der Lastwagen war mit mehreren Tonnen TNT-Sprengstoff beladen und wurde vom Fahrer in einem Selbstmordeinsatz direkt am Gebäude gezündet. Von den fast 300 untergebrachten Marines starben 241 durch die Explosion und ihre Folgen. Trotz intensiver mehrtägiger Rettungsarbeiten konnten nur wenige Überlebende geborgen werden.

Abgesehen von den härtesten Kampftagen ganzer Divisionen im Zweiten Weltkrieg handelte es sich um die höchsten Personalverluste an einem einzigen Tag. Die Stellungen wurden nun verstärkt, neue schwere Waffen und Personal trafen ein. Ein schweres Schlachtschiff der Kriegsmarine gab Feuerschutz. Die US-Truppen erlitten weitere Verluste und der Bürgerkrieg nahm an Heftigkeit zu. Ende Februar wurden die letzten Einheiten aus dem »Hexenkessel« Beirut abgezogen.

Offiziere in den Schlagzeilen

Eine bedeutende Rolle übte der US-Sonderbotschafter McFarlane während der Konflikte im Nahen Osten aus. Der Politiker diente bis 1979 als Oberst bei den Ledernacken. Bereits als Marine-Offizier hatte er verschiedene Funktionen in der Regierung inne. So arbeitete er in den frühen 70erJahren im Nationalen Sicherheitsrat und später im Stab des Präsidenten-Beraters Scowcroft. Er konnte in seiner Funktion die Nahosterfahrungen mit seinem Fachwissen als Offizier des Marine Corps verbinden.

Einige Jahre später machte ein weiterer Offizier der Marines Schlagzeilen. Der Name von Oberstleutnant Oliver North ging um die ganze Welt. Der Vietnamveteran spielte eine undurchsichtige Rolle in einer Kette zwielichtiger Aktionen. Im Kern steht die Anschuldigung von geheimen Waffenlieferungen der USA an den damaligen »Erzfeind« Iran. Der Iran stand zu dieser Zeit im Krieg mit dem Irak und benötigte dringend Rüstungsgüter. Mit den Erlösen aus dem Waffenverkauf sollen angeblich die rechtsgerichteten »Contras« in Nicaragua unterstützt worden sein, denen der US-Kongreß zeitweise die Unterstützung gestrichen hatte. Die Sache drang an die Öffentlichkeit und Oliver North wurde abwechselnd in der Öffentlichkeit zum »Helden des Tages« oder zum Schurken gestempelt. Geheimpapiere verschwanden im Reißwolf und schließlich wurde Anklage gegen den in den Dschungel der Politik geratenen Berufsoffizier erhoben, der zur »besonderen Dienstleistung« abkommandiert worden war. Wie so oft verebbte die Sympathiewelle für den loyalen Gehilfen des US-Präsidenten bald und 1991 stand North vor einem Gericht.

Rückschauend betrachtet muß die Verwendung von Soldaten des Marine Corps als Friedenstruppe als Fehlentscheidung bezeichnet werden. Die Marines waren eine amphibische Kampftruppe für Angriffe und begrenzte Aktionen, aber nicht auf die Besonderheiten einer »Schiedsrichterrolle« vorbereitet. Bei den politischen Entscheidungen fehlte eine klare, konsequente Haltung. Ungenügend kann auch die Zusammenarbeit auf den hohen Führungsebenen bezeichnet werden. Obwohl Experten der Special Forces und Navy-SEALS verdeckt im Hinterland eingesetzt waren und wertvolle Aufklärungsergebnisse erzielten, gelang es nicht, diese der »Kampftruppe« rechtzeitig zur Verfügung zu stellen und umzusetzen.

Oktober 1983 lastete eine drückende politische Krise über der verträumten mittelamerikanische Insel Grenada. Der regierende Premierminister Maurice Bisoph wurde von einer kleiner Gruppe Marxisten-Leninisten gestürzt und die einheimische »revolutionäre Volksarmee« schickte sich mit Unterstützung kubanischer Gesinnungsgenossen an die Macht auf der Insel zu übernehmen. Ein sich gerade im Bau befindlicher großer Flugplatz schien die strategische Position der Insel erheblich aufzuwerten und der US Präsident befürchtete negative Auswirkungen auf die Sicherheit der USA. Vor allem aber bereitete ihm die Anwesenheit einer großen Gruppe amerikanischer Studenten auf der Insel Kopfzerbrechen. Reagan fürchtete um ihre Sicherheit und befal eine spektakuläre Überraschungsaktion. Fallschirmjäger, Ranger und Spezialeinheiten sollten über der Insel abspringen und die Voraussetzungen für die Rettung der Studenten schaffen. Es bestand dabei durchaus die Möglichkeit, daß die jungen Leute als Geiseln genommen würden um politische und wirtschaftliche Zugeständnisse zu erpressen. Dieser drohenden Gefahr wollte die US Regierung mit einer Blitzaktion zuvorzukommen. Während die Luftlandetruppen heranflogen, bereiteten sich die Ledernacken der 22. Marine Amphibious Unit unter Deck des Flugzeugträgers Guam auf ein amphibisches und ein Luftlandeunternehmen vor. Der Verband befand sich gerade auf der Rückfahrt von einem Einsatz im Mittelmeer, als ihn der Einsatzbefehl überraschte. Die Aufgaben waren auf Ranger, Sondereinheiten und Marines gemeinsam verteilt. Die beiden Rangerbataillone sprangen über den Flugplatz Point Salines ab und mußten die von Kubanern verstärkten Widerstandsgruppen niederkämpfen. Die SEALS und weiteren Spezialeinheiten gerieten bei der Besetzung des Regierungsgebäudes in erhebliche Schwierigkeiten, als drei Panzerfahrzeuge gegen sie antraten und keine Panzerbekämpfungsmittel vorhanden waren. Rund 500 Marines landeten problemlos mit Hubschraubern auf dem Pearls-Flugfeld an der Ostseite der Insel und gingen dort in Stellung. Sämtliche Aktionen spielten sich am frühen Morgen des 25. Oktober 1983 ab und verliefen erfolgreich. Die Studenten konnten wie geplant befreit werden.

In der Morgendämmerung des 26. Oktobers landeten die Ledernacken mit 13 Amphibienpanzern LVTP-7 und fünf Kampfpanzern M-60 bei St. George. Dort errichteten sie einen Stützpunkt und brachen bald den nur schwachen Widerstand. Am 27. Oktober war der Gegner geschlagen, alle Angriffsziele genommen und ein für die Marines typischer Einsatz erfolgreich beendet.

In der ersten Hälfte der 80er Jahre bahnte sich unter US-Präsident Reagan eine

»Amtracs« LVTP-7 landen im Manöver unter Einsatzbedingungen an.

Verstärkung der Streitkräfte an. Die USA waren dabei die Niederlage in Südost-asien zu verarbeiten und eine neue Phase der Hochrüstung leitete den »Endkampf« in der Ost-West-Auseinandersetzung ein. So wurden die Finanzmittel für das Corps innerhalb weniger Jahre verdreifacht. Im Zuge eines Ausbaues der Kriegs-marine vergrößerten sich auch die amphibischen Kapazitäten, aber das Corps über-nahm mehr und mehr Zusatzaufgaben als eine »Schnelle Eingreiftruppe«. Moderne-ste Flugzeuge, Hubschrauber, Amphibienfahrzeuge, Kraftfahrzeuge und Waffen-stysteme verhalfen zu einer wesentlichen Steigerung der Kampfkraft. Organisato-risch wurden kombinierte »Luft-Boden«-Kampfverbände gebildet. Es entstanden drei amphibische Großverbände, sechs Brigaden und fünf Bataillonskampfgrup-pen. Moderne Hubschrauberträger verbesserten die Fähigkeit zur Durchführung großangelegter Operationen nach dem »Over-the-horizon«-Konzept. Die Mann-schaftsstärke erhöhte sich auf knapp 200 000 Marines beiderlei Geschlechts.

Gleichzeitig verbesserte sich die qualitative Nachwuchslage. So gelang es, fast 100 Prozent High-school-Absolventen zu gewinnen, ein Jahrzehnt früher waren es weniger als 50 Prozent und manche Anwärter hatten Schwierigkeiten mit dem Schreiben und Lesen. Erfahrungsgemäß verursachen Soldaten mit solider Schulbildung erheblich weniger Disziplinarprobleme als »Abbrecher«. So gibt es heute im Marine Corps keinerlei Nachwuchsschwierigkeiten. Vielmehr möchten sich mehr Soldaten weiterverpflichten, als Planstellen vorhanden sind. Da das Corps »jung« bleiben möchte, muß ein Teil der Freiwilligen nach Ablauf der Verpflichtungszeit aus dem Dienst ausscheiden. So ist es durchaus keine Seltenheit, daß manche Ex-Marines sich bei anderen Teilstreitkräften erneut bewerben und dort wieder »unten« anfangen. Gefördert wurde auch die Spezialausbildung für Einsätze unter schwierigen Bedingungen. Die Ledernacken üben weltweit in arktischen Gebieten, im Dschungel und vor allem in unwirtlichen wüstenähnlichen Regionen. Wie sinnvoll diese Ausbildungserweiterung war, zeigte sich 1990 während des Golfkrieges. Zu den ersten US-Verbänden zählte eine Brigade der Marines, die kurz vorher ein intensives Wüstentraining absolviert hatte.

Im Dezember 1989 trat für die in der Panama-Kanalzone stationierten Ledernacken wieder einmal der »Ernstfall« ein. Die USA beseitigten das diktatorische Regime des wegen Drogenhandels verurteilten Regierungschefs Noriega. Diese Militäraktion wurde hauptsächlich von Luftlandeverbänden mit nur geringer Beteiligung der Marines durchgeführt.

Desert Shield

Für die in vielen Regionen der Erde stationierten Marines begann der 2. August 1990 wie gewöhnlich: Ausbildung, Routinedienst und verschiedene kleinere Operationen. Das 3. Bataillon des 9. Regiments beteiligte sich aktiv an der jährlichen Marineausstellung in Seattle, Washington Mehrere Einheiten befanden sich im Anti-Drogeneinsatz in der Karibik und unterstützten Bundesbehörden im südwestlichen Grenzgebiet. Ein Pionierzug bildete Einheimische in Sierra Leone in Bautechniken aus. Ein Verband wurde in Kalifornien für Sondereinsätze geschult.

Auf den Philippinen leisteten Ledernacken Katastrophenhilfe nach vorangegangenen schweren Erdbeben. Ein verstärktes Landungsteam stand vor der afrikanischen Westküste zur Evakuierung von US-Staatsbürgern und Ausländern bereit. In Liberia tobte ein heftiger Bürgerkrieg und das Ende der Regierung von Samuel Doe schien nahe. Die Guerillas befanden sich auf dem Vormarsch in die Hauptstadt Monrovia, Chaos breitete sich aus. Ein Tag wie jeder andere?

Im Irak herrschte für die Streitkräfte zu dieser Zeit höchste Alarmstufe. Kurz nach Mitternacht überquerten drei gepanzerte Divisionen der Republikanischen Garde ohne Kriegserklärung und erkennbare Vorwarnung die Grenze und drangen von Norden und Westen in den kleinen, reichen Ölstaat Kuwait ein. Eine Division für Sondereinsätze flog mit Hubschraubern direkt in die Hauptstadt und besetzte dort im Handstreich die wichtigsten Punkte. Im Morgengrauen war die Verbindung zwischen den Panzern und Luftlandetruppen hergestellt, der schwache, nur örtlich aufflackernde Widerstand der überraschten und unterlegenen Verteidiger zusammengebrochen.

Wie ein Blitz ging die Nachricht von der irakischen Invasion um die Welt. Zunächst reagierte die Weltöffentlichkeit gelähmt und bestürzt, aber die vielen »Friedensfreunde« konnten sich nicht zu einem massiven Protest entschließen. Die Demonstrationen wurden dann bei anderer Gelegenheit einige Monate später nachgeholt. Aber die verantwortlichen Politiker nahezu aller Staaten reagierten mit einem überraschend klaren Engagement für Frieden und Freiheit. Unter Führung der USA ergingen wirksame Resolutionen der Vereinten Nationen. So konnte die Rechnung des irakischen Diktators Saddam Hussein nicht aufgehen, der auf Uneinigkeit, Rivalität und fehlende Risikobereitschaft setzte. Auch der erhoffte große Aufstand der arabisch-moslemischen Welt blieb aus. In seltener Einmütigkeit wurde eine internationale Eingreiftruppe aufgebaut, die an den saudiarabischen Grenzen Stellung bezog. Jedem weiteren Angriff der zunächst deutlich überlegenen irakischen Kräfte sollte entgegengetreten werden. Das weitaus größte Kontingent stellten dabei die USA, die wieder einmal den »Weltpolizisten« spielen mußten. Zwei herausragende US-Generäle leiteten den größten militärischen Aufmarsch seit dem Ende des Zweiten Weltkrieges ein. General Colin L. Powell, Vorsitzender des Vereinigten Generalstabes fungierte als »Vordenker«; Norman Schwarzkopf, besser bekannt als der »Bär« und »Stormin Norman«, übernahm die praktische Durchführung. Schwarzkopf befehligte das »Central Corps«, die Nachfolgeorganisation der »Schnellen Eingreiftruppe« zu Beginn der Operation.

Dieses Kommando geht jeweils im Wechsel auf einen Vertreter der vier Teilstreitkräfte über, auch das Marine Corps stellt zeitweise den Oberbefehlshaber. In den kritischen ersten Augusttagen galt es nun, schnell genügend Kampftruppen in den Mittleren Osten zu transportieren, um eine mögliche Invasion auf saudisches Gebiet abzuwehren.

Während die US Army die 82. Luftlandedivision auf dem Luftwege in die Krisenregion flog, bereiteten sich die Marines der 1. Brigade auf Hawai, der 4. Bri-

Moderne Panzerabwehrsysteme sind im Wüstenkampf überlebenswichtig.

gade an der US Ostküste und der 7. Brigade in Kalifornien für den Wüsteneinsatz vor. Die 1. und 7. Brigade wurden als »Feuerwehr« in Transportflugzeuge verladen, wobei die Soldaten nur ihre persönliche Ausrüstung und Handwaffen mitführten. Am 12. August 1990 verließ die 7. Brigade in einer Kopfstärke von 17000 Soldaten die Garnison Twentynine Palms und erreichte am 14. August Al Jubayl. Bereits am 20. August hatten sie Verteidigungsstellungen im Nordosten bezogen und Gefechtsbereitschaft gemeldet. Die Brigade hatte eine umfangreiche Spezialausbildung im Wüstenkampf bereits hinter sich und konnte den kommenden Ereignissen gelassen entgegensehen. Mehr als 120 Kampfpanzer, rund 425 weitere schwere Waffensysteme und eine Vielzahl schwerer Geräte wurden aus den Beständen der von der Insel Diego Garcia aus operierenden vorgeschobenen Versorgungschiffe übernommen. Vier Infanteriebataillone und ein gepanzertes Bataillon bildeten die Streitmacht am Boden; ein Geschwader mit Hubschrauber- und Kampfflugzeug-Staffeln beherrschten den Luftraum. Am 17. August verließ die 4. Brigade ihre Standorte in North und South Carolina und begab sich an Bord der Transportschiffe.

Am 25. August folgte auf dem Luftweg die 1. Brigade und am 2. September bildeten alle sich nun in Saudi Arabien befindlichen Verbände die »I. Marine Expeditionary Force«. Die Führung aller Landverbände übernahm die 1. Marine Division aus Camp Pendleton. Die Luftstreitkräfte wurden in der 3. Luft-Division koordiniert und das 1. Unterstützungs-Kommando stellte die Versorgung sicher. Weitere Verbände kamen von den Philippinen und aus dem westlichen Pazifik. Dagegen blieb die 4. Brigade im Golf auf ihren Schiffen und bildete so eine unabhängige operative Eingreifreserve. Kurze Zeit nach ihrer Ankunft begann der amphibische Verband gemeinsam mit weiteren unterstellten Einheiten umfangreiche Landemanöver an der Küste von Oman. Eine willkommene Aufstockung der trotz laufender Modernisierung »panzerschwachen« Marines bildeten die aus Deutschland kommenden »Wüstenratten« der 7. britischen Panzerbrigade, die erstmals seit den Kämpfen in Nordafrika während des Zweiten Weltkrieges wieder ihrem Namen Ehre machen konnten. Die 14000 Briten mit ihren gepanzerten Kampffahrzeugen wurden den Marines zur Unterstützung zugewiesen. Anfang November befanden sich rund 42000 Ledernacken in der Region, davon 31000 im Landeinsatz.

Am 8. November 1990 befahl US Präsident Bush eine Verstärkung der Streitmacht um weitere 200000 Soldaten. Ein Großteil davon kam aus Europa und das VII. US Corps sollte im weiteren Verlauf der Aktion mit seinen Panzerdivisonen eine entscheidende Rolle spielen.

Auch die Verbände des Marine Corps verdoppelten sich durch die Verlegung der II. Marine Expeditionary Force und der 5. Brigade nahezu. Um den halben Erdball führte der Weg des verstärkten 5. Regiments. Von San Diego in Kalifornien steuerten die Schiffe zunächst den US-Flottenstützpunkt Subic Bay auf den Philippinen an. Dort wurde ein längerer Zwischenaufenthalt eingelegt und zur Spezialausbildung genutzt. Am 1. Januar 1991 erfolgte die Weiterfahrt in Richtung Krisenregion Persischer Golf. Mit Verlegung der 2. Marine Division erhöhte sich die Zahl der Marines beträchtlich. Eine Veränderung ergab sich hinsichtlich der Unterstellung der britischen Panzerbrigade. Diese kehrte als Element der 1. britischen Panzerdivision wieder in die angestammte militärische Heimat zurück und wurde von der »Tiger Brigade« der 2. US Panzerdivision ersetzt. Neben 4200 Soldaten steuerte dieser Verband über 100 moderne Kampfpanzer M1A1 »Abrams« und weitere moderne Waffensysteme bei. Immer näher rückte das von den Politikern verkündete ultimative Datum über den Zeitpunkt des Beginns der Offensive zur Befreiung Kuwaits. Der Truppenaufmarsch mußte am 15. Januar 1991 beendet sein und an diesem Stichtag befanden sich rund 84000 Ledernacken, darunter über 1000 weibliche Soldaten, im Krisengebiet. Dies war nahezu die Hälfte des gesamten Personals des Marine Corps. 66000 Marines standen im Landeinsatz und etwa 18000 blieben vor der Küste eingeschifft. Für das Corps stellte diese Aktion die größte Verlegung auf dem Wasser- und Luftweg seit den Invasionen des Zweiten Weltkrieges dar.

Für einen Teil der im Wüstenkampf bereits ausgebildeten Soldaten war der Wüsteneinsatz nichts neues, sie waren Hitze, Sand und klimatische Besonderheiten gewohnt und wußten sich entsprechend einzurichten. Unerfahrene Neulinge lernten sehr schnell sich auf die regionalen Besonderheiten einzustellen, mit der gewohnten Härte und Disziplin bewältigten sie die neue Situation. Vor allem in den Sommermonaten des Jahres 1990 machte die Tageshitze von fast 50 Grad den Soldaten gehörig zu schaffen, der Trinkwasserbedarf pendelte sich auf einen Liter pro Stunde ein, Insektenschwärme und gefährliches Getier sorgten für weitere Belastungen. Und immer wieder Sand, der überall eindrang. So bestand ein Großteil des Dienstes im Reinigen von Waffen und in der Instandhaltung des Geräts. Besonders die empfindlichen elektronischen Systeme und die Hubschrauber wur-

Waffenausbildung:
Scharfschießen
mit der leichten
Panzerfaust LAW
in der Wüste.

119

den in ihrer Funktion stark beeinträchtigt. Gefechtsausbildung unter realistischen Einsatzbedingungen, Scharfschießen und Patrouillen in das Vorfeld der irakischen Armee erinnerten immer wieder an den Ernst der Situation. Aber so wurde auch ein weiteres Problem, die Langeweile und Mutlosigkeit vieler Soldaten, unter Kontrolle gebracht.

Als das neue Jahr begann, glaubten nur noch wenige Soldaten an ein Einlenken und eine friedliche Lösung, der Kampf mit allen seinen Gefahren schien unvermeidbar. Gebannt wartete man auf den Einsatzbefehl.

Desert Storm

Am 15. Januar 1991 mitteleuropäischer Zeit endete das Ultimatum der Vereinten Nationen. Wie angekündigt, dachte der Diktator Saddam Hussein nicht daran, aus Kuwait abzuziehen. Die Führer der alliierten Koalition hielten den vorgesehenen Angriffsbeginn geheim. Aber schon in weniger als 24 Stunden begann mit einer groß angelegten Luftoffensive der »Golfkrieg«. In der Nacht des 16. Januars starteten auch Kampfflugzeuge der US Navy und der Marines um strategisch wichtige Ziele im Irak anzugreifen. Der nächtliche Überraschungsschlag darf trotz einiger nicht erreichter Ziele als voll gelungene Aktion betrachtet werden. Die irakische Luftwaffe wurde praktisch lahmgelegt, ihre Kommunikation und Infrastruktur erlitten schwerste Erschütterungen. Wegen des geringen Widerstandes ging keines der alliierten Flugzeuge verloren und viele Optimisten glaubten bereits, den Sieg in der Tasche zu haben. Aber in den kommenden Tagen zeigte es sich, daß der Irak keineswegs am »Boden zerstört« war. Noch verfügte er mit den SCUD-Raketen über eine gefährliche »politische« Waffe, die in den kommenden Wochen vor allem gegen Israel eingesetzt werden sollte. Die Hoffnung auf einen schnellen, leichten Sieg verschwand sehr bald.

Zunächst erfolgte eine intensive Fortsetzung der massiven Luftangriffe. Zu den primären Zielen zählten die SCUD-Raketen und die Stellungen der eingegrabenen Elitetruppe »Republikanische Garde«. Die Verluste der alliierten Luftgeschwader durch Flak-Geschosse und Luftabwehrraketen blieben nicht aus und auch Maschinen der Marines mit ihren Besatzungen standen auf den Verlustlisten. Wenige Tage nach Kriegsbeginn waren die Marines bereit, einen amphibischen Sturmangriff auf das nördliche Kuwait durchzuführen, aber das Unternehmen wurde vom Oberkommando als verfrüht abgelehnt. General Schwarzkopf ging zwar mutig und operativ äußerst klug vor, wollte aber die eigenen Verluste möglichst gering halten. So gedachte er den irakischen Widerstand durch pausenlose Luftangriffe zu brechen und ideale Voraussetzungen für den abschließenden Landkrieg zu schaffen. Es war ein Spiel mit erheblichen Risiken. Die Landstreitkräfte des Iraks galten als gut bewaffnet, motiviert und kampferfahren im Wüstenkrieg; eine zahlenmäßige Überlegenheit lag vor. Das tiefgestaffelte Verteidigungssystem an den Grenzen schien nach dem Urteil westlicher Militärexperten als kaum überwindbar. Es drohte die Gefahr des Einsatzes von chemischen Kampfmitteln und selbst von Atomwaffen.

Die 3. Luft-Division des Marine Corps stellte während der fünfwöchigen Bombardierung rund ein Viertel aller US-Kampfflugzeuge und war so maßgeblich an der systematischen Zermürbung der Kampfverbände des Iraks entlang der Grenze beteiligt. Diese sollten nach dem Plan von General Schwarzkopf bereits vor Beginn der Landoffensive um 50 bis 75 Prozent »reduziert« werden. Als der Zeitpunkt des Beginns der alliierten Bodenoffensive näherrückte, nahmen die Marines unter dem Luftschirm ihre Ausgangsstellungen ein. Mittlerweile standen mehr als 92 000 Ledernacken in der Golfregion und stellten mit 24 Infanteriebataillonen sowie 40 Fliegerstaffeln einen beachtlichen Teil der Kampfkraft der bevorstehenden gemeinsamen Aktion nach dem Prinzip der entwickelten »Air Land Battle«, unter Beteiligung der Army, Air Force, Navy und zahlreicher Verbündeter.

Aber bereits zu Beginn der dritten Kriegswoche kam es zu kleineren Bodengefechten und ab 29. Januar tobte der Kampf um die verlassene saudische Grenzstadt Al Khafji. Überraschend griff ein irakischer Panzerverband mit 50 bis 80 Panzern an und drang etwa 20 km auf saudisches Gebiet vor. Als sich die Kampfpanzer mit nach hinten gedrehten Türmen und gesenkten Kampfwagenkanonen näherten, vermuteten die Ledernacken zunächst Überläufer. Aber es handelte sich nur um eine wohlüberlegte Kriegslist: als die gepanzerten Fahrzeuge das gefährliche offene Gelände unbeschadet überwunden hatten, entwickelten sich heftige Kämpfe, die sich über mehrere Tage hinzogen. Es gelang den irakischen Soldaten, sich in der von der Bevölkerung geräumten Stadt festzusetzen und es ergaben sich heftige Nahkämpfe. Viele Kampfpanzer wurden mit TOW-Raketen ausgeschaltet. Mit starken Kräften gelang es saudiarabischen Einheiten, unterstützt von Panzern aus dem Emirat Katar, schweren Waffen der Marines und US Kampfhubschraubern, die Angreifer zu umzingeln und abzuschneiden um dann in das Stadtzentrum vorzustoßen. Erst am 1. Februar konnte ein saudischer Militärsprecher die von Hekkenschützen hartnäckig verteidigte Stadt als »völlig befreit« melden.

Trotz der schweren Verluste von 22 Panzern und 17 Gefangenen sowie einer großen Zahl von Gefallenen griffen die Iraker in der Nacht zum Freitag erneut die von Marines gehaltenen Grenzstellungen an, sie wurden aber auch hier zurückgeschlagen. Bei den heftigen Kämpfen erlitten die Ledernacken die ersten größeren Verluste, elf Soldaten kamen um, teilweise als Opfer der eigenen Waffenwirkung! Ein Oberst der Ledernacken bezeichnete die mehr als 36 Stunden währende Auseinandersetzung als geradezu »höllisch«.

Ende Februar erwarteten die mittlerweile bereits ziemlich angeschlagenen irakischen Soldaten stündlich den Angriff. Die Masse der Truppen hielt in starken Befestigungen die 220 km lange Grenzlinie. General Schwarzkopf konzentrierte listig seine Verbände in falschen Bereitstellungsräumen. Sein Verwirrspiel wurde durch den Umstand erleichtert, daß die irakische Führung durch schwere Ausfälle in der Aufklärung und Kommunikation nahezu blind war und kopflos reagierte. Zur Ablenkung dümpelte bereits seit Wochen ein eingeschiffter Großverband des Corps mit mehr als 17 000 Ledernacken an Bord. Mehrfach unternahmen Aufklärungskräfte der Marines und SEAL-Spezialeinheiten Erkundungsvorstöße im Küstenvorfeld. Die irakische Führung rechnete fest mit einer Invasion von See her und konzentrierte sechs kampfkräftige Divisionen für das erwartete Abwehrge-

MG-Trupp während der Operation »Desert Storm«.

fecht. Diese Großverbände bildeten wiederum ein willkommenes Ziel für die überschwere Artillerie der im Golf liegenden US Schlachtschiffe. Kurze Zeit vor dem geplanten Angriff gruppierte General Schwarzkopf seine Corps vollkommen um und schuf so die wesentlichen Voraussetzungen für einen schnellen Sieg. Unbemerkt verlegten 150000 Soldaten mit ihren gepanzerten Kampffahrzeugen 500 km westlich und gingen in der menschenleeren Wüste gegenüber dem südlichen Irak in Stellung. Vor der »Stunde X« ergab sich folgende Anordnung: Entlang der Golfküste operierte an der rechten Flanke eine gemischte arabische Formation mit fünf motorisierten Brigaden. Den linken Nachbar bildete eine Streitmacht aus Syrien und Ägypten. So befanden sich die Marines zwischen den Verbänden der arabischen Verbündeten, deren Kampfbereitschaft von manchen Experten zumindest angezweifelt wurde. Es stellte sich allerdings im weiteren Verlauf heraus, daß diese Befürchtungen unbegründet waren. Weiter westlich operierte das VII. gepanzerte Corps, erst wenige Tage vorher aus den Garnisonen in Deutschland verlegt. Ganz links warteten das XVIII. Luftlande Corps und die französische 6. leichte Panzerdivision auf den Einsatzbefehl.

Aber bevor sich am frühen Sonntagmorgen des 24. Februars Tausende von Panzern und weitere Fahrzeuge auf einer 500 km breiten Linie in Bewegung setzten, um in vier Stoßkeilen anzugreifen, befanden sich Marines schon im Gefecht. Einige Tage vorher unternahmen drei Kompanien in leichtgepanzerten Kampffahrzeugen einen gewaltsamen Aufklärungsvorstoß und überschritten die kuwaitische Grenze. Sofort reagierten die Iraker mit schwerem Artilleriefeuer und setzten Kampfpanzer gegen die 500 Ledernacken ein. Diesen gelang es, den Angriff erfolgreich abzuwehren und die Panzerabwehrlenkraketen des Typs TOW »knackten« vier Panzer sowie zahlreiche weitere Kampffahrzeuge. Überraschend viele irakische Soldaten ergaben sich im Verlauf des Kampfes. Zwei Marineinfanteristen wurden verwundet, zwei ihrer Kameraden freuten sich über ihr sagenhaftes Glück. In ihren Geländewagen schlug eine Mörsergranate ein und brachte die mitgeführte Munition zur Explosion. Das Fahrzeug wurde förmlich in Stücke gerissen und die beiden Soldaten flogen ins Freie. Sie blieben wie durch ein Wunder völlig unverletzt.

Kurz nach Mitternacht überschütteten die US Schlachtschiffe »Missouri« und »Wisconsin« die Küste mit einem heftigen Trommelfeuer aus sämtlichen Rohren. Dieser starke Artilleriebeschuß war nach Meinung der irakischen Führung die Einleitung des amphibischen Sturmangriffs der 4. und 5. Brigade sowie der 13. Marine Expeditionary Unit. Aber die Füße dieser Marines blieben vorerst trocken. Pünktlich um vier Uhr griffen die beiden Divisionen an Land frontal die schwer befestigten gegnerischen Stellungen an. Im Gegensatz zu den weiter westlich an der offenen irakischen Grenze eingesetzten Formationen war dies freilich der härtere Auftrag. Die gefürchteten Stellungen erwiesen sich dann aber doch nicht als unüberwindbar. So wirkte die Sperrtaktik mit den brennenden Ölgräben nicht; Flugzeuge hatten vorher Napalm-Bomben abgeworfen, die alles wegbrannten. In kurzer Zeit gelang es, Breschen durch die Minenfelder zu schlagen, Pionierpanzer und Planierraupen räumten Durchgänge und füllten Sperrgräben auf. Pausenlos wurden die eingegrabenen Infanteristen aus der Luft angegriffen, Panzerkanonen und die Granaten der schweren Artillerie pflügten das Gelände förmlich um. Uner-

Das Marine Corps verfügt über eine große Zahl von Panzerabwehrwaffen, hier TOW (der Army) auf einem Jeep.

wartet schwach entwickelte sich die Abwehr des Gegners, die gefürchteten irakischen Truppen befanden sich in einem erbärmlichen Zustand. Halb verhungert und verdurstet, krank und verängstigt, krochen sie aus den Kampfständen und ergaben sich in großer Zahl sichtbar erleichtert den Angreifern.

Als der erste Tag zur Neige ging, hatte die 1. Division den Flugplatz von Al Jaber eingenommen, 21 Panzer vernichtet und über 4000 Gefangene gemacht. Die 2. Division stellte im Begegnungsgefecht eine sich aus Kuwait City zurückziehende gepanzerte Kolonne und vernichtete sie. Die 5000 Kriegsgefangenen entwickelten sich schnell zu einem ernsthaften Problem. Auch an den anderen Frontabschnitten erzielten die Alliierten ähnlich durchschlagende Erfolge.

In der Nacht standen die Vorausverbände bereits 30 km vor Kuwait City. Am 25. Februar entbrannte zwischen den Marines, die nun sehr froh über die Zuweisung der »Tiger Brigade« der 2. US Panzerdivision »Hell on wheels« waren, und den »Republikanischen Garden« eine heftige Panzerschlacht. Während der Säuberung des Flugplatzes Al Jaber gingen über 80 feindliche Kampfpanzer in Flammen auf und weitere 2000 Gefangene wurden gemacht. Auch die 2. Division weiter nördlich war nicht zu stoppen und erreichte ihr Angriffsziel vorzeitig. Im Golf unternahm die 4. Brigade erneut einen Scheinangriff und eine weitere Kampfgruppe wurde mit Hubschraubern auf das Festland gebracht, um dort als Einsatzreserve zu dienen. Hierzu kam es durch die sich in atemberaubender Schnelligkeit überschlagenden Ereignisse allerdings nicht mehr, vielmehr kümmerten sich diese Ledernacken um die immer mehr anschwellende Zahl der Überläufer und Kriegsgefangenen.

Am 26. Februar stand die 1. Division bereits in unmittelbarer Nähe des internationalen Flugplatzes von Kuwait und nahm den Kampf mit über 50 irakischen Panzern auf. Als diese ungedeckt im völlig offenen Gelände operierten, bildeten sie ein willkommenes Ziel für die schwere Artillerie. Was das heftige Geschützfeuer nicht zerstörte, übernahmen Kampfpanzer und Kampfhubschrauber der Ledernacken.

Auch erneute irakische Panzerangriffe auf dem Flughafengelände vermochten das Blatt nicht zu wenden. 250 Kampfpanzer T 55/T 62 blieben zusammen mit 70 modernsten T 72 als ausgebrannte Wracks auf dem Schlachtfeld zurück. Der Großteil der gepanzerten Waffensysteme des Iraks stammte aus sowjetischen Beständen. Eine der vielen Erkenntnisse aus dem Waffengang am Golf ist die Tatsache, daß die oftmals veralteten östlichen Waffen der modernen Technologie des westlichen Wehrmaterials deutlich unterlegen waren.

Die 2. Division nahm die Stadt Al Jahra und rückte dann weiter in Richtung der Autobahnen vor, die von Norden und Westen in die kuwaitische Hauptstadt führen. Diese strategisch wichtigen Straßenverbindungen galt es zu blockieren und zu unterbrechen.

Am 27. Februar endeten die Gefechte um den Flugplatz. Dieser befand sich nun vollkommen in alliierter Hand. Zu den ersten in Kuwait City einrückenden Verbänden, die von der Bevölkerung jubelnd begrüßt wurden, gehörte die »2. Force Reconnaisance Company«. Die Aufklärer erreichten die US-Botschaft und nahmen die glücklicherweise unbeschädigten Gebäude wieder in Besitz.

Inzwischen zeichnete sich eine vollkommene Niederlage der irakischen Besatzungsarmee ab. Fluchtartig versuchte sie, Kuwait zu verlassen; nachdem sie vorher noch an der Zivilbevölkerung unmenschliche Grausamkeiten begangen hatte, fast alle Ölquellen in Brand steckte, plünderte und schändete. In mit Diebesgut beladenen Kampf- und Zivilfahrzeugen flüchtete auch die Elite der »Republikanischen Garde« Richtung Irak. Aber die Verbündeten erwarteten die Fliehenden in einem weiträumig angelegten Hinterhalt. In Al Jahra lauerte die 2. Division. »Autobahn des Todes« war wenig später die neue Bezeichnung der Straße, auf der die Iraker in Panik flüchteten. Die Reste der irakischen Armee wurden regelrecht zusammengeschossen und nach 100 Stunden endeten die Kampfhandlungen mit einem vollständigen Sieg der Alliierten.

Als Präsident Bush in den frühen Morgenstunden des 28. Februars den Befehl zur Feuereinstellung gab, waren 4000 gegnerische Panzer und 42 Divisionen vernichtet oder schwer angeschlagen. Jubelnd feierten Marines und die befreite einheimische Bevölkerung die Befreiung und der Slogan »Desert Victory« machte die Runde.

Der unerwartete, dramatische Erfolg kostete die Marines verhältnismäßig geringe Opfer: Während der direkten Kampfhandlungen verloren fünf Ledernacken ihr Leben, 48 erlitten Verwundungen. Die Fliegerkräfte verloren drei Hubschrauber und sechs Flugzeuge.

Im Gegenzug vernichteten die Marineinfanteristen 1040 Feindpanzer, 608 Schützenpanzer und 432 Artilleriegeschütze. Weit über 20000 Gegner gerieten in Gefangenschaft. Der Bluff mit der angedrohten, tatsächlich aber nicht durchgeführten amphibischen Sturmlandung hatte erhebliche irakische Kräfte gebunden, die während der entscheidenden Stunden an den Brennpunkten der Kämpfe fehlten.

General Schwarzkopf würdigte die Leistungen der Marines in seiner Ansprache unmittelbar nach dem Beginn des Waffenstillstandes. Er war voll des Lobes. »Ich kann gar nicht genug über die Verdienste der beiden Marine Divisionen sagen. Wenn ich sie als brillant bezeichne, ist dies eigentlich noch eine Untertreibung. Das Durchbrechen der als nahezu unüberwindbar geltenden Sperren ist absolute Spitze. Dies war ein klassisches, vorbildliches Beispiel der Überwindung von sehr, sehr schwierigen Minenfeldern, Stacheldrahthindernissen und in Flammen stehenden Sperren. Sie bewegten sich durch den ersten Sperrgürtel wie durch Wasser. Sie schafften auch die zweite Verteidigungslinie, obwohl sie unter Artilleriefeuer lagen, sie setzten trotzdem den Durchbruch fort. Dann schafften sie es die beiden Divisionen durchzuschleusen. Eine wirklich vorbildliche Operation, eine Musterlösung für die Dienstvorschrift. Ich bin davon überzeugt, daß diese Operation sorgfältig studiert wird und noch in vielen Jahren als Lehrbeispiel für erfolgreiche Kampfführung dient.«

Als die Waffen schwiegen, herrschte auch bei den Marines Jubel und Erleichterung. Viele hofften nach einem halben Jahr voller Härte und Entbehrungen auf eine baldige Rückkehr in die Heimat, einige hätten durchaus noch weitergekämpft, um endgültige Verhältnisse zu schaffen. Aber der politische Auftrag war mit der vollständigen Befreiung von Kuwait erfüllt und umgehend erfolgte die Rückver-

Marines in Bangladesch

Ein weiteres Beispiel dafür, daß Soldaten neben dem militärischen Handwerk durchaus in anderen Situationen sinnvoll verwendet werden können, gab die Aufbauhilfe der Marines in Bangladesch.

Mitte Mai 1991 verursachten starke Stürme wieder einmal verheerende Zerstörungen. Nach der Sturmflut breiteten sich Hunger und Seuchen aus. Eine Million Menschen verloren ihre bescheidenen Behausungen, aber die einheimischen Behörden reagierten wie gewöhnlich hilflos. Die UNO-Generalversammlung nahm einstimmig eine Resolution an und forderte die Mitgliedsländer auf, Bangladesch die dringend benötigte Hilfe zukommen zu lassen. Die USA beauftragten die Streitkräfte mit der Erstellung eines kurzfristigen Hilfsprogramms. Zu den vorgeschlagenen Maßnahmen gehörte die Entsendung amerikanischer Soldaten, die zur Linderung der Not und beim Wiederaufbau eingesetzt werden sollten. Es erwies sich als günstig, die sich gerade auf dem Rückweg vom Persischen Golf zu ihrer japanischen Basis

legung der Interventionstruppen in die Heimatländer.

Die Erfahrungen und Lehren des Krieges haben auch Auswirkungen auf die künftige Ausbildung und Struktur des Marine Corps. Grundsätzlich bewährten sich aber Soldaten, Waffen, Führung und Unterstützungsorganisation. Vor allem das Selbstbewußtsein aller US Soldaten und mit ihnen der Ledernacken stieg deutlich. Die große Bewährungsprobe galt als glänzend bestanden, das »Vietnam Trauma« nach dem verlorenen Krieg in Südostasien schien nach fast zwei Jahrzehnten endgültig überwunden zu sein.

Aber nicht für alle Soldaten endete der Aufenthalt im Mittleren Osten mit dem Sieg über den Irak und der Befreiung von Kuwait. Kaum spürte der irakische Diktator nach der Einstellung der Bombenangriffe und der Beendigung der Bodenan-

Okinawa befindlichen Marines mit dieser Aufgabe zu betreuen. Am Mittwoch, dem 15. Mai 1991 gingen die ersten acht Schiffe in der Nähe des zerstörten Seehafens Chittagong vor Anker. Die zunächst rund 3500 Ledernacken leisteten mit den mitgeführten Pioniergeräten, Hubschraubern, Amphibienfahrzeugen und Kommunikationsmitteln wertvolle Rettungs- und Wiederaufbauarbeiten im Katastrophengebiet. Baumaterial und medizinische Hilfsgüter linderten die Folgen der Sturmflut. Die Marines bauten zerstörte Häuser und Brücken auf, kümmerten sich um Schulen und Krankenhäuser. Interessanterweise hielt sich die Armee von Bangladesch bei den Rettungsarbeiten auffallend zurück. Dafür dankten aber 500 demonstrierende Studenten auf dem Universitätscampus mit wütenden Ausfällen gegen die »amerikanischen Imperialisten« auf ihre Art für die selbstlose Hilfe!

Derartige Erfahrungen und Enttäuschungen gibt es mit Sicherheit auch in Zukunft. Mit Undankbarkeit und Anfeindungen finden sich aber die meisten erfahrenen Soldaten achselzuckend ab und erfüllen doch ohne zu murren den schweren Dienst – besonders die »Marines«!

griffe wieder etwas Bewegungsfreiheit, setzte er den schon früher begonnenen Vernichtungskrieg gegen die ungeliebte kurdische Minderheit im Norden fort. Mit aller Brutalität schlugen die Reste der geschlagenen Armee, die im »Heiligen Krieg« gegen die »Ungläubigen« schmählich versagt hatten, gegen die verhassten Bergbewohner los.

Wieder mußten die ausländischen Soldaten eingreifen und die in die Türkei und in den Iran fliehenden Kurden vor der Willkür schützen. Für diese gefährliche und heikle Aufgabe wurde gerne auf die erfahrenen und bewährten Marines zurückgegriffen. Sie schützten die Notleidenden vor Terror, hielten die irakischen Soldaten und Geheimpolizisten in Schach und beteiligten sich auch an der Versorgung und humanitären Hilfe für die Verfolgten.

Das US Marine Corps – eine amphibische Mehrzwecktruppe

USMC – Werkzeug der Amerikanischen Sicherheitspolitik

Die politische, militärische und wirtschaftliche Lage der derzeitigen primären Weltmacht ist von vielerlei Besonderheiten gekennzeichnet. Die südliche Hälfte der nordamerikanischen Landmasse liegt verhältnismäßig isoliert, getrennt von etwa 90 Prozent der weiteren Erdteile und Länder unseres Planeten. Entsprechend seiner geographischen Lage und den langen Küstenlinien im Osten und Westen bilden die trennenden Ozeane aber auch die verbindenden Lebenslinien zu den umgebenden Kontinenten. Als Folge dieser Gegebenheiten haben sich die USA schon frühzeitig zur Seemacht entwickelt und wenig später zur militärischen und wirtschaftlichen Großmacht. Weit mehr als zwei Drittel des Handels werden unter Einbeziehung von Seetransporten abgewickelt und die Summen der importierten und exportierten Güter bewegen sich jährlich in Milliardenhöhe.

Obwohl Nordamerika verhältnismäßig reich an Rohstoffen und Energie ist, besteht doch eine starke Abhängigkeit von strategischen Rohprodukten und auch zunehmend an Energie. So müssen 100 Prozent des benötigten Kobalts, Quecksilbers und Kautschuks eingeführt werden; 98 Prozent Mangan, 90 Prozent Chrom und Aluminium sowie rund 70 Prozent Nickel. Beim Erdöl folgt der geringer werdenden Eigenproduktion eine immer stärkere Nachfrage nach ausländischer Ware. Aber auch die verarbeitende Industrie ist abhängig von Verbrauchermärkten in anderen Erdteilen.

Ohne gesicherte Seeverbindungen zu den weiteren Weltregionen wären die USA langfristig zum wirtschaftlichen und industriellen Untergang verurteilt. Gerade Seeverbindungen sind äußerst verwundbar und bedürfen deshalb des Schutzes starker Seestreitkräfte.

Diese sind auch noch heute von gesicherten Basen im Ausland abhängig. Darüber hinaus ergeben sich auf dem politischen Sektor zahlreiche Bündnisverpflichtungen, sei es im Rahmen von Verteidigungs- oder Beistandsabkommen, mit einer Vielzahl von Einzelstaaten oder im Rahmen großer Militärbündnisse. Wie ein Blick in die Geschichte beweist, mußten die US Streitkräfte oftmals die politischen und wirtschaftlichen Interessen ihrer Regierung mit Waffengewalt durchsetzen.

Das Sicherheitsbedürfnis der USA beschränkt sich keineswegs auf die Gegebenheiten auf dem eigenen Territorium. Vielmehr denken die Amerikaner hier in globalen Größenordnungen und Dimensionen, primär geprägt vom Willen zur vorausschauenden Sicherung des Friedens, aber auch einer schon weit vor den eigenen

USS »Saipan«, ein LHA der Tarawa-Klasse.

Grenzen einsetzenden Verteidigung. Um diese Ziele zu erreichen, sind entsprechende Luft- und Seetransportmittel sowie umfangreiche Material-Depots im verbündeten und befreundeten Ausland erforderlich. In Erfüllung dieser Vorgaben obliegen den Seestreitkräften und dem Marine Corps besonders wichtige Aufgaben. Gerade die jüngsten gravierenden Veränderungen im weltpolitischen Machtgefüge nach dem Zusammenbruch des Kommunismus und der Verminderung der Bedrohung durch die vormals starken und aggressiven Streitkräfte, haben die Bedeutung einer schnellen Interventionsfähigkeit der nun dominierenden militärischen Führungsmacht USA noch erhöht. An die Stelle der nach dem Prinzip der »Abschreckung durch Stärke« bisher überwiegend stationär eingesetzten schweren gepanzerten Kampfverbände entlang des »Eisernen Vorhangs« treten nun flexible und bewegliche Eingreiftruppen. Diese sollen im Spannungs- oder Krisenfall rasch an möglichen Brennpunkten eingesetzt werden können.

Leider dauerte die Freude über den kampflos gewonnenen Frieden nach der überraschenden Beendigung des Ost-West Konfliktes nur kurze Zeit. Der Entspannung in Europa folgte bald der Golfkrieg und es ist wohl damit zu rechnen, daß es sich hier nicht um eine einmalige Ausnahme gehandelt hat. Vielmehr sind langfristig weitere Konflikte und Spannungen zu erwarten, die sich zwischen den reichen Industriestaaten und der unterprivilegierten »Dritten Welt« ergeben können. Auch Europa ist keineswegs eine Insel des Friedens, gesichert durch Verträge und »Sicherheitsstrukturen«. Die Ereignisse auf dem Balkan, das Auseinanderbrechen der UdSSR mit den Gefahren der Nationalitätenkonflikte stellen durchaus ernstzunehmende Bedrohungen des Weltfriedens dar.

Die Ledernacken verfügen über modernstes Material, darunter Nachtsicht-geräte NOD zur Gefechtsfeldbeobachtung.

So wird auch künftig die westliche Führungsmacht wohl oder übel nicht von der verantwortungsvollen, letzthin undankbaren Rolle des »Weltpolizisten« wegkommen. Die US Streitkräfte stehen heute vor der schwierigen Aufgabe, trotz massiver Reduzierungen, Aufgabe von Stützpunkten Im Ausland und geringerer finanzieller Mittel, genügend Kräfte für ein militärisches Eingreifen bereitzuhalten.

Diese Situation zwingt die Führung, ihre Streitkräfte neu zu ordnen. Im Gegensatz zu den vorangegangenen Jahrzehnten wird nun die Masse der Verbände in den USA stehen. Die Fähigkeit der schnellen Reaktion im Falle bewaffneter Auseinandersetzungen globalen Umfangs verlangt nach entsprechend gegliederten, ausgebildeten und ausgerüsteten Soldaten. Genau diese Forderungen erfüllt das Marine Corps vollkommen – eine ständig kampfbereite, motivierte Truppe ohne Grenzen!

Das Marine Corps ist eine der vier amerikanischen Teilstreitkräfte. Gemeinsam mit der US Navy untersteht es der Weisungsbefugnis des Marineministeriums. An der Spitze der militärischen Hierarchie steht ein Viersterne-General mit der traditionellen Bezeichnung »Kommandant«. Er führt verantwortlich das eigenständige Corps und ist Mitglied im Gremium der »Joint Chiefs of Staff«, des obersten Führungsstabes mit den Spitzen der US Army, der US Navy und der US Air Force. Die kleinste US-Teilstreitkraft ist in vielen Dingen einmalig. Sie vereinigt praktisch alle militärischen Kräfte auf See, an Land und in der Luft unter einem Kommando und bietet so ein weiteres Beispiel für das Modell »Kampf der verbundenen Waffen«. Die Marines tragen ihre eigenen Uniformen, sind stolz auf ihre Tradition und ihre mehrhundertjährige Geschichte; sie haben eigene Dienstgradabzeichen und Bezeichnungen, Laufbahnbestimmungen und Ausbildungsstätten.

Im »National Security Act« wurde 1947 der Auftrag des Marine Corps gesetzlich festgelegt. Danach sollen amphibische Streitkräfte in enger Zusammenarbeit mit der US Navy gebildet und in Stärke von drei aktiven Infanteriedivisionen und drei Fliegerdivisionen unterhalten werden. Weiterhin sind amphibische Kampf- und Einsatzgrundsätze sowie die erforderlichen Waffensysteme und Geräte fortzuentwickeln. Das Corps hat ferner die ehrenvolle Aufgabe, dem US Präsidenten zur besonderen Verfügung zu stehen und unmittelbar von ihm Anweisungen entgegenzunehmen.

Heute bildet das US Marine Corps die mit Abstand größte und mächtigste amphibische Landungstruppe, die aber auch weitere militärische Aufgaben übernehmen kann.

Die wichtigsten Aufträge der »Fleet Marine Forces« sind

– Einnehmen und Halten geeigneter Räume für maritime Einsatzbasen durch amphibische Operationen in Zusammenarbeit mit der US Navy,
– Durchführung von amphibischen Landeoperationen, die im Rahmen der Seekriegführung erforderlich sind,
– Abstellen von Einheiten für Einsatzschiffe der US Navy sowie von Sicherungskräften zum Schutz von US-Regierungsdienststellen im Ausland und für Stützpunkte der US Navy,
– Erfüllung weiterer vom Präsidenten übertragener Aufgaben.

Einsatzorganisation

Den Kern der Kampfverbände der Flotten bilden die »Fleet Marine Forces«, speziell für amphibische Operationen ausgerüstete und ausgebildete Großverbände. Aus den zur Verfügung stehenden Kräften der Infanteriedivisionen, Fliegerdivisionen und Unterstützungsgruppen werden »Marine Air-Ground Task Forces« gebildet.

Für diese »Boden-Luft-Kampfgruppen« existiert keine feste Gliederung, aber es handelt sich immer um eine Mischung von Bodentruppen, Fliegerkräften und Kampfunterstützungstruppen, die unter einem einheitlichen Befehl stehen. Diese Kombination verleiht den Kampfgruppen ein Höchstmaß an Eigenständigkeit und Unabhängigkeit, Vielseitigkeit und Beweglichkeit. Stärke und Zusammensetzung der Verbände sind nicht durch organisatorische Vorgaben eingeschränkt und orientieren sich allgemein allein am Auftrag und den gegnerischen Stärkeverhältnissen. Die flexiblen Kampfgruppen verfügen über eine einheitliche Grundgliederung. Ein Stab (Command Element) stellt die Führung, Überwachung und Koordination der Aktivitäten der Kampftruppen, Luftstreitkräfte sowie der Kampfunterstützung und Versorgung sicher. Die Stärke der Bodenstreitkräfte bewegt sich in der Größenordnung Infanteriebataillon bis zu einer oder mehreren kampfstarken Divisionen. Die Infanterie wird unterstützt von Artillerie, Kampfpanzern, amphibischen Spezialfahrzeugen, Aufklärern und Kampfpionieren. Der Fliegeranteil

155 mm Haubitze des 10. Artillerie-Regiments.

bewegt sich in den Größenordnungen einer verstärkten Hubschrauberstaffel bis hin zu einer oder mehreren Fliegerdivisionen. Es stehen Kampfflugzeuge, Aufklärungsflugzeuge, Jäger, Flugabwehrsysteme sowie Führungs- und Kampfsysteme zur elektronischen Kampfführung bereit. Die Unterstützungs- und Versorgungsgruppen passen sich je nach Auftrag und Größenordnung »maßgeschneidert« den jeweiligen Erfordernissen an. Die erbrachten »Dienstleistungen« erstrecken sich auf die Bereiche Nachschub, Instandsetzung, Transport, Pionierwesen, Sanitätsversorgung und 18 weitere Gebiete. Es gibt einheitlich drei grundlegende Arten von unabhängigen Kampfgruppen, die sich in der Personalstärke, Bewaffnung und Ausrüstung unterscheiden.

Die kleinsten Verbände tragen die Bezeichnung »Marine Amphibious Unit«, im allgemeinen Sprachgebrauch abgekürzt als »MAU« bezeichnet. Die Dienststärke bewegt sich zwischen 2 000 und 2 600 Soldaten, davon etwa 100 Angehörige der Kriegsmarine. Eingeschifft werden für den Transport drei bis fünf amphibische Schiffe benötigt. Die kleinen Kampfgruppen können auf dem See- und Luftweg verlegt werden. Solche Verbände sind regelmäßig im Mittelmeer und Pazifik stationiert, zeitweise halten sie sich im Attlantik, Indischen Ozean und der Karibik auf. Die Grundbeladung an Versorgungsgütern und Munition reicht für mindestens 15 Einsatztage. Sie finden oft Verwendung als Vorauskommando der stärkeren amphibischen Brigaden.

Dem Stab untersteht als »Battalion Landing Team« ein verstärktes Infanteriebataillon. Weiterhin sind eine Fliegerstaffel und eine Versorgungsgruppe vorhanden. Die Infanterie erhält gepanzerte Verstärkung durch einen Zug mit fünf Kampfpanzern, einer Artilleriebatterie mit acht Haubitzen des Kalibers 155 mm, einer Einheit mit gepanzerten amphibischen Sturmfahrzeugen sowie Panzerjägern, schweren infanteristischen Unterstützungswaffen, Kampfpionieren und Aufklärern. 32 Panzerabwehrwaffen Dragon, acht Systeme TOW, acht Mörser 81 mm, neun Mörser 60 mm, 60 Maschinengewehre M-60, 20 schwere Maschinengewehre und 26 MK-19 Granatgeräte verleihen dem Element für den Bodeneinsatz eine erhebliche Kampf- und Feuerkraft.

Für die Luftunterstützung stehen gewöhnlich vier Hubschraubertypen bereit, in der Grundgliederung sind es vier CH-53 D/E, 12 CH-46, zwei UH-1 und vier AH-1. Fünf Teams, ausgerüstet mit der tragbaren »Fliegerfaust« STINGER, übernehmen die Sicherung gegen feindliche Luftangriffe. Weitere Flugzeuge können je nach Auftrag zugeteilt werden. Die Unterstützungsgruppe ist für Nachschub, Versorgung und die pioniermäßige Unterstützung mit schwerem Gerät für amphibische Unternehmen verantwortlich.

Der Kommandeur einer MAU hat gewöhnlich den Dienstgrad eines Oberst.

Die »Marine Expeditionary Brigade« bildet das eigentliche Rückgrat der Kampfformationen der Ledernacken. Schon fast eine kleine Diviston, schwankt die Gesamtstärke zwischen 8000 und 18000 Soldaten. Die Brigade ist in der Lage, eigenständig über längere Zeiträume größere Operationen durchzuführen und stützt sich ebenfalls auf die erwähnte Viererorganisation. Die Angriffsformation benötigt 20 amphibische Schiffe, Luftverlastung ist grundsätzlich möglich. Die nachfolgende Unterstützungs/Logistikgruppe ist auf elf Handelsschiffen untergebracht. Um das »Regimental Landing Team« gruppieren sich die üblichen Luft- und Versorgungsteile. Dem Regiment unterstehen zwei bis fünf Infanteriebataillone, ein verstärktes Artilleriebataillon, eine Panzerkompanie, eine Kompanie Kampfpioniere, eine Aufklärungskompanie, ein TOW-Zug, sowie amphibische Sturm- und Transporteinheiten. Insgesamt sind 17 Kampfpanzer, 24 Haubitzen 115 mm, sechs Panzerhaubitzen 155 mm, 24 Mörser 81 mm, 27 Mörser 60 mm, 96 Panzerabwehrwaffen Dragon, 48 Panzerabwehrwaffen TOW, 255 Maschinenge-

Das Spezialfahrzeug LVTP-7 – nach wie vor Arbeitspferd der Ledernacken.

wehre M-60, 138 schwere Maschinengewehre, 114 MK-19 Granatgeräte sowie 47 ambibische Fahrzeuge AAV und 36 LAV verfügbar.

Das Luftwaffengeschwader besteht aus Helikoptern, verschiedenen Flugzeugen, Führungselementen und Luftabwehr. Rund 70 Flugzeuge und etwa 100 Hubschrauber unterschiedlicher Typen und Verwendungsbereiche bilden die wirkungsvolle Luftkomponente. Neben 15 Stinger-Teams übernehmen sechs Boden-Luft-Raketen HAWK Aufgaben der Fliegerabwehr. Die Flugzeuge können von Landstützpunkten, Flugzeugträgern oder benachbarten Luftstützpunkten aus ihre Unterstützungsaufgaben wahrnehmen.

Die Versorgungsgruppe führt genügend Nachschub für 30 Kampftage mit und kümmert sich um die Versorgung, die Instandsetzung, den Transport, diverse Pioniereinsätze und den sanitätsdienstlichen Sektor. 15 Tagessätze werden vorne mitgeführt, weitere 15 Sätze – unter bestimmten Umständen bis zu 45 Tagessätze – befinden sich auf Schiffen im rückwärtigen Bereich. Das Kommando führt in der Regel ein Brigadegeneral.

Die stärksten und kampfkräftigsten Großverbände des »Navy-Marine-Corps Team« führen die Bezeichnung »Marine Amphibious Force«. Gewöhnlich handelt es sich hier um die Verbindung einer kampfstarken Marine Division, einer Fliegerdivision und einer Unterstützungsgruppe in Regiments-/Brigadestärke. In Einzelfällen ist aber eine Verstärkung durch weitere Divisionen möglich. Dieser Großverband ist zur selbständigen Durchführung großangelegter amphibischer Operationen fähig. Das Kommando liegt in den Händen eines Generalmajors oder Generalleutnants. Die verstärkte Marine Division verfügt gewöhnlich über drei Infanterieregimenter, ein Artillerieregiment, ein Panzerbataillon, je ein LAV- und ein weiteres amphibisches Bataillon, ein Kampfpionierbataillon sowie ein Aufklärungsbataillon. Die Feuerkraft ist gewaltig und auch Panzerung und Mechanisierung sind mittlerweile weit fortgeschritten. Zur Division gehören 70 Kampfpanzer, 90 Haubitzen 155 mm, 18 Panzerhaubitzen 155 mm, 72 Mörser im Kaliber 81 mm, 81 Mörser Kaliber 60 mm, 288 Panzerabwehrwaffen Dragon, 144 Panzerabwehrwaffen TOW, 600 Maschinengewehre M-60, 435 schwere Maschinengewehre, 345 MK-19 Granatgeräte sowie 208 AAV und 147 LAV Kampffahrzeuge.

Der für Nachschub und Versorgung zuständigen »Force Service Support Group« unterstehen acht Verbände in Bataillonsgröße, die auch für die Unterstützung der Fliegerkräfte zuständig sind. Sie führen Versorgungsgüter für 60 Einsatztage mit, davon befinden sich 15 Tagessätze bei den vorne eingesetzten Truppenteilen und der Rest bei den rückwärtigen Teilen.

Die Stärke der Marine-Division liegt bei rund 17 000 Marines, die von fast 1000 Seeleuten ergänzt werden.

Rund 14 000 Ledernacken gehören der Fliegerdivision an. Diese eigenständige »Luftwaffe für den Hausgebrauch« gliedert sich in sechs Geschwader und zahlreiche Staffeln sowie technische Einheiten. Beindruckend sind Zahl und Vielfalt der bereitstehenden Flugzeuge und Hubschrauber. Mehr als 70 Jäger/Jagdbomber F-4 »Phantom II«, 57 Jagdbomber A-4 M »Skyhawk«, 30 Jagdbomber AV-8 B »Harrier«, 30 Jagdbomber A-E »Intruder« standen beispielsweise der »II. Marine Amphibious Force« im Antlantik bisher als Kampfflugzeuge zur Verfügung. Zehn

Kampfflugzeuge dienen der unmittelbaren Kampfunterstützung der Marineinfanteristen (hier bei einem NATO-Manöver in Norwegen).

Aufklärer RF-48 »Phantom II« und 18 Beobachtungsflugzeuge OV-10 A »Bronco« lieferten Daten und Informationen für die Führung. Um die Versorgung mit Betriebsstoff kümmern sich zehn Tankflugzeuge KC-130 »Hercules«.

Beachtlich ist die Ausstattung mit Hubschraubern. 24 Kampfhubschrauber AH-1J/T »Sea Cobra« unterstützen die am Boden kämpfenden »grunts« (Landser) effektiv, besonders gegen gepanzerten und mechanisierten Feind sowie weitere »harte« Ziele. 24 leichte Transporthubschrauber UH-1 E/N »Twin Huey«, 72 mittlere Transporthubschrauber CH-46 E/F »Seaknight« und 48 schwere Helikopter CH-53 A »Sea Stallion« verleihen eine hohe Luftbeweglichkeit.

Weiterentwickeltes neues Gerät befindet sich besonders bei den Hubschraubern in der Einführung, modernste Elektronik und Hochtechnologien erleichtern die komplizierten Führungsvorgänge.

Für die Luftabwehr sind 24 Raketensysteme »Improved Hawk« und 75 »Stinger«-Teams eingeteilt.

Die Führungselemente einer »MAF« sind in ein Stabsbataillon eingebunden. Für besondere Aufklärungsaufgaben steht eine Kompanie der Marine-Aufklärer bereit, die bestens ausgebildete und hoch motivierte Sondertruppe »Marine-Recon«.

In der Kompanie »Air/Naval Gunfire Liaison« sind vorgeschobene Beobachter und Verbindungspersonal zur unterstützenden Schiffsartillerie vereinigt.

In der Grundgliederung umfaßt das Marine Corps Einsatzkräfte (Operating forces) und die Unterstützungsorganisation (Supporting Establishment). Die »Operating forces« bilden den Kern der vielseitig verwendbaren Bereitschafts- und Eingreiftruppe. Zu ihnen zählen rund zwei Drittel aller Marines, fast alle sind in den »Fleet Marine Forces« tätig. Diese beiden Großverbände sind für den Einsatz der Atlantik-Flotte in Norfolk/Virginia und der Pazifik-Flotte in Camp Smith/Hawaii zugeordnet. Als höhere Kommandobehörden unterstehen sie direkt den jeweiligen Oberbefehlshabern der beiden großen Flotten.

Im Frieden werden aus den aktiven drei Marine-Divisionen und drei Marinefliegerdivisionen drei »Marine Amphibious Forces« gebildet. Nach einer Mobilmachung tritt eine weitere Division sowie eine Fliegerdivision hinzu und bildet die IV. Marine Amphibious Force. Die I. MAF an der US-Westküste ist zum schnellen, weltweiten Einsatz befähigt und kann die im Ausland stationierten US-Verbände im Krisenfall verstärken. Hierfür stehen die 1. Marine Division und das 1. Unterstützungskommando in Camp Pendleton, Kalifornien, bereit. Die 3. Fliegerdivision hat ihr Hauptquartier in El Toro, Kalifornien. Ebenfalls gehört die 7th Marine Amphibious Brigade in Twentynine Palms, Kalifornien, dazu.

An der Ostküste ist die II. MAF stationiert. Die lange Jahre schwerpunktmäßige Orientierung am NATO-Bereich Europa wird nach den jüngsten weltpolitischen und militärisch-strategischen Veränderungen abnehmen. Aber schon bisher beschränkte sich der Aufgabenbereich der Truppe nicht nur auf den einer Verstärkungsstreitmacht für den Fall eines kommunistischen Angriffs in Europa. Einsätze bei Naturkatastrophen, humane Hilfen oder Evakuierung von US-Bürgern aus bedrohten Regionen gehörten schon immer zu den weiteren Aufgaben. Die 2. Marine Division und das 2. Unterstützungskommando haben ihren Sitz in Camp Lejeune, North Carolina, die 2. Fliegerdivision ist in Cherry Point beheimatet. Eine verstärkte Bataillonslandungsgruppe (MAU) gehört zur 6. Flotte im Mittelmeer, einer seit Jahren und wohl besonders künftig problematischen Sicherheitszone.

Schließlich steht noch die III. MAF für den Bereich des mittleren und westlichen Pazifiks bereit. Für sie sind Verwendungen im Pazifik und im Indischen Ozean denkbar. Die 3. Division hat ihr Hauptquartier noch immer auf der japanischen Insel Okinawa, sie ist bereits seit Jahrzehnten im Fernen Osten präsent und stellte viele Jahre maßgebliche Kontingente im Vietnamkrieg ab. Die 1. Fliegerdivision hat ebenfalls auf Okinawa ihren Stabssitz, jedoch befinden sich stärkere Verbände auf den japanischen Hauptinseln. Auch das 3. Versorgungskommando befindet sich auf Okinawa. Eine weitere Brigade liegt auf Hawaii. Die III. MAF stellt einen bei der 7. Flotte eingeschifften Landungsverband (MAU) regelmäßig ab und ist somit ständig im Indischen Ozean oder Pazifik vertreten. Natürlich beschränken sich die Verwendungsmöglichkeiten der Marines nicht nur auf eigenständige amphibische Operationen. Sie können auch gemeinsam mit anderen Teilstreitkräften eingesetzt werden, ebenfalls als Bestandteil einer internationalen Streitmacht im Rahmen von Friedensmissionen oder in Zusammenarbeit mit verbündeten und befreundeten ausländischen Streitkräften. In diesem Zusammenhang muß betont werden, daß sich die Verlegungsmöglichkeiten nicht allein auf den Seetransport beschränken. Vielmehr sind auch Lufttransport oder eine Kombination beider Verfahren vorgesehen und in der Vergangenheit mehrfach praktiziert worden.

Um die hohe Einsatz- und Kampfbereitschaft aufrechtzuerhalten, nehmen die Soldaten fortwährend an weltweiten Manövern und weiträumigen Verlegungsübungen teil. So lernen sie unter wechselnden geographischen und klimatischen Bedingungen global Aufträge auszuführen, gemäß ihrem Motto »in jedem Klima, an jedem Ort«, vom eisigen Polarkreis bis in die feucht-schwüle Wärme tropischer Regionen.

Das ganze Jahr über trainieren Bataillone und Brigaden an der Schule für

Das schwere MG M-2 im Kaliber .50 (12,7 mm) gehört zu den beliebtesten und verläßlichsten Unterstützungswaffen der Marines. Es funktioniert immer und überall.

Boden-Lufteinsätze auf dem Übungsplatz Twentynine Palms unter realistischen Bedingungen den Ernstfall. Mit scharfer Munition üben die Soldaten ihre Version des Kampfes der verbundenen Waffen, geprägt von einer engen Zusammenarbeit der Einheiten auf dem Boden, der unterstützenden Kampfflugzeuge und des »Starken Hammers« der Schiffsartillerie sowie Fernlenkwaffen der US Navy. Die Fähigkeit zur vollständigen Unabhängigkeit, die auch den logistischen Bereich und die Unterstützung aus der Luft beinhaltet, wird nachhaltig demonstriert und den operativen und technologischen Weiterentwicklungen angeglichen.

Gefährlicher Wachdienst rund um den Globus

Im November 1979 erschütterten schwere Unruhen Pakistan. Es war damals in den Ländern der »Dritten Welt« sozusagen »Mode geworden«, gegen Einrichtungen und Botschaften der USA gewaltsam vorzugehen. Mit nur sieben Mann verteidigten die Marines die US-Botschaft in Islamabad gegen einen nicht mehr kontrollierbaren Mob. Die aufgebrachte Menschenmenge zündete schließlich das Gebäude der Botschaft an, in dem sich über 130 Menschen in einem mit Stahl geschützten Sicherheitsraum befanden. Nach mehreren Stunden Belagerung erwärmte sich der Raum aber so stark, daß ihn die Zivilisten und Botschaftsangehörigen verlassen mußten. Master Gunnery Sergeant Miller, der bereits vergebens versucht hatte, die Menge mit Tränengas zurückzutreiben, führte die Amerikaner durch ein

Flammenmeer auf das Dach des Gebäudes. Dort sicherte die Schutzmannschaft die Flüchtlinge mit der Waffe vor weiteren Angriffen.

Wie gefährlich der Dienst in einem solchen »Security Detachment« bereits im Frieden sein kann, zeigt das Schicksal von Corporal Crowly. Er wurde von Schüssen aus der Menge getroffen und starb.

Vier Marines wurden im Sommer 1985 Opfer eines terroristsichen Anschlags in San Salvador. Sie waren unbewaffnet und trugen Zivilkleidung.

Die Marines sind keineswegs, nur amphibische »Krieger«, sondern erfüllen eine Reihe von Zusatzaufträgen. Erst seit 1949 haben sie in Zusammenarbeit mit dem US-Außenministerium offiziell Sicherheitsdienste in den über die ganze Erde verstreuten Botschaften und Konsulaten übernommen. Die zahlenmäßig kleinen Gruppen umfassen zwischen sechs und 30 Soldaten. Meist führt ein älterer Sergeant das Kommando und trägt somit die hohe Verantwortung.

Da die Marines im Ausland im besonderen Maße die USA repräsentieren und unter den kritischen Augen der Öffentlichkeit bestehen müssen, werden nur besonders ausgewählte Soldaten für diesen Dienst herangezogen. Offiziell sind sie für den Bereich der inneren Sicherheit der Dienststellen verantwortlich und verfügen nur über leichte Waffen zur Selbstverteidigung. Den Schutz gegen Angriffe von außen garantiert die Regierung des Gastgebers. Aber die Erfahrung zeigt, daß dies

»Moonlight and Wodka«

Ein schwerer Zwischenfall erschütterte 1987 den makellosen Ruf der als sehr zuverlässig geltenden, hochtrainierten Elitetruppe. Es stellte sich heraus, daß es dem sowjetischen Geheimdienst gelungen war, Kommunikationssysteme der US-Botschaft in Moskau »anzuzapfen«. Die Gefahr einer peinlichen Spionage-Affäre drohte. In diesem Zusammenhang wurden zwei Angehörige der Marines angeklagt, sexuelle Beziehungen mit einer in der Botschaft beschäftigten Übersetzerin unterhalten zu haben. Als »Gegenleistung« sollte angeblich sowjetischen Agenten Zugang zu geheimen Räumen und Unterlagen ermöglicht worden sein. Im Verlauf der umfangreichen Untersuchungen wurden weitere Marines angeklagt und sämtliche Angehörige des Detachments aus Moskau abgezogen. Die Rolle der Marines bei der Bewachung der Botschaft wurde überprüft und man stellte auch fest, daß das Durchschnittsalter der Soldaten bei nur 22 Jahren lag. Nach Ansicht der Prüfer war ein Teil der Soldaten für die schwierige Aufagbe noch zu jung. In den 15 Monate dauernden Wachdiensten kam offensichtlich Langeweile auf und Einsamkeit plagte manche Soldaten der Botschaft. So wurden einige von ihnen in der dienstfreien Zeit offensichtlich zum Sicherheitsrisiko. Daraufhin begannen die diplomatischen Vertretungen, die Auslandsdienstzeiten zu verkürzen und das Personal noch gründlicher zu überprüfen. In erster Linie sollte nun auf ältere, verheiratete Soldaten zurückgegriffen werden.

in der Praxis nicht immer realisiert wurde. So hat man den Faustfeuerwaffen auch Schrotflinten und Tränengas für Notfälle hinzugefügt. Im täglichen Dienst sind die Marines für die persönliche Sicherheit der zivilen Botschaftsangehörigen verantwortlich. Für die Dauer der Kommandierung ist der jeweilige Botschafter unmittelbarer Vorgesetzter. Zu den weiteren Aufgaben zählen besonders der Schutz von Verschlußsachen und Geheimunterlagen sowie des Eigentums und der Liegenschaften im US-Besitz. Das »Marine Security Guard Battalion« hat eine Stärke von mehr als 1300 Angehörigen, die an den unterschiedlichsten Orten eingesetzt sind. Je nach Zielland ist die Einsatzdauer unterschiedlich lang.

Nach wie vor kümmern sich Marines um die Sicherheit von US-Einrichtungen rund um die Erde. Der anstrengende Dienst kann persönliche Gefährdungen bringen, hiervon zeugt die Statistik mit einer nicht unerheblichen Zahl im Dienst Getöteter und Verletzter.

Stark in den Hintergrund gerückt ist die ursprüngliche Verwendung der Seesoldaten. In der »Gründerzeit« und während der folgenden Jahrzehnte befanden sich die Kontingente des Marine Corps ausschließlich an Bord von Schiffen der US Navy. Diese wurden allenfalls kurzfristig verlassen, um begrenzte Aktionen an Land durchzuführen.

Heute nimmt nur eine geringe Zahl von Marines die klassischen Aufgaben wahr.

Marines versehen in ihren traditionellen Paradeuniformen seit eh und je repräsentative Aufgaben.

139

Als »Shipboard detachments« befinden sich auf zwei Dutzend US-Kriegsschiffen selbständige Formationen der Ledernacken. Sie sind auf Flugzeugträgern, Lenkwaffenkreuzern, Flaggschiffen der verschiedenen Flotten und U-Boot-Tendern im Einsatz. Teilweise handelt es sich dabei um Trägerschiffe mit Atom- und Fernlenkwaffen. Diese verlangen den Schutz durch absolut zuverlässige Sicherheitskräfte. Ferner sind sie für die Bewachung weiterer sensibler Sicherheitsbereiche auf den Schiffen verantwortlich. Gelegentlich fungieren die Ledernacken auch als Ordnungstruppe mit militärpolizeilichen Funktionen. Zu den weiteren Tätigkeiten gehört die formale Repräsentation, besonders bei Flottenbesuchen in ausländischen Häfen. Auch das Arbeitsgebiet der technischen Schadenskontrolle auf den Schiffen wurde auf die Seesoldaten übertragen.

In den USA und auf Stützpunkten im Ausland wurde die Bewachung zahlreicher Unterkünfte und Einrichtungen übernommen, ebenso sind die Ledernacken für die Sicherheit einer Anzahl ausgewählter Stützpunkte der US Navy verantwortlich.

Als tadellose »Paradetruppe« stehen die Marines in ihren schmucken Uniformen häufig im Licht der Öffentlichkeit und repräsentieren selbstbewußt die militärische Macht der USA. Sie dienen als eine Art »Wachbataillon« der Repräsentation und Sicherheit des US-Präsidenten und gehören bei Staatsempfängen, Gedenktagen und einer Vielzahl weiterer öffentlicher Auftritte zum gewohnten Bild.

Die US Marines werden oft als eine Art »Haustruppe« des US-Präsidenten angesehen. Sie unterstehen ihm unmittelbar und er ist berechtigt, diese Soldaten jederzeit in eigener Verantwortung einzusetzen.

So stellt das Marine Corps die zwar zahlenmäßig kleinste, aber doch vielseitigste Teilstreitkraft der derzeit mächtigsten Militärmacht der Erde dar.

Amphibische Kampfübungen

Amphibien sind wechselwarme Wirbeltiere und unterscheiden sich von ihren Artgenossen durch ihre Gewohnheit, im Wasser und an Land zu leben. Praktisch bilden sie den Übergang vom Wasser- zum Landleben. Das aus dem Griechischen stammende Wort bedeutet in seinem Ursprung etwa »ein Doppelleben führen«.

So verhält es sich auch mit der Mehrzahl der amerikanischen Marines: Sie kommen aus dem Meer und kehren wieder dorthin zurück. Die Fähigkeit, von See her gewaltsam an fremden Küsten zu landen, bildet die Grundlage der weltweit anerkannten, amphibischen Kapazität der US Streitkräfte.

Als Seemacht verfügen die USA mit ihrer Fähigkeit zur Durchführung weltweiter amphibischer Operationen über die Möglichkeit, durch offensive Kampfführung entscheidend in das Kampfgeschehen an Land einzugreifen.

Die Anfänge der amphibischen Kriegführung sind verbunden mit der Entstehung der ersten Seemächte vor mehreren tausend Jahren. Als die ersten »Kriegsschiffe« zu ihren Entdeckungs- und Eroberungsfahrten aufbrachen, befanden sich bewaffnete Krieger an Bord. Seeleute und Soldaten eroberten gemeinsam ferne

Länder, kämpften um Ruhm und handfeste wirtschaftliche Interessen. So stießen die Ägypter lange vor Beginn unserer Zeitrechnung entlang des Nils in das Hinterland vor, wagten sich aber auch schon weit auf das Mittelmeer hinaus. Bekannt sind die Phönizier, Griechen oder Perser, die auf den Meeren um ihre Vormachtstellung kämpften, auf dem Seeweg gewaltige Armeen verlegten und so in fremde Erdteile gelangten. Rom kämpfte gegen Karthago und besiegte nach endlosen Gefechten die klassische Seemacht im Mittelmeer, aus der römischen Landmacht entwickelte sich eine Seemacht. Das Oströmische Reich verstärkte im 8. Jahrhundert seine Marinekräfte und entwickelte spezielle Landungschiffe. In schnellen Galeeren fanden bis zu 300 Seesoldaten Platz. Mit Rampen versehene Landungsboote erlaubten die Sturmlandung von Kavallerie, drehbare Waffentürme- und Plattformen wurden entwickelt und für eine wirksame Feuerunterstützung von See her sorgten raketenähnliche »Flammenwerfer«.

In den nördlichen Gewässern verbreiteten die seefahrenden Wikinger Angst und Schrecken. In ihren Schiffen konnten bis zu 200 Krieger transportiert werden, die allerdings den Kampf auf See vermieden und lieber an Land, vor allem entlang der Ströme, oft tief im Landesinnern erst zuschlugen.

Die Landung eines Normannenheeres stellte 1066 die politischen Verhältnisse in Großbritannien auf den Kopf. Dagegen gelang es mehr als 50 000 spanischen Soldaten Jahrhunderte später nicht, wie beabsichtigt, die englische Küste zu stürmen. 1588 vernichteten die Briten unter Einsatz brennender Schiffe – und dank eines Sturmes – die gefürchtete spanische Armada noch auf See. Im 19. Jahrhundert kam es zu zahlreichen amphibischen Unternehmen, die in die Geschichte eingingen. Wenig erfolgreich entwickelte sich im Ersten Weltkrieg der Kampf um Gallipoli. Die 70 000 Köpfe starke alliierte Mittelmeer-Expeditionstruppe scheiterte gegen die tapfer verteidigenden Türken. Nach monatelangen Kämpfen um die strategisch bedeutsamen Dardanellen und Verlusten von einer Viertelmillion Mann zogen sich die Alliierten zurück. Die Katastrophe von Gallipoli gilt als typisches Beispiel einer mißlungenen See-Land Operation. Im Zweiten Weltkrieg leitete eine Reihe von Invasionen die Kriegswende ein und schufen somit die Voraussetzungen für die Niederlage Deutschlands und Japans. Nach kleineren »Raids« der Briten in der Anfangsphase kam es später zu großangelegten Landungsunternehmen in Nordafrika, Sizilien, Italien, Südfrankreich und 1944 zum Finale in der Normandie. Diese größte Invasion aller Zeiten war der Anfang vom Ende, binnen Jahresfrist endete der Krieg in Europa. Einge ähnliche Entwicklung ergab sich im Pazifik, dort besetzten Marines und Soldaten der US Army nach harten Kämpfen Insel für Insel.

1950 kam es erneut zu größeren amphibischen Unternehmen auf der umkämpften koreanischen Halbinsel. Eine Division Ledernacken leitete durch die Landung bei Inchon die Kriegswende ein und bewahrte die UN-Streitmacht vor einer drohenden Niederlage. Nach dem Koreakrieg kam es zu keinen großangelegten Invasionen mehr, jedoch immer wieder zu operativen und taktischen Aktionen. 1982 landete eine britische Streitmacht auf den Falklandinseln und besiegte die argentinischen Invasoren in wenigen Tagen. Einen erheblichen Anteil am schnellen Erfolg ist den beteiligten britischen »Royal Marines« zuzuschreiben. US Marines befanden sich 1990/1991 in großer Zahl im und am Persischen Golf und standen für großangelegte amphibische Operationen bereit, zu denen es dann im weiteren Verlauf des Krieges aus operativen Überlegungen nicht kommen mußte.

Die Amphibische Kampfführung ist so alt wie die Menschheit. Sie hat ihren Anteil bei der Eroberung und auch Vernichtung von Weltreichen und Kulturen, aber auch Schreckensherrschaften gehabt. Viele Kriege wurden durch amphibische Einsätze maßgeblich bestimmt, manche entschieden.

Im Verlauf des Zweiten Weltkrieges entwickelte sich die Seemacht USA zu einem Meister der amphibischen Kriegführung und konnte große Erfahrungen gewinnen. Dabei rückten amphibische Landungen in den Mittelpunkt und gewannen strategische Bedeutung. Neben vielen weiteren Aufgaben des Marine Corps bildet die Fähigkeit, in einer offensiven, ozeanischen Kriegführung amphibische Groß-Operationen durchführen zu können, auch in der Gegenwart den Hauptschwerpunkt dieser vierten Teilstreitkraft.

Eine Landung von See her ist ein überaus umfangreiches, mit erheblichen Risiken behaftetes Unternehmen. Es bedarf zahlreicher Vorbereitungen und die Fähigkeit zur schnellen Kräftekonzentration im Operationsgebiet. Sorgfältige Planung und peinliche Geheimhaltung sind unabdingbar. Weitere Voraussetzungen sind die Gewinnung der örtlichen Seeherrschaft mit umfangreicher Unterstützung durch die Kriegsmarine, die Luftüberlegenheit und eine zumindest örtliche Überlegenheit der Landungstruppe durch Konzentration aller Kräfte. Um ein Höchstmaß an Effizienz zu erreichen und aufrechtzuerhalten müssen amphibische Einsatzgrundsätze, Taktik, Technik und Gerät laufend überprüft und angeglichen werden.

Die Führungsgrundsätze der amerikanischen amphibischen Operationen stützen sich auf die Erfahrungen vieler Einsätze und sehen klare Aufgabenteilungen und Einsatznormen vor.

Oberstes Gebot ist dabei ein enges Zusammenwirken aller beteiligter Kräfte unter einheitlichem Oberbefehl. Dies schließt bei kleineren Unternehmen immer Kriegsmarine und Marine Corps ein. Zusätzlich stehen in diesem Verbund auch Teilstreitkraft-gebundene Fliegerkräfte zur Verfügung. Handelt es sich um sehr weiträumige, umfangreiche Kräftekonzentrationen wird auch der Einsatz von Heerestruppen und Luftwaffenverbänden notwendig. Besonders gefordert ist aber die Kriegsmarine, das »Marine-Element« des Amphibischen Kampfverbandes. Es stellt die erforderlichen Transportkapazitäten, Spezial-Landungsschiffe, Unterstützungseinheiten mit Artillerie- und Raketenträgern sowie weitere Kampf- und Versorgungsschiffe bereit. Die Schiffe müssen in der Lage sein, die eingeschifften Truppen möglichst nahe am Strand anzulanden, auch unter Kampfbedingungen ohne besondere Einrichtungen an der Küste.

Selbstverständlich fallen der »Landing Force« – also den Marines – die schwierigsten und wichtigsten Aufgaben als Landkampf-Element der Amphibischen Kampfgruppe zu. Die Verwendung nicht spezialisierter Verbände ohne besondere Fachkenntnisse verspricht nach den Erfahrungen der Vergangenheit dagegen wenig Erfolg, da die höheren Ausbildungsanforderungen an Führer und Mannschaften nicht erfüllt werden und die dringend benötigten Fachleute weitgehend fehlen.

Eine intensive Vorbereitung der Landung durch starke Luftstreitkräfte ist unab-

Bootsführer der US Navy bei einem Landemanöver der Marines.

dingbar, dabei stammen die Flugzeuge von Trägergruppen oder auch von Landstützpunkten.

In der grundlegenden US-Doktrin ist die eigentliche Landung ein »Angriff von See mittels Seestreitkräften und eingeschifften Landungstruppen gegen eine feindbesetzte Küste. Sie schließt eine umfangreiche Luftunterstützung ein«. Ziel des amphibischen Angriffs ist die Landung an einer verteidigten feindlichen Küste und die Errichtung eines Landungskopfes, einer Art »Brückenkopf«. Dieser ist schnell auszubauen und in Richtung Landesinnere zu erweitern. Natürlich tragen die in der ersten Welle landenden Soldaten das größte Risiko, sie können durch konzentrierte gegnerische Abwehrmaßnahmen festgenagelt und durch Gegenstöße ins Meer zurückgetrieben werden. So scheiterte 1942 der Landungsversuch kanadischer und britischer Einheiten bei Dieppe kläglich. Von rund 5000 angelandeten Soldaten kamen rund 3500 um oder wurden verwundet. Es gelang ihnen nicht, Fuß zu fassen und die Invasion endete in einer überstürzten Flucht.

Der Strandbereich selbst bietet den Angreifern kaum Schutz und Deckung, erfahrungsgemäß werden sie mit Feuer überschüttet und ihre Bewegungsfreiheit stark eingeschränkt. So gibt es nur einen Ausweg: Angriff unter Aufbietung aller Kräfte und Mittel mit dem Ziel, die gefährdete Zone möglichst schnell zu verlassen, die Verteidigungsstellungen des Gegners zu überwinden und rasch in das Hinterland vorzustoßen. Solche Operationen stehen unter einem enormen psychischen

Eine 155 mm Haubitze der Marines überquert eine Pontonbrücke in der Türkei, die Pioniere der Bundeswehr errichteten.

Druck und verlangen eben den harten, loyalen, ohne Bedingungen »funktionierenden« Soldatentyp der »Ledernacken«.

Daneben ist der Zeitfaktor entscheidend. Gelingt es nicht, wesentliche Erfolge in den ersten Stunden und Tagen zu erzielen, sieht es für den weiteren Verlauf schlecht aus, vor allem wenn es dem Gegner gelingt, rechtzeitig Reserven heranzuführen. Mit allen Kräften muß die Verbindung mit der Landungsflotte aufrechterhalten werden. Diese einzige vitale »Lebenslinie« zu betreiben, liegt in den Händen der Spezialisten der »Shore Party«. Spezielle Teams übernehmen die Aufgaben und Tätigkeiten, die zum Überschreiten der Strand-Linien notwendig sind. Hierzu gehört auch die »Beach Party«, Strandmeister und technisches Betriebspersonal, die für den technischen und organisatorischen Ablauf der Landung unmittelbar am Strand verantwortlich sind. Sie sind als »Landungshilfen« in der schwierigsten Phase, das Erreichen der Strandlinie und der Überwindung des Strandes, gefordert. Klappt diese »Kupplung« in der amphibischen Kette nicht, entwickelt sich jede Invasion zwangsläufig zur Katastrophe.

Weniger häufig, aber durchaus nicht unbedeutend ist die Technik des »Amphibious Withdrawal«. Hierbei handelt es sich um die Rückführung und Evakuierung von Soldaten und Waffensystemen über See. Dies kann sowohl im Zuge einer krisenhaften Entwicklung, wie es sich beispielsweise im Koreakrieg nach dem plötzlichen Kriegseintritt Chinas ergab, notwendig werden. Es kann sich aber auch um eine logistische Maßnahme handeln.

Das Marine Corps ist Mittel und Werkzeug bei Interventionen der Weltmacht USA. Immer wieder finden die Marines Verwendung als Instrument der US Außenpolitik, wenn es die besondere Situation erfordert.

So hat die versteckte oder offene Drohung mit dem Einsatz dieses flexiblen militärischen Mittels einen hohen Stellenwert. Oftmals genügt bereits die »Drohung mit dem Knüppel«, um Konflikte im Keim zu ersticken.

Weiterhin sind unter dem Oberbegriff »Amphibious Demonstration« operative und strategische Täuschungsmanöver eines Amphibischen Kampfverbandes während einer bewaffneten Auseinandersetzung zu verstehen, ohne daß es zu einer Landung tatsächlich kommt.

Überfallartige Kommandounternehmen gegen Feindziele in Küstennähe, bei denen die gelandeten Einheiten nach Erfüllung des Auftrages an Land wieder von Schiffen aufgenommen werden, sind als »Amphibious raids« bekannt.

Ausdrücklich unterscheiden die US Vorschriften zwischen amphibischen Operationen und der Ausschiffung von Truppen an nicht verteidigten Punkten und Räumen.

Es ist also ein weiter Weg von der Planung, Einschiffung, Überprüfung der Durchführbarkeit, Anmarsch bis zum eigentlichen Angriff und der Errichtung eines Landungskopfes. Sind diese Hürden genommen, beginnt der zweite, oftmals weitaus schwierigere Teil des Unternehmens – der eigentliche Landeinsatz, der sich nun nur noch unwesentlich vom Einsatz der Kampftruppen des Heeres unterscheidet.

Es ist gefährlich, starke Kräfte auf einem verhältnismäßig engen Raum zu konzentrieren und sie in bestimmten Phasen nahezu schutzlos der gegnerischen Waffenwirkung auszusetzen. So entwickelte sich mit dem Konzept »Over-The-Horizon Amphibious Assault« in den letzten Jahren ein modernes Verfahren, Kampflandungen bereits außerhalb der Sichtweite der Landezone zu beginnen. Die noch aus der Zeit des Zweiten Weltkrieges stammende klassische »Sturmlandung« einer Kampfgruppe wird durch neue amphibische Techniken weitgehend erweitert und teilweise ersetzt. Frontale Landungen gegen einen schwer verteidigten Strand, wie es beispielsweise bei den Schlachten um Tarawa oder Iwo Jima der Fall gewesen ist, sind heute nicht mehr durchführbar. Ein Landeunternehmen erstreckt sich heute über wesentlich größere Entfernungen als in der Vergangenheit. Vor allem die gesteigerte Bedrohung der Landungsschiffe durch modernste Minen und Fernlenkwaffen verlangt größere Distanzen. Gleichzeitig wird die Abhängigkeit vom Seegang und der Witterung vermindert. Die Kriegsschiffe können gegnerische Luftstreitkräfte und Fernlenkwaffen niederkämpfen, sich außerhalb der Reichweite der Wirkung von Batterien der Küstenartillerie begeben und Gewässer meiden, die mit Minen verseucht sind.

Der amphibische Schiffstransportraum der US Kriegsmarine ist mit rund 60 Landungsschiffen zwar recht beachtlich, für die anstehenden Aufgaben aber insgesamt zu gering. Etwa die Hälfte der Einheiten gehören jeweils der Atlantik- und der Pazifik-Flotte an. Sie sind in der Lage, eine verstärkte Brigade in einem Zuge zu verlasten. Diese Kapazität entspricht nicht den Forderungen einer umfangreichen Operation. Schwierigkeiten treten auf, wenn es zu mehreren, regional getrennten Konflikten kommt. Hier kann die Situation auftreten, daß nicht genügend Transportraum verfügbar ist, um die jeweiligen Aufträge zu erfüllen. Eine begrenzte Lösung bietet der Rückgriff auf zivile Transportkapazitäten. So konnte der

Von »Ospreys«
und »LCAC's«

Zwei hochentwickelte technische Systeme haben die Voraussetzungen für eine erweiterte Kapazität geschaffen. Einmal handelt es sich hier um ein schweres Luftkissenfahrzeug mit der Bezeichnung »Landing Craft, Air Cushion«. Mit diesem fortentwickelten Fahrzeug können rund 70 Prozent aller an die Weltmeere grenzenden Strände Truppen und schwere Waffen, darunter auch Kampfpanzer, direkt angelandet werden und sofort in das Gefecht eingreifen.

Mit einer Geschwindigkeit von 50 Knoten bewegen sich die »LCAC's« auf Luftkissen über das Wasser und überqueren die Küstenlinie. Die Geschwindigkeit liegt im Vergleich mit dem im Zweiten Weltkrieg verwendeten Gerät fünfmal höher. Drei LCAS's sind in der Lage, ein großes Versorgungsschiff, welches sich in einer Entfernung von 40 Kilometer vom Ufer auf See befindet, in weniger als drei Stunden zu entladen. Drei Schiffe herkömmlicher Art benötigen für die selbe Arbeit bei einer Entfernung von nur vier Kilometer vom Strand die doppelte Zeit. Oft hemmt tiefer Sand die Bewegungsmöglichkeiten für Amphibienfahrzeuge, sie bleiben stecken und bieten ein gutes Ziel für die Verteidiger. Die neuen Luftkissenfahrzeuge sind in der Lage, sofort mehrere hundert Meter in das Landesinnere auf festen Boden vorzustoßen.

Ein weiteres Mittel zur Erhöhung der Beweglichkeit ergab sich durch die Einführung des Kipprotorflugzeugs »Osprey« MV-22. Dieses VTOL-Flugzeug löst nach und nach den bisher verwendeten Transporthubschrauber CH-46 ab. Bei einer Reichweite von 200 Seemeilen transportiert es 24 schwer bewaffnete Marines, eignet sich aber auch für den Transport von Kampfunterstützungs- und Versorgungseinheiten. Die Höchstgeschwindigkeit beträgt 460 km/h und es können Außenlasten bis zu 3,7 t mitgeführt werden. Damit fliegt dieses Luftfahrzeug doppelt so schnell, transportiert zweimal so viele

gewaltige Truppenaufbau während des Golfkrieges nur unter Hinzuziehung umfangreicher ziviler Transportschiffe bewältigt werden.

See- und Lufttransportmöglichkeiten sind begrenzt, die Waffensysteme werden immer umfangreicher und schwerer. Um trotz dieser Einschränkungen über das erforderliche schwere Gerät und Kampfvorräte verfügen zu können, wurde Ende der 70er Jahre das Konzept der Vorausstationierung entwickelt. Bei Bedarf werden die Marines im Lufttransport in die Nähe der Entladungshäfen gebracht und mit dem bereits vorhandenen Gerät und Nachschub für etwa 30 Tage ausgestattet. Begonnen wurde bereits im Rahmen der früheren »Rapid Deployment Joint Task Force« bezeichnenderweise im Indischen Ozean. Von den zur Vorausstationierung vorgesehenen 13 Schiffen standen sieben zur direkten Unterstützung der 7. Brigade mit 12 000 Soldaten bereit. Weiterhin gab es genügend Material für die Ausstattung

Soldaten und ist um ein vielfaches robuster als der Transporthubschrauber, der noch aus der Zeit des Vietnamkrieges stammt.

Das neue Gerät verschlingt hohe Summen, erlaubt aber kurzfristig mehr Soldaten und Material über größere Entfernungen schneller zur Schwerpunktbildung anzulanden. So sind die mehr als 500 »Ospreys« durchaus als vorausschauende Investition auf die im 21. Jahrhundert herankommenden Anforderungen zu verstehen.

Eine weitere Verbesserung ergibt sich durch die Beschaffung von Kampflandungsschiffen der WASP-Klasse. Von ihrem Flugdeck aus können sowohl MV-22 als auch STOL-Flugzeuge wie die AV-88 »Harrier« operieren, die Docks nehmen die schweren Luftkissenfahrzeuge auf.

Die US Kriegsmarine sorgt für den Seetransport mit einer Vielzahl unterschiedlicher Kampflandungsschiffe sowie Landungsschiffe und -boote. Sie übernimmt auch die marinespezifische Ausbildung der zuständigen Kräfte des Marine Corps.

Für Führungs- Kontroll- und Überwachungsaufgaben stehen »schwimmende Gefechtsstände« (Landing Craft Control) zur Verfügung.

»Arbeitstier« ist das Mehrzwecklandungsboot (Landing Craft, Utility), es bewegt 400 Soldaten oder 150 t Versorgungsgüter über kurze Entfernungen.

Panzerlandungsschiffe (Tank Landung Ships) mit Rampen im Bug- und Heckbereich sowie Ladedecks für Panzerfahrzeuge transportieren 23 Kampfpanzer.

Landungsboote mit offenem Laderaum und Bugklappe (Landing Craft, Mechanized) haben Kapazitäten zwischen 80 und 200 Soldaten sowie zwischen 29 und 60 t. Ein Kampfpanzer kann mitgeführt werden. Ferner stehen Landungsversorgungsschiffe (Amphibious Cargo Ship) für Logistik und Nachschub bereit.

Für kleinere Unternehmen eignen sich am besten die Landungsboote (Landung Craft, Vehicle/Personnel). Sie übernehmen 36 Soldaten oder ein ungepanzertes Fahrzeug.

einer Brigade der US Army sowie eines Geschwaders der Air Force.

Die vom Seetransport-Kommando gecharterten Schiffe gehören nicht zur Kriegsmarine und werden von zivilen Besatzungen geführt. Es handelt sich um spezielle »Roll-on/Roll-off-Schiffe«, Tanker, Leichter und Transporter. Sie dürfen nicht in Kriegsgebieten zum Einsatz kommen um entladen zu werden. Jedoch ist dies möglich, wenn entsprechende Hafenanlagen oder Flugplätze vorab durch amphibische oder Luftlandeaktionen in Besitz genommen und gesichert werden konnten. Diese zusätzlichen Schiffe verleihen eine verbesserte Mobilität, sind aber nicht als neue Form der amphibischen Technik anzusehen. Ein Schiffsverband wurde bei der Insel Diego Garcia im Indischen Ozean stationiert. Dieser isolierte Stützpunkt liegt mitten im Ozean und die Entfernung zu den nächsten US-Stützpunkten ist gewaltig. Von zwei US-Stützpunkten im Fernen Osten aus wird die

Strategischer Großraumtransporter »Starlifter«.

logistische Versorgung und technische Unterstützung des Projekts sichergestellt. Hierbei handelt es sich um die US-Basis Naha Port auf Okinawa. Mehr als 200 technische Spezialisten sind laufend mit der Inspektion, Wartung und Pflege von Material und Mengenverbrauchsgütern beschäftigt.

Zehn Jahre nach der Einführung des Vorausstationierungs-Konzepts zur Erhöhung der amphibischen Kapazität bewährte es sich vorzüglich im Golfkrieg. Binnen einer Woche nach Ergehen des Marschbefehls war das erste Schiff bereits an Ort und Stelle. Als mit der Entladung begonnen wurde, waren die Ledernacken aus Hawaii und Kalifornien schon eingeflogen. Per Luftbrücke hatten sie das Krisengebiet erreicht und konnten sofort Waffen und Ausrüstung übernehmen. Alle drei gegenwärtig existierenden Geschwader befanden sich im Kriegseinsatz im Persischen Golf. Jeder Schiffsverband führte genug Panzerfahrzeuge, Geschütze, Munition, Wasser und Verpflegung zur Ausrüstung und Versorgung einer Brigade für 30 Tage mit sich. Nach der Entladung diente ein Teil der Schiffe als bewegliche, seemobile Versorgungsbasis. In der Weiterverwendung übernahmen die schwimmenden Versorgungsbasen Instandsetzungsarbeiten, produzierten frisches Wasser und lagerten Betriebsstoff und Munition für die Soldaten des Marine Corps. Ein voll beladenes Schiff stand als Reserve für weitere Aktionen bereit.

Im Golfkonflikt zeigte sich erneut der Mangel an strategischen Lufttransport-möglichkeiten. So wurde die 7. Brigade mit 18000 Soldaten in 259 Flügen nach Südwest-Asien verlegt. Wäre nicht das vorgelagerte Material der Schiffe vorhand-en gewesen, wären 3000 Flüge nötig gewesen.

Infanterie im Marine Corps

In vielen Phasen des Kampfes unterscheiden sich die Aktionen der Marines in keiner Weise von der Infanterie der Army, der Kampf zu Fuß mit Handwaffen ver-bindet beide Waffengattungen stark. Im Gegensatz zur Infanterie des Heeres sind die Marines aber zusätzlichen Gefahren ausgesetzt. Bereits während der Anland-ung in einer Phase der Schwäche und Hilflosigkeit müssen sie mit erheblichen Verlusten rechnen. Dieser Gefahr ist die Infanterie der Army aber nicht ausgesetzt, sie erreicht die Einsatzorte meist relativ unverbraucht und geschützt in gepanzerten Fahrzeugen.

Weit verbreitet ist die pauschale Bezeichnung »Marineinfanterie« wenn eigent-lich das Marine Corps gemeint ist. Streng sachlich gesehen ist diese Bezeichnung falsch und irreführend. Im Marine Corps sind praktisch alle Truppengattungen ver-treten, gepanzerte Waffensysteme, Flugzeuge oder Hubschrauber stehen gleich-berechtigt neben der »echten« Infanterie.

Bezeichnend für das Marine Corps ist, daß selbst in der von modernster Hoch-technologie geprägten Gegenwart die Infanterie nach wie vor an erster Stelle steht und weiterhin den Kern des Corps bildet. Schon In der Grundausbildung werden die entscheidenden Weichen gestellt: Jeder Angehörige des Corps soll neben der

Klassischer Infanterieeinsatz eines MG-Trupps mit M60.

Beherrschung seiner speziellen Aufgaben qualifizierter Infanterist sein, zumindest aber über entsprechende Grundlagen verfügen.

Vergleicht man die Organisationsstrukturen der heutigen Divisionen mit den Verhältnissen in den Weltkriegen oder im Koreakrieg, fällt auf, daß sich hinsichtlich des Infanterieanteils verhältnismäßg wenig verändert hat.

Schon nach dem Ersten Weltkrieg bahnte sich eine umfassende Motorisierung und Panzerung der Boden-Kampftruppen an. Die klassische Infanterie wurde immer wieder totgesagt, mußte aber in den aufflammenden Kriegen weiterhin die Hauptlast der Kämpfe tragen. Mehr und mehr setzte sich weltweit die Panzertruppe als Entscheidungswaffe durch, die motorisierte Infanterie übernahm dabei Hilfs- und Unterstützungsfunktionen. Obwohl auch im Marine Corps gepanzerte Einheiten Einzug hielten, blieben die klassischen drei Infanterie-Regimenter als Rückgrat der verschiedenen Einsatzformationen erhalten. Einer der Gründe hierfür liegt wohl in den speziellen Aufgaben und besonderen Bedingungen einer amphibischen Landungstruppe. Sie muß als »Feuerwehr« schnell verlegbar und somit auch nach wirtschaftlichen und praktischen Gegebenheiten transportfähig sein. So sind die Möglichkeiten der vollkommenen Mechanisierung beschränkt, da allein die logistischen Forderungen hinsichtlich Nachschub und Instandsetzung praktisch nicht zu erfüllen wären. Ebenfalls sprechen eine Reihe von taktischen Notwendigkeiten und geographischen Erfordernissen gegen eine zu starke Panzerung einer seegestützten Landungstruppe. Kommt es zu länger währenden Einsätzen im panzergünstigen Gelände, wie es beispielsweise im Golfkrieg der Fall war, muß gelegentlich die Army schwere Verbände »ausleihen« und für angemessene Verstärkungen sorgen. So wurden die Marines während »Desert Storm« zunächst von einer britischen Panzerbrigade und dann von einer Panzerbrigade der US Army wirksam unterstützt. Stimmen aus der US Army sind es auch, die sich kritisch über die infanteristischen Fähigkeiten der Marines äußern. Danach sollen sie es mit der Tarndisziplin nicht zu genau nehmen, sich zu sehr auf die Wirkung der schweren Schiffsartillerie und Luftunterstützung verlassen und oft wegen ungenügender Ausbildung nicht mit dem komplizierten Gerät im Landeinsatz zurechtkommen. Insgesamt wird aber gerade die infanteristische Leistungsfähigkeit von Fachleuten als gut bewertet.

1942 zog die 1. Marine Division mit rund 20000 Mann in den Krieg. Jedes der drei Infanterieregimenter verfügte über drei Schützenbataillone mit einer Stärke von 1000 Soldaten. Dazu traten eine Stabs- und Versorgungskompanie, eine schwere Kompanie und weitere Unterstützungs- und Versorgungseinheiten. Die Personalstärke der Infanterieregimenter lag bei jeweils etwa 3500 Köpfen. Die neun Infanteriebataillone gliederten sich in eine Stabs- und Versorgungskompanie, eine schwere Kompanie sowie drei Schützenkompanien. Die Einheiten waren alphabetisch numeriert, es gab aber keine »J«-Kompanie. Auch die Kompanien unterlagen der Dreiergliederung mit drei Schützenzügen, unterstützt von einem Zug mit schweren Infanteriewaffen. Die 40 Soldaten eines Zuges teilten sich in drei Gruppen zu zwölf Mann sowie in einen Zugtrupp. Drei 60-mm Mörser und mehrere leichte Maschinengewehre verliehen den Schützenkompanien zusätzliche Feuerkraft. In der schweren Kompanie gab es drei Maschinengewehrzüge mit jeweils sechs Maschinengewehren und einen Zug mit sechs 81-mm Mörsern.

1991 lag die Stärke der am Golf eingesetzten Divisionen bei über 188000 Soldaten und es gab immer noch drei Infanterieregimenter. Nach wie vor unterstanden dem Regimentskommandeur drei Bataillone mit der herkömmlichen Grundgliederung. Mittlerweile sind auch zwei Panzerbataillone hinzugekommen. Eine begrenzte organisatorische Veränderung ergab sich 1986. Die 27 Bataillone verloren zehn Prozent Personal, gewannen jedoch 25 Prozent mehr Feuerkraft. Hatten die alten Formationen noch 913 Planstellen, waren es nach der Umgliederung 822. Unverändert blieb die Grundstruktur, Veränderungen ergaben sich auf der Gruppenebene.

1988 wurde mit dem Aufbau einer eigenständigen Infanterieschule begonnen. In dieser werden die bisherigen Einführungs- und Weiterbildungslehrgänge zusammengeführt. Zusätzlich wurden Lehrgruppen für die Ausbildung von Gruppenführern und »Zug-Sergeanten« (stellvertretender Zugführer) eingerichtet. Die Schuleinrichtungen befinden sich In Camp Pendleton und Camp Lejeune. Die Einrichtung der Schule verfolgt das Ziel, eine einheitliche Ausbildung zu gewährleisten und auf die ständig steigenden technischen Forderungen zu reagieren. Die Weiterentwicklung der Waffensysteme, der Fernmeldemittel und des weiteren Geräts, macht eine koordinierte Weiter- und Spezialausbildung erforderlich.

Marines vor ihrem »HUMMER«-Geländefahrzeug in Norwegen. Der Soldat links führt die Fliegerabwehrwaffe »Stinger«.

Blick in die Waffenkammer

Verbessert wurde auch das Sturmgewehr M-16 A1 durch eine modifizierte Version A2. Jeweils zwei Infanteristen in den beiden Schützentrupps sind zusätzlich mit Gewehrgranatgeräten M-203 ausgerüstet, ein weiterer mit der neuen Schnellfeuerwaffe M-249 SAW. Diese neue Handwaffe ersetzte die alte »Browning Automatic Rifle« (BAR), welche lange Jahre als leichtes Maschinengewehr Verwendung fand.

In der Sturmgruppe der schweren Züge fanden sechs neue schwere Infanteriewaffen Einzug. Die »Shoulder-launched multipurpose assault weapon« (SMAW) kann gegen Befestigungen eingesetzt werden und eignet sich besonders beim Kampf gegen eingegrabenen Feind und im überbauten Gelände. Verbesserungen ergaben sich ebenfalls bei der Mörsergruppe. Diese verfügt nun mit dem neuen M-224 über einen 60-mm Werfer, der doppelt so schnell wie das vorher verwendete Modell feuern kann. Die Maschinengewehrgruppen wurden mit jeweils sechs neuen Maschinengewehren M-60 ausgerüstet. In der schweren Kompanie erfolgte die Einführung eines 81-mm Werfers, dessen Reichweite bei nunmehr 5 600 m liegt. Bereits in der ersten Hälfte der 80er Jahre erkannten die Planer die Forderungen der kommenden Jahre. So äußerte fast ein Jahrzehnt vor dem Golfkrieg der für die Weiterentwicklung verantwortliche Major General Glasgow: »Wir müssen unseren Blick nach Südwest-Asien richten, eine Region um die wir uns in den vergangenen drei Jahrzehnten recht wenig gekümmert haben. In diesem Zusammenhang müssen wir uns auf eine Bedrohung durch moderne Kampfpanzer, weitreichende Artillerie, gepanzerte Fahrzeuge und Kampfhubschrauber einrichten. Man muß dabei berücksichtigen, daß einige Mächte im Mittleren Osten heute über mehr Kampfpanzer verfügen, als die deutsche Wehrmacht im Zweiten Weltkrieg hatte«.

Um dieser veränderten Bedrohung zu entsprechen, erfolgte auch eine Verstärkung der mit der Panzerabwehrlenkrakete »Dragon« ausgestatteten Panzerjägerzüge um acht auf 24 Raketen oder 25 Prozent. Zusätzlich erhielten die schweren Kompanien einen 19 köpfigen Maschinengewehrzug. Dieser ist aufgeteilt in vier Gruppen zu je zwei Teams und mit acht MK-19 Maschinengranatwerfern im Kaliber 40 mm und acht überschweren Maschinengewehren Kaliber .50 bestückt. Die Maschinenkanonen eignen sich zur Bekämpfung gepanzerter Ziele, die schweren MG's können zur Abwehr von tieffliegenden Kampfhubschraubern verwendet werden. Als Trägerfahrzeuge dienen die neu eingeführten Geländefahrzeuge »High Mobility Multipurpose Wheeled Vehicles« die den betagten »Jeep« abgelöst haben. 45 dieser HMMWV's haben die Zahl der Fahrzeuge je Bataillon auf 149 erhöht und die Transportkapazität von 46,75 auf 56,25 Tonnen gesteigert. Die Neugliederung der Infanterie machte die Verbände »schlanker« und somit besser führbar. Sie können vollständig in gepanzerten Fahrzeugen auf Kette oder Rädern verschoben werden, sind per Hubschrauber luftverlastbar und können mit Luftkissen-Spezialfahrzeugen Sonderaufträge erfüllen. Verglichen mit früher hat sich nunmehr die Mobilität verdreifacht.

Schweres Browning M-2 Kal. .50 HB, Flexible.

Lohn des Fleißes

Ein Höhepunkt der infanteristischen Einzelausbildung sind die jährlichen Wettbewerbe um die Auszeichnung »Beste Infanteriegruppe« im Corps zu sein. Die Angehörigen der drei besten »Super-Gruppen« werden mit goldenen, silbernen und bronzenen Leistungsabzeichen ausgezeichnet. Im Mittelpunkt der sechsteiligen Prüfung steht die Waffenausbildung. Zuerst wird die Beherrschung des Sturmgewehrs M-16 getestet, es folgt ein Schießen auf Klappscheiben. In den weiteren Phasen ist die sichere Handhabung der leichten Panzerfaust und des Gewehrgranatgeräts nachzuweisen. Dann muß der Gruppenführer sein Fachwissen bei der Anforderung und Leitung der schweren Waffen demonstrieren. Schließlich folgt noch ein Nachtschießen der Gruppe. Körperliche Kraft, Geschicklichkeit und Ausdauer sind bei der Überwindung einer Hindernis- und Nahkampfbahn nach Zeit erforderlich. Es folgt eine Spähtruppübung, die in einen Hinterhalt führt. Dabei wird der Feuerkampf der Gruppe und der Umgang mit Gefangenen und Feindnachrichten bewertet. Mit einem Hubschrauber fliegen die Soldaten in unbekanntes Gelände und greifen ein gegnerisches Ziel an. Schließlich erfolgt noch eine Übung nach den Einsatzgrundsätzen der mechanisierten Infanterie. Diese Tests tragen zur Erhöhung der Kampfkraft bei und wirken sich auf die Motivation aus.

»Exoten« in der Elitetruppe

Die Marines gelten allgemein als streng konservative Kampftruppe, die diszipliniert schwierigste Aufträge bewältigt. Es gab mehrfach Bestrebungen, innerhalb des Marine Corps spezielle Formationen aufzustellen und ihnen einen Sonderstatus zu verleihen. Aber die Bemühungen eine »Elite innerhalb der Elite« zu formen, hat nie eine große Gegenliebe im traditionell ausgerichteten Corps gefunden. Überwiegend herrscht die Ansicht, daß grundsätzlich alle Marines aufgrund ihrer hervorragenden Ausbildung befähigt sind, besonders schwierige und außergewöhnliche Aufgaben zu übernehmen. So hatten größere Spezialeinheiten, wie beispielsweise die »Raiders« im Zweiten Weltkrieg, nur eine begrenzte Lebensdauer und wurden noch vor Kriegsende aufgelöst oder wieder in normale Einheiten umgegliedert.

An diesem Grundsatz wurde auch noch nach dem Aufruf des Präsidenten John F. Kennedy an die Teilstreitkräfte, unkonventionelle Verbände aufzubauen, festgehalten. Es wurden zwar Personal abgestellt und kleinere Spezialeinheiten erweitert, aber der große Durchbruch blieb aus. Erst als durch Zunahme des internationalen Terrorismus und einigen blamablen Rückschlägen zu Beginn der 80er Jahre ein erneuter Anlauf zur Schaffung effektiver Sondereinsatzverbände genommen wurde, ergaben sich auch im Marine Corps Konsequenzen. Es erging der Befehl, die bereits vorhandenen Kapazitäten auszubauen und so zu erweitern, daß auch die Befähigung zur Durchführung von »Special Operations« geschaffen würde. Durch die intensive Infanterie- und Luftlandeausbildung, verbunden mit den amphibischen Fähigkeiten, sind bereits wesentliche ausbildungsmäßige Grundlagen für eine Verwendung bei Sonderoperationen erfüllt. So sah man erneut davon ab, neue Spezialeinheiten aufzubauen und erfüllte die Forderungen durch die Erweiterung des Auftrages bestehender Formationen um die benötigte zusätzliche Spezialisierung.

Es galt vor allem, jegliche »Doppelgleisigkeit« zu vermeiden. Eine Nachahmung bereits bestehender Sondereinheiten (Green Berets, SEALS) wäre in der Tat eine unnötige Verschwendung gewesen.

Zunächst erhielten die eingeschifften Landungseinheiten der weltweit operierenden Flotten eine entsprechende Zusatzausbildung. Sie dokumentieren ihre Zweitfunktion durch die Zusatzbezeichnung »Special Operations Capable« (SOC).

Heute stehen genügend Einheiten mit einer zusätzlichen Special-Operations-Befähigung zur Verfügung, um im Wechsel die den Flotten direkt zugeteilten amphibischen Formationen entsprechend ausstatten zu können. Erfahrungsgemäß ergeben sich auf dieser Ebene meistens »heiße« Einsätze bei Krisen und Konflikten. Die Zusatzausbildung erstreckt sich auf die Befähigung, Kommandounternehmen erfolgreich durchführen zu können und ähnelt in vielen Bereichen der Kampftaktik der Rangerbataillone der US Army.

154

In den letzten Jahren wurde die Bekämpfung des internationalen Rauschgifthandels verstärkt. Die USA setzen zu diesem Zweck auch Teile der Streitkräfte ein. Diese neuen Aufgaben obliegen in erster Linie den verschiedenen Spezialeinheiten der Teilstreitkräfte. Die Verbreitung des schleichenden Gifts wird bereits in den Anbaugebieten bekämpft. Ebenfalls werden die Transportwege, die Landesgrenzen und der Umschlag in den USA überwacht. An der »Front« stehen in mehreren lateinamerikanischen Staaten Ausbilder der Marines. Sie schulen einheimisches Personal für den Kampf gegen die organisierten Drogen-Banden.

Ein Schwerpunkt liegt dabei in der »Wasserausbildung«. In erster Linie ist dies der Umgang mit den entsprechenden Schiffen und Booten. Hinzu kommt die erforderliche Einsatztaktik bei Aktionen entlang der zahlreichen Flüsse und Gewässer. Oft handelt es sich um die einzigen vorhandenen Verkehrsverbindungen in abgelegenen Regionen. Mit modernster Nachrichtentechnik trägt ein Luftüberwachungs-Kommando dazu bei, Führungs- und Aufklärungsdaten im lateinamerikanischen Raum zu gewinnen. Zeitweise werden auch Aufklärungsflugzeuge der Flieger-Kräfte des Corps zu Überwachungszwecken eingesetzt. Besonders qualifiziertes Personal wird der Drogenbekämpfungs-Behörde für Ausbildungszwecke und operative Einsätze zugeteilt.

In den Vereinigten Staaten beteiligen sich die Marines schwerpunktmäßig entlang der Süd-West-Grenze an Sonderoperationen und Überwachungsmaßnahmen. Weitere Einheiten sind entlang der Küste von Kalifornien eingesetzt und überwachen abgelegene Buchten und Inseln, die sich als Stützpunkte und Verstecke für die Drogenhändler eignen.

Der Krieg an der »Drogenfront« kommt nur selten an die Öffentlichkeit. Gefährlich und brutal sind die Auseinandersetzungen mit den gewissenlosen Drogen-Schmugglern. Oftmals erfolgt die Unterstützung durch Regierungsorgane in den Anbauländern nur sehr zögernd. So haben die Marines mitten im Frieden einen harten Job zu erfüllen, der den vollen Einsatz verlangt. Aber für die Ledernacken sind diese heiklen Aktionen ein Bestandteil ihres freiwillig gewählten Berufes.

Fleet Anti Terrorist Units

Seit Anfang der 80er Jahre beteiligt sich auch das Marine Corps am Aufbau und der Unterhaltung von Antiterroreinheiten. Ihr Training ist praxisbezogen und verläuft recht realistisch.

25 Marines einer Wartungs- und Instandsetzungsstaffel werden ohne Ankündigung von ihren Arbeitsplätzen weggeholt und in einen Hubschrauber CH-53 »Sea Stallion« verladen. In diesem fliegen sie 300 Kilometer und landen dann in einem aufgelassenen Betriebsgelände in Fort Picket, Virginia. Erst dort erfahren sie den Sinn der überraschenden Übung. 15 von ihnen müssen die Rolle von Terroristen übernehmen, zehn werden als Geiseln eingeteilt. Sie nehmen als »Feinddarsteller« an einer Antiterror-Übung teil. In der Zwischenzeit nähert sich ein weiterer Hubschrauber in großer Höhe dem Zielgebiet. Zwei Gestalten purzeln ungesehen aus

dem Hubschrauber und stürzen im freien Fall in die Tiefe. Erst 500 Meter vor dem Boden entfalten sich die Fallschirme, sind aber Momente später wieder verschwunden. Die beiden Springer sind gut gelandet und sichern den Landestreifen für eine kurze Zeit später aus einer OV-10 »Bronco« abspringende zwölfköpfige Sicherungsgruppe. Das Team am Boden bildet nun einen größeren Kreis und richtet sich vorsorglich zur Rundumverteidigung ein. Im Schutz der Dunkelheit erkundet die Sondertruppe in den nächsten zehn Stunden das zehn Kilometer entfernte Zielgebiet. Der Hangar, in dem sich die Geiseln und Ihre Entführer befinden, wird sorgfältig beobachtet und die unmittelbare Umgebung ist Gegenstand einer systematischen Aufklärung. Über Funk wird gemeldet, daß die Hubschrauber bereitstehen. Sie sollen die Geiseln nach erfolgter Befreiung evakuieren.

Diese Meldung ist das Startsignal für den Angriff. Die Sturmgruppe sprengt blitzschnell die Türen und dringt von verschiedenen Seiten in die Halle ein. Die wenigen überraschten Bewacher werden mit Feuer überschüttet und »neutralisiert«. Nach wenigen Augenblicken haben sich die »Teroristen« ergeben, werden durchsucht und streng bewacht.

Der Sanitäter beweist seine Fachkenntnisse in der Behandlung von angenommenen Verletzungen. Andere Soldaten sichern draußen die Landezone und das Umfeld. Mit dem Abschuß einer Leuchtkugel wird ihnen mitgeteilt, daß die Aktion beendet ist und sie ziehen sich zum Sammelpunkt zurück. Kurze Zeit später setzen die Hubschrauber auf und evakuieren Geiseln und Befreier.

In solchen und weiteren Übungen bereiten sich die Experten der beiden »Fleet Anti Terrorist-Einheiten« in Kompaniegröße, auf den jederzeit möglichen Ernstfall vor. Jede der beiden großen Fleet Marine Forces verfügt über eine derartige Kompanie, die sich in jeweils sechs Züge zu rund 50 Mann gliedert. Größere Einsätze erfolgten im Rahmen des Unternehmens »Just Cause« Ende 1989 in Panama und dann am Golf.

ANGLICO: Air Naval Ground Liaison Company

Ein konventioneller amphibischer Angriff auf einen verteidigten Strand ist ein recht komplexes und gefährliches Unternehmen. Es erfordert umfangreiche Vorbereitungen und breite Unterstützung. Das Marine Corps verfügt auch über die notwendigen Mittel und wird zusätzlich von eigenen Flugzeugen, Flugzeugen der Kriegsmarine, Fernlenkwaffen und Artillerie der Kriegsschiffe im Küstenvorfeld unterstützt. Diese Hilfe ist für die landende Truppe mehr als lebenswichtig und bedarf sorgfältiger Planung und Koordination.

Eingebunden in die vorbereitenden Aktionen sind neben den Aufklärern der »Marine Recon« und den unterstützenden Teams der Kriegsmarine, den legendären »SEALS«, auch besondere eigene Feuerleittrupps. Sie sind in der »Air Naval Ground Liaison Company« (Anglico) organisiert und haben den Auftrag, unmittelbar vor der Invasion das eigene Unterstützungsfeuer gegen den Feind zu leiten.

Die Beobachter- und Feuerleittrupps sind mit modernsten Kommunikationssystemen ausgerüstet und leiten den Feuerkampf der Schiffsartillerie.

Ebenso stehen sie in Verbindung mit den Kampfflugzeugen und organisieren die Bombenangriffe und Einsätze zur Nahunterstützung aus der Luft.

Es ist von ausschlaggebender Bedeutung, daß diese Teams rechtzeitig und unbemerkt ihre Positionen beziehen. Sie erreichen ihre Bestimmungsorte heimlich auf verschiedenen Wegen. Ähnlich den Fernspähern infiltrieren sie oftmals mit dem Hubschrauber, springen mit dem Fallschirm ab, bedienen sich der spezialisierten Freifalltechnik oder werden durch Schiffe und Boote, gewöhnlich in der Dunkelheit oder im Schutz schlechter Witterung, angelandet. Die Verwendung von U-Booten zur unbemerkten Anlandung ist ebenfalls möglich.

Für derartige Einsätze eignen sich nur besonders ausgesuchte Soldaten auf freiwilliger Basis. Sie absolvieren Teile der Spezialausbildung an Schulen und Einrichtungen der anderen Teilstreitkräfte, beispielsweise beim Ranger-Department der Infanterieschule der US Army oder an der Artillerie-Schule, Fort Sill. Vordienstzeiten bei »Marine Recon« oder »Fast« sind häufig.

Force Reconnaissance

In den ersten Jahrzehnten verfügte das Marine Corps über keine speziellen Aufklärungskräfte. Gewöhnlich erfolgten die Einsätze ohne größere Vorbereitungen unter Nutzung des Überraschungsmoments. Die mögliche Gefangennahme von Spähern vor Beginn der Landung brachte zudem die Gefahr einer vorzeitigen Alarmierung des Gegners. Mit der gewaltigen Vergrößerung im Zweiten Weltkrieg und dem Zwang zu Einsätzen im schwierigen, unbekannten Gelände der Pazifik-Inseln, ergab sich ein erhöhter Bedarf an technischer und operativer Bodenaufklärung. Anfangs 1942 entstand in Quantico der erste Lehr- und Erprobungszug. Die ein Jahr später zur Kompanie aufgestockte Formation wurde im Herbst 1943 dem V. Amphibischen Corps als Aufklärungseinheit unmittelbar unterstellt. In den kommenden Monaten erkundeten die Scouts in zahlreichen gefährlichen Unternehmen und bereiteten Landungen großer Verbände vor. Im März 1944 wurde die Vergrößerung zum Bataillon notwendig, die Personalstärke erhöhte sich auf 300 Mann. Nach vorbildlicher Ausführung risikoreicher Aufträge kam im September 1945 das »Aus«. Bis zum Ausbruch des Koreakrieges gab es zwar einige zaghafte »Wiederbelebungsversuche«, aber erst mit Kriegsbeginn entstand als Teil der 1. Marine Division wieder eine »Reconnaissance Company«. Da die Marines in Korea überwiegend landgebunden kämpften, erübrigten sich auch für die Scouts amphibische Aufklärungseinsätze. Teilweise mit Jeeps motorisiert, oft jedoch »fußmobil«, klärten die Marines bis zu 60 Kilometer in der Tiefe des feindlichen Raumes auf. Zusammen mit britischen Commandos, Spezialeinheiten der US Kriegsmarine (Vorläufer der SEALS) und Koreanern unternahmen sie eine größere Zahl von »Raids« und vernichteten dabei bedeutsame Ziele des Gegners.

Gegen Ende des Krieges wurden die Aufklärer nicht mehr gemäß ihren Fähigkeiten eingesetzt, sondern schoben hauptsächlich Wache.

Ab Mitte der 50er Jahre rückte die Luftbeweglichkeit in den Mittelpunkt. Zunehmend wurden Hubschrauber eingesetzt und es galt das benötigte Fachpersonal für »Pfadfinderaufgaben« bereitzustellen. Diese Aufgabe übernahmen nun die Aufklärer, die sich auch als Fallschirm- und Freifallspringer qualifizierten. 1958 erfolgte die Zusammenlegung der »Pfadfinder« mit einer amphibischen Aufklärungskompanie zur »First Force Reconnaissance Company«, die auch Kader für den Aufbau einer zweiten Kompanie bereitstellte. Einzelne Züge spezialisierten sich in der »nassen« Aufklärung und wurden in moderner Tauchtechnik und in der Zusammenarbeit mit Unterseebooten zur Infiltration ausgebildet. In den Jahren bis zum Aufbau neuer Sondereinheiten ab 1962 bildeten die »Recon-Marines«, gemeinsam mit den Green Berets der US Army die einzigen Spezialisten für den verdeckten Kampf hinter den feindlichen Linien. Nach 1962 steigerten die USA langsam ihr militärisches Engagement in Südostasien. Der Konflikt in Vietnam war noch nicht zum großen Krieg eskaliert und die US-Militärhilfe konzentrierte sich auf die Unterstützung eines geheimen Krieges in der Grauzone. Gemeinsam mit dem Nachrichtendienst CIA war die »Studies and Observation Group« (SOG) beauftragt worden, mit subversiven Aktionen in Vietnam und in den umliegenden Regionen den kommunistischen Gegner zu bekämpfen. Alle US-Teilstreitkräfte stellten besonders geeignetes Personal für die Sondertruppe ab, die sich äußerlich nicht als militärische Formation zu erkennen gab. Der Anteil des Marine Corps bestand aus einigen Offizieren und Unteroffizieren, die natürlich von der 1. Force Recon-Kompanie kamen.

Ab Mitte 1965 verstärkten die USA ihre militärischen Anstrengungen und ein gewaltiger Truppenaufmarsch begann. Im Laufe des Sommers 1965 traf die gesamte 1. Kompanie mit rund 150 Soldaten in Vietnam ein. Nach einigen »Anlaufschwierigkeiten« betätigten sich die Soldaten zunehmend als Fernspäher. Gewöhnlich erreichten sie mit dem Hubschrauber das ihnen zugewiesene Gebiet.

Oft war es notwendig die Helikopter über Leitern oder mittels Abseiltechniken zu verlassen. Wurde der Trupp vom Gegner bemerkt, versuchte man das Team sofort auszufliegen um es an einer anderen Stelle erneut zu versuchen. Aus sorgfältig getarnten Beobachtungsständen wurden die Vietkongs oft über Tage beobachtet. Meldungen gingen über Funk an die Führungselemente zurück. In anderen Fällen bewegten sich die Aufklärer über größere Entfernungen, wobei sie immer mit einem überraschenden Hinterhalt rechnen mußten. Zu den schwierigsten Aufträgen gehörte das Einbringen von Gefangenen. Wurden lohnende Ziele erkannt, erfolgte die Durchgabe der Daten an die Basis. Diese forderte dann Luftangriffe oder Artilleriefeuer an. Nach eigenen Luftangriffen übernahmen die Marines gelegentlich die »Erfolgskontrolle« und stellten den angerichteten Schaden fest. Es kam vor, daß Teams in den Nachtstunden mitten in einen Ruheraum des Gegners eindrangen und sich nur eine Handbreit von den Stellungen der vietnamesischen Guerillas und Soldaten entfernt im Dschungeldickicht versteckt hielten. In mehreren Fällen entwickelten sich aus kleineren Feindberührungen große Gefechte, die sich über längere Zeiträume hinzogen. Die Situation in Vietnam brachte es mit sich, daß neben der eigentlichen Aufklärungs- und Beobachtungsfunktion vermehrt die Erfüllung von Kampf- und Sabotageaufträgen trat. Es war für diesen Krieg typisch, daß die nach Partisanentaktik kämpfenden Vietkongs schwer zu stellen waren und die Schläge konventionell vorgehender Verbände meist erfolglos blieben. Die technische Aufklärung unter Einsatz modernster Elektronik und Flugzeuge zeigte wenig Wirkung und so waren es die Spähtrupps vor dem Feind, die lohnende Ziele erkundeten. Dies führte dazu, daß die Recon-Marines vermehrt als eine Art vorgeschobene Beobachter fungierten und ihre Beobachtungen in verheerende Schläge der schweren Waffen umgemünzt wurden. So verbuchten die Marines für das Jahr 1967 fast 2000 tote Kommunisten; die eigenen Verluste lagen dabei deutlich unter 100. Die Einschleusung der Teams vollzog sich fast ausnahmslos per Hubschrauber, jedoch kam es 1966 auch zu einigen Fallschirmeinsätzen, denen dann mehrtägige Erkundungen folgten.

Im Oktober 1965 wurde eine 3. Kompanie aufgestellt. Wenige Monate später erreichte auch sie den südostasiatischen Kriegsschauplatz. Die 2. Kompanie verblieb in den USA und diente als Personalersatz sowie als Reserve für mögliche weitere Krisenherde. Ab 1969 verminderten die USA ihre militärische Präsenz, mit dem Ziel sich aus dem Krieg zurückzuziehen und den von ihnen massiv unterstützten südvietnamesischen Kräften die Kampfhandlungen zu übertragen. Mit dem Abzug der 3. Marine Division im Jahr 1969 wurde die 3. Kompanie reduziert und im August 1970 offiziell aufgelöst. Die 1. Kompanie verblieb weiterhin im Dienst, aber das Personal wurde systematisch ausgedünnt. 1971 kehrten die wenigen noch verbliebenen Fernspäher in die USA zurück. Ende September 1974 schlug auch für die 1. Kompanie die Stunde des Abschieds. Ohne Pauken und Trompeten erfolgte die offizielle Auflösung in einem Hinterhof in Camp Pendleton. Als einzige operative Aufklärungseinheit verblieb die 2. Kompanie bestehen.

Anfang 1987 umrahmte eine aufwendige Parade die Wiedergeburt der 1. Kompanie. Die USA verstärkten maßgeblich ihre Sondereinsatzverbände und so steuerte das Marine Corps mit der neuen Elite-Truppe seinen Anteil an der Schaffung effektiver »Special Operations Forces« bei.

Es ist zu unterscheiden zwischen taktisch eingesetzten Aufklärungsformationen, gewöhnlich ein Bataillon je Division mit Schwerpunkt taktischer Gefechtsfeldaufklärung, und den unmittelbar den Großverbänden unterstellten Recon-Marines, die weit in der Tiefe des feindlichen Hinterlandes operieren können. In erster Linie versorgen sie als Fernspäher die obere Führung mit Feindnachrichten. Dies geschieht mittels Luftlandungen und Fallschirmabsprüngen aus extremen Höhen, aber auch auf dem Wasserweg mit verschiedenen Booten und Tauchtechniken. Die Spezialausbildung findet meist an den entsprechenden Schulungsstätten der Fallschirmjäger, Special Forces und SEALS statt.

Manche Marine-Aufklärer nehmen auch am Rangerlehrgang in Fort Benning teil. Nur ausgesuchte Freiwillige können sich für die Sonderlaufbahn qualifizieren. Sie müssen einen überdurchschnittlich hohen Intelligenzgrad nachweisen und körperlich extrem belastbar und leistungsfähig sein. So beginnt die körperliche Leistungsprüfung mit einem Geländelauf über 16 Kilometer im Kampfanzug mit Waffe und Splitterweste. Zur »Auflockerung« sind verschiedene kräftezehrende Einlagen vorgesehen. Liegestützen, Klimmzüge und weitere Kraftübungen sind nebenbei zu erfüllen. Die Hindernisbahn muß in weniger als zwei Minuten zweimal überwun-

Flucht mit Hindernissen

Ende November 1965 erhielt das A-Team 106 der Special Forces aus Ba To in der Provinz Quang Ngai willkommene Verstärkung durch den 2. Zug der »First Reconnaissance Company«. In der Nähe des Stützpunktes der »Green Berets« hatte die Aufklärung das 325. Regiment der Nordvietnamesischen Volksarmee festgestellt. Nach vorangegangenen schweren Kämpfen mit den 7. Marines hielt es sich gut getarnt zur Auffrischung in der als sicher geltenden Region auf. Die Green Berets erhielten den Befehl, gemeinsam mit einheimischen CIDG-Milizen und Vierer-Teams der Marines Stärke und Stellungen des Gegners zu erkunden.

Mitte Dezember 1965 operierten mehrere Spähtrupps aus einem vorgeschobenen Stützpunkt, der sich rund acht Kilometer vom Hauptstützpunkt Ba To entfernt auf einer Bergkuppe befand. In den Abendstunden des 16. Dezember griffen mehrere feindliche Kompanien mit schwerer Mörserunterstützung die Stellungen an und zwangen die Besatzung zum Rückzug. Während der überhasteten Flucht in Richtung eines Sammelpunktes wurde die Verbindung unterbrochen. Nachdem die Vietnamesen den Stützpunkt besetzt hatten, begann die Durchsuchung der Gefallenen. Dabei stießen die Soldaten auch auf die »Leiche« eines Corporals, der sich allerdings nur tot stellte. Während die Kommunisten nach Wertgegenständen suchten, wurden sie plötzlich durch das Stöhnen eines Schwerverwundeten abgelenkt. Daraufhin stürzten sie sich auf ihr neues Opfer, raubten es aus und töteten es dann mit mehreren Schüssen. Die Plünderer hatten es auch auf die Bekleidung abgesehen und der Corporal war fast nackt.

Nachdem sich die Vietnamesen auf den Verwundeten konzentrierten, nutzte der Corporal seine Chance und flüchtete. Er konnte zu seinen Kameraden gelangen, die in Richtung Sammelpunkt hasteten. Mit Suchscheinwerfern und MG-Salven versuchte man die Flucht zu stoppen. Den verfolgten Spähern gelang es, ein Versteck zu beziehen und die Verwundeten notdürftig zu versorgen. Noch vor Tagesanbruch machten sie sich auf den Weg, um sich zum Hauptlager durchzuschlagen.

Auf dem Rückweg gesellten sich weitere Versprengte zu ihnen und sie konnten unter dem Schutz des miserablen Wetters ohne weitere Verluste das Camp erreichen. Stunden später näherte sich eine seltsame Gruppe den Befestigungen. Ein fast splitternackter Vermißter traf gemeinsam mit zwei vietnamesischen Soldaten ein. Auch dieser hatte sich totgestellt und wurde geplündert. Trotz seiner Verwundung war es ihm gelungen, die Vietnamesen mit dem Messer zu zwingen, ihn zu seinen Leuten zurückzubringen. Ohne diese ungewollte »Hilfe« hätte er es nicht geschafft, da seine Gehfähigkeit wegen erlittener Verwundungen stark beeinträchtigt war.

»Recon-Marines« mit Zusatzausrüstung beim Spähtrupp.

den werden. Schwierige Schwimmprüfungen schließen sich an. Ein mehrwöchiger Speziallehrgang in Fort Story führt in die Geheimnisse der amphibischen Aufklärung ein. Schwimm- und Tauchkurse, Navigationstechniken, Beobachten und Melden, Umgang mit Spezialbooten und -material gehören zum Lehrstoff. Obwohl Kampf- und Sabotageaufträge nicht den Schwerpunkt der Ausbildung darstellen, wird auch in diesen Bereichen ausgebildet. Technische Aufklärung und Vermessen, Beseitigen von Strandhindernissen und Fertigung von Skizzen über Landegebiete gehören zum Grundwissen der Force-Recon-Marines. Nur die besten Leute werden einer der »Force Reconnaissance«-Kompanien zugeteilt. Dort bleiben die Soldaten meist nur eine bestimmte Zeit, um dann wieder zum Dienst in einem gewöhnlichen Aufklärungsverband zurückzukehren oder anderweitige Verwendungen zu finden. Viele Aufklärer kehren aber immer wieder zu erneuten Dienstperioden bei den beiden Spezialkompanien zurück, um dort einen harten, aber sehr abwechslungsreichen und interessanten Dienst zu leisten.

Die Kompanien sind gegliedert in eine Stabsgruppe, einen Versorgungs-und Unterstützungszug sowie sechs kleine Spähzüge, die meist über jeweils drei Vierer-Teams verfügen.

Nicht zu verwechseln sind die »Force-Recons« mit den Navy-SEALS, obwohl sich beide Formationen in Teilbereichen sehr ähneln und gewisse Überschneidungen bestehen. Die Spezialeinheiten der US Kriegsmarine sind versierte Kampfschwimmer, die schwerpunktmäßig für Sabotage und geheime Einsätze Verwendung finden.

Raiders

Das Wort »raid« bezeichnet in seiner militärischen Bedeutung ein überfallartiges, überraschendes Stoßtrupp- oder Kommandounternehmen. Als »Raider« werden auch Plünderer bezeichnet, die einen Raub- oder Streifzug unternehmen.

Einige Jahre vor Beginn des Zweiten Weltkrieges gab es die ersten Truppenversuche, kleine Spähtrupps zur Aufklärung oder mit Kampfaufträgen von Kriegsschiffen aus mit Booten an feindlichen Küsten anzulanden.

Während der ersten Kriegsjahre erzielte die deutsche Wehrmacht überwältigende Erfolge, die zunächst die militärische Handlungsfähigkeit der Briten lähmten. Nach der Niederlage von Dünkirchen erwartete man eine Invasion deutscher Truppen.

Zur Aufrechterhaltung der öffentlichen Moral schienen eigene militärische Erfolge dringend notwendig. Da man es noch nicht wagen konnte, umfangreiche Kräfte bei einer größeren Aktion zu riskieren, sollte der Gegner mit kleinen, verlustreichen Überraschungsangriffen nadelstichartig getroffen werden. Die von den Briten gegen das Festland durchgeführten »Kommandounternehmen«, bei denen es zunächst mehr um Terrorakte, als um taktische Erfolge ging, zeigten Erfolge und bald fand die neue Einsatztaktik der »Commandos« auch bei den US Streitkräften die gebührende Beachtung.

Nach dem japanischen Überfall auf Pearl Harbor und der Eroberung von Inseln im Pazifik fand der Gedanke Zustimmung, auch bei den Marines eine Kommandotruppe aufzustellen. Besonders setzte sich Captain James Roosevelt, ein Sohn des damaligen US-Präsidenten, für die Verwirklichung dieser Pläne ein. Allerdings entwickelte sich auch im Marine Corps, ähnlich wie bei der US Army, eine ablehnende Haltung in den Kreisen konservativer Offiziere. Sie vertraten die Auffassung, daß bereits jeder Seesoldat befähigt sei, entsprechende Aufträge ohne Zusatzausbildung und ohne Aufstellung neuer Einheiten durchzuführen.

Aber bereits im Januar 1942 entstand aus Männern des 1. Bataillons des 5. Infanterieregiments die erste Spezialeinheit. Sie kam als 2[d] Separate Battalion mit vier Kompanien unter den Oberbefehl der amphibischen Kräfte der Pazifik-Flotte. Zusammen mit dem 1. Bataillon, welches Personal für die Neuaufstellung abstellte, erhielten die beiden Verbände den Auftrag, amphibische Landungen als Voraustruppe vorzubereiten und zu erkunden; überraschende Kommandounternehmen durchzuführen sowie nach Guerillaart im feindlichen Hinterland zu kämpfen. Mitte Februar erfolgte die Umbenennung in »Raider«-Bataillone, die sich in eine Stabs-Kompanie und vier Kampf-Kompanien gliederten.

Bereits am 1. April 1942 wurde es ernst für Teile des 1. Bataillons. Es ging an Bord der »Zeilin« von San Diego aus Richtung Samoa. Der Rest folgte im Juni und bereits Anfang Juli 1942 stand der komplette Verband zum Einsatz bereit. Die Hälfte des 2. Bataillons verlegte im Mai 1942 nach Hawaii, die »C« und »D« Kompanien erlebten bereits Anfang Juni während der Kämpfe um Midway ihre Feuertaufe.

Flotter Dreier

Die Raiders waren als leichte Infanterie ausgebildet, entsprechend gegliedert und bewaffnet. Die Kompanien bestanden neben einer kleinen Kompanieführungsgruppe aus lediglich zwei Kampfzügen und einem Unterstützungszug. Die drei Gruppen unterteilten sich jeweils in drei Trupps und ermöglichten so einen aufgelockerten Einsatz. Interessant ist die Bewaffnung der Dreiertrupps: 1 Browning Automatic Rifle (BAR) sorgte als leichtes Maschinengewehr für Unterstützung auf größere Entfernungen. Ein Schütze war mit dem herkömmlichen halbautomatischen Gewehr M-1 »Garand« bewaffnet und der dritte führte eine Thompson-Maschinenpistole Kaliber .45. Sie verliehen eine hohe Feuerkraft für den Nahkampf und den Kampf über kurze Distanzen. Im Unterstützungszug fand allgemein der leichte Granatwerfer 60 mm Verwendung. Im Einsatz waren jedoch Strukturen und Ausrüstung flexibel und konnten den aktuellen Besonderheiten angepaßt werden. Praktische Einsatzerfahrungen wurden umgehend umgesetzt und führten zu einer fortwährenden Anpassung.

Im August 1942 landeten zwei Kompanien des 1. Bataillons im Rahmen des Angriffes auf Guadalcanal auf der Insel Tulagi, nahe der Bucht von Gavutu. Die Raiders gelangten unbehelligt mit den Landungsbooten rund 50 bis 100 m vor den Strand und erreichten watend das nicht verteidigte Ufer. An Land sammelte sich das Bataillon, gliederte sich in Gefechtsformation und entfaltete sich zum Angriff. Die Japaner leisteten nur geringen Widerstand und konnten auch keine wirksamen Gegenangriffe unternehmen. Zusammen mit später angelandeten »konven-

Zwei Mann eines Dreiertrupps mit »Tommy-Gun« und leichtem Browning-BAR.

tionellen« Marines säuberten sie die Insel in wenigen Tagen und warfen den Gegner.

Aufregender war die als Ablenkungsmanöver geplante Aktion gegen die Insel Makin, ein Atoll der Gilbert Inseln. Zwei Kompanien des 2. Bataillons mit über 200 Mann fuhren mit zwei Unterseebooten von Hawaii direkt zum Einsatzort. Ohne Pannen erreichten sie ihr Ziel. In einiger Entfernung vor dem Riff stiegen sie von den Unterseebooten in die Schlauchboote um und erreichten ungehindert den Strand.

Nach Erfüllung des Kampfauftrages sollten die Raider die Insel wieder verlassen und auf die U-Boote zurückkehren. Als sie aber vorrückten, verstärkte sich der zunächst schwache Widerstand und japanische Flugzeuge griffen ein.

Es kam zu kleineren Gefechten, aber die japanische Infanterie ließ sich nicht aus den Stellungen locken. Die in den frühen Morgenstunden angelaufene Aktion war für die Dauer eines Tages beschränkt und sollte gegen 19 Uhr enden. Schließlich endete das Unternehmen, ohne wesentliche Ziele erreicht zu haben. Vor allem war es nicht gelungen, bleibende Zerstörungen herbeizuführen und Gefangene zu machen.

Große Schwierigkeiten ergaben sich bei der Rückkehr zu den U-Booten. Die starke Brandung machte es vielen Raiders unmöglich in ihren schwachen Booten die »Mutterschiffe« rechtzeitig zu erreichen. So blieben mehr als zwei Drittel der US-Soldaten auf der Insel zurück und verbrachten eine angstvolle Nacht in der feindlichen Wildnis.

Auch nach Tagesanbruch schafften sie es nicht, die offene See zu erreichen und es wurde ein neuer Exfiltrationszeitpunkt am Abend vereinbart. Den Tag verbrachten die Raiders mit Spähunternehmen und stießen auf die Leichen zahlreicher Gefallener der Kämpfe des Vortages. Unter Nutzung von Booten der Einheimischen gelang es schließlich, die Schlauchboote zu dem U-Boot »Nautilus« zu schleppen. Mit rund 30 eigenen Verlusten, darunter viele Ertrunkene, war das Unternehmen relativ verlustreich. Das Schicksal von neun Vermißten klärte sich erst Jahre später. Sie waren entweder auf der Insel »vergessen« oder abgetrieben worden. Später fielen sie den Japanern in die Hände und wurden standrechtlich erschossen. So konnte dieser »raid« allenfalls als unbedeutender Teilerfolg gelten. Jedoch konnten die Amerikaner daraus Lehren und Erfahrungen für künftige Operationen ziehen. In den Stäben entwickelte sich eine heftige Diskussion um die Zweckmäßigkeit solcher Unternehmen. Vom Plan, jedem Regiment ein Bataillon auf unterer taktischer Ebene zuzuteilen, wurde Abstand genommen und die Raiders blieben wie bisher als Spezialformationen unmittelbar dem Corps unterstellt.

Ein drittes Bataillon kam im September 1942 zur Aufstellung und einen Monat später entstand das 4. Bataillon. Als Ausbildungsstätte diente die »Raider Company« im Ausbildungszentrum Camp Pendleton.

Das 1. Bataillon nahm ab Spätsommer 1942 an den harten Kämpfen auf Guadalcanal teil. Mit dem unterstellten »1st Parachute Battalion« bildete es eine kleine eigenständige Kampfgruppe. Zunächst verteidigten Raiders und Fallschirmjäger gemeinsam einen wichtigen Flugplatz. Im Morgengrauen des 8. Septembers wurde es richtig ernst: Drei Kompanien führten einen amphibischen Überraschungsangriff hinter den japanischen Stellungen durch und landeten bei Tasimboko. Später von den nachrückenden Fallschirmjägern verstärkt, gelang es, die Stellungen des Gegners zu stürmen. Nach Auftragserfüllung gingen die Raiders zur Verteidigung über und bereiteten sich zur Abwehr eines unmittelbar bevorstehenden Großangriffs der gefürchteten japanischen »Kawaguchi«-Truppe vor. Mit schwachen Kräften hielten die Raiders und Fallschirmjäger einen breiten Frontabschnitt und wurden in der Nacht des 13. Septembers von überlegenen Feindkräften angegriffen. Den beiden angreifenden Bataillonen gelang es aber nicht, den Widerstand der drei unterbesetzten Kompanien zu brechen. Während der ganzen Nacht folgte ein erfolgloser Angriff dem anderen. Im ersten Tageslicht wurden die Angriffe eingestellt. Die weitgehend zerschlagenen Verbände zogen sich erfolglos zurück. Der erbitterte Nahkampf um die Hügelstellungen ging unter der Bezeichnung »Bloody Ridge« in die Geschichte der Marines ein. Dem Kommandeur der Raidertruppe, Colonel Edson, wurde sellvertretend für die besonderen Leistungen seiner Männer die »Medal of Honor« verliehen.

Mitte Oktober zog sich der stark angeschlagene Verband von Guadalcanal zurück und erhielt die sauer verdiente Ruhepause auf der Insel Noumea.

Auch das 2. Bataillon beteiligte sich an den schweren Kämpfen auf Guadalcanal. Nach der Landung bei Aola verlegte der Verband westlich und ging in mehreren eigenständig operierenden Kompanie-Kampfgruppen offensiv gegen vermutete Feindstellungen vor. Hauptziel war die Aufklärung und Unterbrechung der gegnerischen Nachschubverbindungen. Die Jagdkommandos konnten eine Reihe von Versorgungs-Routen entdecken und mehrere Lager zerstören. Rund einen Monat kämpften die Raiders unabhängig im »Hinterhof« der Japaner und fügten diesen beträchtliche Schäden zu. Dieser klassische »raid« entsprach voll den Zielsetzungen und Grundsätzen einer speziell ausgebildeten und gegliederten Sondereinsatztruppe, in der Einsatzpraxis des Zweiten Weltkrieges eher die Ausnahme.

Dagegen blieb dem 3. Bataillon eine blutige Feuertaufe bei der Invasion von Pepasala im Februar 1943 erspart. Die Japaner stellten sich nicht zum Kampf und zogen ihre Verbände unbemerkt zurück. Auch dem gerade aufgestellten 4. Bataillon blieben Kampferfahrungen zunächst erspart.

Mitte März 1943 wurden die vier Bataillone im »1st Raider Regiment, I. Marine Amphibious Group« zusammengeführt. Erstmals standen alle Raider-Kampfverbände unter einem einheitlichen Kommando. In der Praxis aber blieben die einzelnen Bataillone an unterschiedlichen Orten stationiert und wurden nicht im Regimentsverband eingesetzt.

Die Raiders nahmen im Verlauf des Jahres 1943 an zahlreichen Operationen teil. Eine typische Raider-Aktion führten Anfang Juni Teile des 4. Bataillons durch. Gemeinsam mit einer Einheit der US Army landeten zwei Kompanien auf der Insel Vanganu. Sie hatten den Auftrag, als Vorhut Verbindung mit bereits auf der Insel gelandeten Aufklärungskräften aufzunehmen. Gemeinsam sollte ein Stützpunkt geschaffen werden, um die Landung der Hauptkräfte der US Army zu unterstützen. Trotz widriger Witterung gelang die Landung und der Angriff gegen die japanischen Verteidiger entbrannte in aller Heftigkeit. Erst in den Abendstunden konnte der Widerstand gebrochen werden und die

Raiders gingen zur Verteidigung über. Ein sich im Schutze der Dunkelheit von See her nähernder japanischer Verband konnte rechtzeitig erkannt und bekämpft werden.

Immer wieder entwickelten sich heftige Gefechte gegen die sich verbissen verteidigenden Japaner. Schwere Verluste ergaben sich dabei bei verschiedenen Angriffen gegen gut ausgebaute Stellungen im schwierigen Dschungel- und Berggelände des Landesinneren. Hierbei zeigte sich der Mangel an schweren Unterstützungswaffen sehr deutlich. Die Raiders verfügten lediglich über ihre Handwaffen, leichte Maschinenwaffen und leichte Granatwerfer. So gelang es den Japanern im Rahmen mehrerer Gegenangriffe, den Amerikanern schwerste Verluste zuzufügen. Teilweise wurden ganze Kompanien zerschlagen, das 4. Bataillon verlor während eines Gefechts rund ein Drittel seiner Soldaten und mußte abgezogen werden.

Ende August waren die Bataillone erschöpft und ausgeblutet. Zahlreiche Tote und Verwundete setzten die Dienststärken der Verbände erheblich herab. Mit weniger als 200 Mann entsprachen die Bataillone allenfalls noch verstärkten Kompanien. Als die erschöpften Raiders Ruhestellungen zur Auffrischung bezogen, wußten sie noch nicht, daß die Kämpfe für das 1. und 4. Bataillon endgültig vorbei waren.

Aus den weniger angeschlagenen Bataillonen 2 und 3 entstand im Herbst das 2. Provisorische Raider-Regiment. Es wurde der 3. Division zugeteilt und beteiligte sich an der Eroberung der Salomonen.

Zu Beginn des Jahres 1944 begann die Auflösung der Raider-Truppe. Der Krieg hatte sich zur Materialschlacht entwickelt und spezielle Sonderformationen wurden als überflüssig betrachtet. Im Januar und Februar erfolgte die Demobilisierung und damit kam das »Aus«. Das restliche Personal erlebte das Kriegsende beim 4. Infanterie-Regiment als »Marines«.

Sea Bees

Eng verbunden mit den Marines sind die Baueinheiten der Kriegsmarine. Die »See Bienen« verdanken ihren außergewöhnlichen Spitznamen der Abkürzung von »Construction Battalion« = CB. Aus dem englisch ausgesprochenen »Si Bi« entwickelte sich dann die »Sea Bee«.

Geschichtlicher Vorläufer ist ein »Construction Regiment« aus dem Ersten Weltkrieg. Soldaten mußten damals unter Führung von Offizieren, jedoch bei fachtechnischer Anleitung durch zivile Ingenieure Bauarbeiten verrichten, für die keine zivilen Firmen zur Verfügung standen. Bei Kriegsende kam das Regiment zur Auflösung. Zu Beginn des Zweiten Weltkrieges entstanden erneut Baueinheiten, die Marinestützpunkte im Pazifik bautechnisch betreuten. Bis Ende 1941 wurden drei Bau-Bataillone aufgebaut, die an die Stelle der früheren zivilen Baufirmen traten. Die Marinepioniere errichteten Hafenanlagen, Flugplätze, Verteidigunganlagen und Straßen. Sie beteiligten sich »nebenbei« an zahlreichen Kämpfen; aus den Technikern wurde bald eine kampferprobte Truppe. Sie mußten oft ihre Aufträge ohne militärischen Schutz erledigen und sich selbst verteidigen. So entwickelte sich der Wahlspruch »Bauen und Kämpfen«. Ihr Abzeichen stellt eine Biene mit einer Maschinenpistole und einem Schraubenschlüssel dar, typisch für die doppelte Funktion der Truppe.

Ein häufig verwendetes technisches Hilfs- und Arbeitsmittel war die »Magic box«. Hierbei handelte es sich um einen 1,5 x 1,5 x 2 m großen Marine-Ponton aus Stahl. Dieser diente als Grundlage für Fähren, Brücken oder Piers. Bei den Landungen fügten sie diese Kästen zu einer Art Schwimmpier aneinander und ermöglichten so die Landung von schweren Waffen und Gerät.

Die »See-Bienen« erwarben sich durch ihre Vielseitigkeit, Geschicklichkeit, praktische Intelligenz und militärische Tapferkeit einen hervorragenden Ruf. Es gab fast nichts, was »The can do Construction Battalions« nicht schafften.

Bei der »Beach Party« und der »Shore Party« ging nichts ohne diese technischen Experten. Auch auf den Landungsschiffen sind diese Spezialpioniere für anfallende technische Aufgaben sehr gefragt. Im Vietnamkrieg standen sie erneut im Feuer und unterstützten Marines und Navy mit Erfolg. Selbst beim Aufbau von Stützpunkten und »A«-Camps der legendären »Green Berets« beteiligten sich mehrfach »Sea Bees«. Ihre Kampfkraft in der Verteidigung von mit überlegenen Feindkräften angegriffenen Camps wurde von allen Beteiligten anerkannt und als recht hoch eingeschätzt.

Die Ledernacken – Mythos und Wirklichkeit

Selbstverständnis einer amphibischen Elitetruppe

Eine Landung von Soldaten an einem relativ leicht zu verteidigenden Strand ist immer ein äußerst gefährliches Unternehmen. Hinter der Landungstruppe bietet die bedrohliche See keine Rückzugsmöglichkeit, der Strand ist meist extrem deckungsarm, leicht zu befestigen und zu verstärken. Die Verteidiger befinden sich somit klar im Vorteil. Manchmal finden solche Einsätze isoliert unter schwierigsten klimatischen Bedingungen und Geländeverhältnissen ohne direkte Unterstützungsmöglichkeiten an irgendeinem gottverlassenen Winkel der Erde statt. Nur bedingt kann dabei mit der Hilfe von Schiffen und aus der Luft gerechnet werden. Die bestimmende Gefechtsart der Ledernacken ist der Angriff, er muß rasch verlaufen, gut geplant sein und er verlangt ein Höchstmaß an maritimer Feuerunterstützung. Da es keinerlei Rückzugsmöglichkeiten gibt, bleibt nur »die Flucht nach vorne«, der massive, räumlich begrenzte Angriff am Boden und teilweise per Luftlandung. So ist es notwendig, einen aggressiven Typ von Soldaten einzusetzen, der leistungsstark, motiviert und unter höchsten Belastungen schwierigste Lagen meistert. Der Faktor Zeit spielt eine beherrschende Rolle, da der gefährliche Strand schnell verlassen werden muß, um Brückenköpfe zu errichten und feindliche Gegenstöße abzuwehren. So sind Zaudern und Entschlußlosigkeit tödlich, Draufgängertum bis hin zur Todesverachtung dagegen lebenswichtig.

In allen größeren Kriegen und Konflikten der letzten Jahrzehnte zeichnete sich das Marine Corps durch besondere Leistungen und eine überdurchschnittliche hohe Opferbereitschaft seiner Angehörigen aus. Innerhalb der amerikanischen Streitkräfte gilt das Corps als allgemein anerkannte Elitetruppe.

Dem größten Teil der US-Bürger kann man nicht gerade einen übermäßigen Hang zum Militärischen nachsagen und gerade militärische Eliten werden äußerst mißtrauisch beäugt und streng kontrolliert. Die Amerikaner fürchten nichts so sehr wie eine übermäßig starke Zentralgewalt und betrachten militärische Elitesoldaten eher als mögliche Bedrohung der Demokratie. Aber erstaunlicherweise machen sie bei den Marines eine Ausnahme, finden den rigorosen, autoritären Führungsstil in Ordnung und haben sogar einzelne Begriffe in Wirtschaft und Verwaltung dem militärischen Vokabular entnommen. So sind die Marines in der Gesellschaft überwiegend angesehen und verfügen über ein relativ hohes Sozialprestige. Die Gründe dafür liegen zweifelsohne in den bedeutenden Leistungen in den Kriegen der Vergangenheit. Dazu kommt eine sorgfältig gepflegte, lange Tradition. Gewürdigt wird aber auch die Rolle des Corps als Instrument zum Schutz amerikanischer

Interessen überall auf der Welt und somit auch als Instrument der Außenpolitik. Einmalig ist in diesem Zusammenhang die direkte Befehlsgewalt der US Präsidenten. Sie haben sich in der über 200jährigen Geschichte der USA meist nicht gescheut, von diesem Machtmittel Gebrauch zu machen, wenn es die politischen und wirtschaftlichen Interessen erforderten. Tauchten in den Krisengebieten Schiffe und »Kanonenboote« der US Navy auf, waren die Marines praktisch immer dabei.

Die Ledernacken kümmern sich also nachhaltig um den Schutz lebenswichtiger Grundlagen und vitaler Interessen. Auf diesen Erkenntnissen beruhen Akzeptanz und Anerkennung der Elitetruppe in der eher kritischen amerikanischen Bevölkerung.

Der gegenwärtig mächtigste Staat der Erde unterliegt natürlich im besonderen Maße der Forderung zur Repräsentation nach außen. Uniformen gehören häufig zum öffentlichen Zeremoniell und leisten ihren Anteil an der Selbstdarstellung der Staatsgewalt. Dabei übernehmen die Marines einen überdurchschnittlich hohen Anteil an dieser öffentlichen Aufgabe. Die schneidigen Marinesoldaten in ihren hervorstechenden Uniformen stehen oftmals im Rampenlicht der Öffentlichkeit. Im Weißen Haus übernehmen sie vielfältige Sicherheits- und Repräsentationsfunktionen, sie stehen als eine Art »Haustruppe« zur besonderen Verfügung des US Präsidenten und bereichern Staatsempfänge, Paraden und zahlreiche öffentliche Aktivitäten. Besonders sensible Sicherheitsbereiche an Land und auf Schiffen werden dem Schutz der Marines anvertraut. Weltweit bewachen sie US-Botschaften und leisten in Konsulaten und weiteren US Einrichtungen ihren verantwortungsvollen Dienst. Selbst an Bord von Schiffen greift man gerne auf diese zuverlässigen Soldaten zurück, die dort beispielsweise atomare Waffen und geheime Elektronik bewachen.

Alle diese Umstände tragen dazu bei, daß die Marines, die auch gerne den Medien als »Mustertruppe« vorgeführt werden, eine besondere Rolle einnehmen und über einen hohen Stellenwert verfügen.

Das Schlagwort »Send the Marines« erinnert aber auch durchaus an die imperialistischen Züge der USA im Kampf um die Vorherrschaft und weltweiten politischen und wirtschaftlichen Einfluß. Besonders die Zeit um die Jahrhundertwende ist voll solcher Beispiele und rücksichtsloser Machtkämpfe, besonders in Lateinamerika und Asien.

Über die allseits beliebten und anerkannten »Glamor-Boys« gibt es allerdings eine Reihe unrealistischer Vorstellungen. Oft wird jeder mit besonderen Risiken verbundene militärische Einsatz automatisch den Marines gutgeschrieben. Als die mißglückte Geiselbefreiungsaktion im Iran in die Schlagzeilen kam, wurden die beteiligten Kräfte pauschal als Sturmtruppen des Marinekorps bezeichnet. Tatsächlich handelte es sich aber in erster Linie um Sondereinheiten der Special Operations Forces. Gerade die Verwechslung mit Ranger, Green Berets und weiteren Spezialeinheiten tritt häufig auf, ist aber grundlegend falsch. Es ist irreführend unter dem Oberbegriff »Elitetruppen« Marines und Spezialverbände als Einheiten mit vielen Gemeinsamkeiten und Berührungspunkten zu verstehen. Obwohl es in Teilen der Ausbildung und im öffentlichen Erscheinungsbild durchaus Gemeinsamkeiten gibt, sind die genannten »Truppengattungen« doch grundverschieden.

In Wirklichkeit bestehen gerade zwischen den Sondertruppen der US Army und den Marines viele Differenzen und gelegentlich herrschen Spannungen. Die Rivalität unter den verschiedenen Teilstreitkräften ist Realität, auch wenn dies offiziell kategorisch abgestritten wird. In einigen Vorfällen zeigten sich sogar ausgesprochene Differenzen zwischen »Green Berets« und »Ledernacken«, also den am häufigsten miteinander in Verbindung gebrachten Formationen.

Während des Vietnamkrieges fühlten sich die »Berets« mehrfach von den »amphibischen Waffenbrüdern« im Stich gelassen.

Obwohl hier natürlich rein gefühlsmäßige Empfindungen und individuelle Erfahrungen und Meinungen im Vordergrund stehen, ergaben sich in der Praxis doch ernsthafte Defizite. Die Selbstverwirklichung von Elitetruppen mit recht unterschiedlichen Zielsetzungen bringt natürlich Gegensätze hervor. Jede Formation möchte gerne an der Spitze stehen und bemüht sich, dies zu demonstrieren. Man äußert sich geringschätzig über die Fähigkeiten der jeweils anderen Seite und stellt die eigenen Grundsätze und Leistungen als musterhaft und vorbildlich hin. Eine Reihe der Kampfverbände hat zwar eine Zusatzausbildung für »Sonderoperationen« absolviert, diese stellen aber eine mehr taktische Ergänzungsausbildung dar und können nicht als Sondereinsätze im eigentlichen Sinn gelten. Sieht man von den Aufklärern ab, auch diese zahlenmäßig verhältnismäßig unbedeutenden Einheiten operieren in erster Linie taktisch-operativ – verfügt das Corps über keinerlei wesentliche »unkonventionelle« Kräfte. Auch ist es bei einer Dienststärke von weniger als 200 000 Soldaten schwierig, einen hohen Prozentsatz an wirklichem Spitzenpersonal auszubilden und zu unterhalten, wie dies bei den entsprechenden Formationen der anderen Teilstreitkräfte der Fall ist. In den Spezialverbänden der Army, Navy und Air Force ist der Personalanteil zahlenmäßig sehr gering und es wird unter ungleich mehr Bewerbern ausgesiebt. Viele Funktionen bei den Marines sind rein technischer und verwaltungsmäßiger Art und erfordern den infanteristischen Kämpfer überhaupt nicht. Trotzdem qualifiziert aber die harte Grundausbildung und die im Corps vorhandene hohe Motivation auch diesen Personenkreis als Mitglieder einer militärischen Elite.

Besonders deutlich tritt aber der Unterschied in den grundlegenden Kampf- und Einsatztechniken hervor. Die Ledernacken sind seit jeher stark konservativ geprägte, reguläre Soldaten. Sie kämpfen nach klassischen Regeln im offenen Gefecht und halten sich streng an die überbrachten Gewohnheiten. Verdeckte und subversive Operationen weit im Hinterland eines Gegners gehören nicht zu ihrem Handwerk; Spionage oder zivile Sabotage sind ihnen fremd. Waghalsige Spezialaufträge, gelegentlich in Zivilkleidung und ohne vorige Kriegserklärung, lehnen die Marines ab. Für die geheime Unterstützung von Widerstandbewegungen, Zusammenarbeit und Ausbildung von ausländischen Guerillas sind sie weder vorgesehen noch ausgebildet. Fremdsprachenkenntnisse, Auslandserfahrungen und Fachwissen über fremde Kulturen werden im Gegensatz zu den eigentlichen Spezial- und Sondereinheiten nicht verlangt.

Die Infanteristen des Marine Corps können jederzeit für Luftlandeeinsätze verwendet werden, jedoch nur luftverlastet im Helikopter.

Im Gegensatz zur US Army fehlen Fallschirmjäger und primäre Luftlandetrup-

Marines – häufig als Luftlandetruppe per Hubschrauber eingesetzt (CH-46).

pen. Zwar besuchen Offiziere und Unteroffiziere die Springerschule der US Army an der Infanterieschule in Fort Benning und qualifizieren sich im militärischen Fallschirmabsprung, jedoch ist diese Zusatzausbildung nicht zwingend vorgeschrieben und wird auf freiwilliger Basis angestrebt. Eine Ausnahme bilden hier lediglich die Spezialaufklärungstruppen der Force Recon.

Die im Rahmen des Gesamtauftrages durchgeführten Gefechtseinsätze der Marines erinnern in der Ausführung oft stark an Sonderoperationen. Die Aufgaben einer Sturmtruppe, Ordnungsmacht, Krisenfeuerwehr und Polizeitruppe verlangen die Fähigkeit zu Handstreichen, Überfällen, Hinterhalten oder Patrouillen. Gelegentlich beteiligen sich Marines auch an Kommandounternehmen oder Aktionen im Kampf gegen den Drogenmißbrauch. Hierbei handelt es sich um klare militärische – offene Aufträge, ohne Bezug zu den »dunklen« und subversiven Sonderaktionen. So kann beispielsweise ein Zug Marines mit Hubschraubern einen Stützpunkt von Drogenhändlern überraschend angreifen und diesen zerstören, die hierzu erforderlichen schwierigen »Vorarbeiten« leisten aber Angehörige echter Spezialeinheiten, die sich oftmals recht unkonventioneller Hilfsmittel bedienen, und sich mitunter auch am Rande der Legalität bewegen.

Die Gegensätze der verschiedenen Elitetruppen zeigen sich besonders in der Dienstauffassung der beteiligten Soldaten. Die Marines treten betont militärisch auf. Disziplin, Ordnung, Befehl und Gehorsam prägen das Selbstverständnis und für Extratouren bleibt wenig Raum und Verständnis. »Einzelkämpfer« sind weniger gefragt, man vertraut auf die herkömmlichen Kampfverbände mit eigenen Unterstützungsformationen.

Deutlich anders liegen die Verhältnisse bei den Spezialeinheiten der US Army. Diese werden in den ersten Phasen der Ausbildung zwar ähnlich wie die Rekruten der »Ledernacken« geschlaucht, gehen aber dann in den Einsatzverbänden einen völlig anderen Weg. Großer Wert wird auf Selbständigkeit, Phantasie, überdurchschnittliche praktische Intelligenz und eine gewisse »Gerissenheit« gelegt. Auf ausgeprägte militärische Umgangsformen, formale Äußerlichkeiten, strikte Anzugsordnung und Distanz zwischen Offizieren und Unteroffizieren wird kein Wert gelegt.

Es geht äußerlich locker zu, die Teams sind gut aufeinander eingespielt, die einzelnen Soldaten haben viel Entscheidungsfreiraum und sind gehalten Eigeninitiative zu entwickeln. Gehorsam und Disziplin sind in einer eigenverantwortlichen, pragmatischen Weise vorhanden und die im militärischen Bereich stets anzutreffende genaue Kontrolle und Dienstaufsicht erübrigt sich in der Praxis weitgehend.

Gemessen an den völlig unterschiedlichen Aufgabenstellungen und Kampfweisen, handeln beide Formationen auf ihre Art sachgemäß und die jeweiligen Eigen- und Besonderheiten sind durchaus angemessen.

»Männerorden« mit Frauenanteil

An einem Sonntagabend befahl der 31jährige Staff-Sergeant Matthew C. Mc Keon, Vater zweier Kinder und verdienter Koreakämpfer, einen Gepäckmarsch zum nahegelegenen Ribbon-Fluß. Während einer kurzen Pause hatten sich drei der 74 Rekruten des Ausbildungszuges ohne Erlaubnis ins Gras gelegt. Beim Antreten kam es erneut zu Pannen und der Ausbilder wollte den siebzehn- bis neunzehnjährigen Soldaten einen gehörigen Denkzettel verpassen. Eine halbe Stunde später mündete die »Erzieherische Maßnahme« in eine Tragödie. In der Dunkelheit gerieten die jungen Marines im gefährlichen Schlammufer des Flusses in Panik und kämpften um das nackte Überleben. Der Ausbilder kämpfte buchstäblich um das Leben jedes der ihm Anvertrauten, konnte aber nicht verhindern, daß sechs Mann Opfer des zähen Flußschlamms wurden und jämmerlich ertranken.

Der zu den beliebtesten Instrukturen der Ausbildungsstätte Parris Island zählende Unterorffizier richtete sich nach dem ungeschriebenen Gesetz des Marine Corps: »Tue alles, daß nie ein Toter dich fragt, hoffentlich hast du mich richtig ausgebildet!« Aber er selbst verging sich gegen einen weiteren Grundsatz: Gehe mit unerfahrenen Soldaten nie in ein Gelände, das du nicht kennst!

Die Presse sorgte dafür, daß Amerikas Öffentlichkeit auf das höchste erregt wurde. Unter Schlagzeilen wie »Strafexerzieren bis zum Tod, Soldaten werden kahl geschoren« entbrannte eine lebhafte Diskussion über Härte und Rekrutenschinderei. Die Civil Liberties Union für Bürgerrechte verlangte eine Untersuchung der Zustände im Ausbildungs-Camp Parris Island durch den Kongreß. Nach einer Eingabe der Union sollten dort brutale Ausbildungsmethoden gang und gäbe sein. Die meisten von 124 befragten ehemaligen Soldaten gaben an, daß zwischen dem 1. Januar und dem 1. Mai 1956 Rekruten im Lager häufig geohrfeigt, geboxt und mit Fußtritten bedacht worden seien. Rekruten wurden gezwungen, sich mit einer rostigen Rasierklinge trocken zu rasieren. In anderen Fällen mußten sie Zigaretten rauchen, während ihnen Eimer über den Kopf gestülpt und mit Dekken »abgedichtet« worden seien. Im schonungslosen Licht der Öffentlichkett wurde kritisiert, daß den Rekruten die Köpfe kahl geschoren wurden, daß man Ihnen bei der Einkleidung die Kleidergrößen mit Kopierstiften auf die bloße Haut malte und der »Drill Instructor« in einen Ton mit ihnen verkehrte, der alle Humanität verhöhnte.

Als Folge der bitteren Erfahrungen des Koreakrieges war die Meinung der Öffentlichkeit ungeteilt: »Unsere Soldaten müssen härter werden.« Nach dem Todesmarsch traten viele Bürger zwar für eine harte Ausbildung ein, aber nicht jede Art der Härte bedeutet auch eine gute Ausbildung. Hier teilten sich die Geister! Während selbst liberal eingestellte Offiziere der US Army meinten, »Kein Mensch wird dadurch abgehärtet, daß er sich die Zehen erfriert« meldeten sich viele befürwortende Stimmen, vor allem aus den Reihen der Kriegsveteranen: »Nichts ist härter als die Realität. Um gegen harte Gegner zu bestehen, kann die eigene Ausbildung nicht hart genug sein«. Eine Entscheidung des Oberkommandos führte schließlich zum generellen Verbot von Schindereien und Massenbestrafungen, an der traditionellen Kahlköpfigkeit wurde jedoch nicht gerüttelt.

Ein Vierteljahr nach dem Todesmarsch mußte sich der Unteroffizier vor einem Militärgericht verantworten. Die Anklage lautete auf fahrlässige Tötung, Mißhandlung von Rekruten sowie Trunkenheit im Dienst. Es stellte sich heraus, daß der Angeklagte in der Todesnacht einen Alkoholgehalt von 1,5 Promille im Blut hatte. In den Anklagepunkten Totschlag und Grausamkeit erklärte er sich für nicht schuldig. Er gab aber zu, vor dem Strafmarsch Schnaps getrunken zu haben.

Der Sergeant stand völlig ungerührt und in starrer Haltung vor Gericht und machte keinen schuldbewußten Eindruck. Ehemalige Soldaten aus allen Teilen der USA überschwemmten die Telefonzentrale von Parris Island mit Anrufen und Lobesäußerungen über das Verhalten des Ausbilders, der doch nur die seit langem üblichen und bewußt geduldeten Ausbildungsmethoden angewandt hätte. Aufmunternde Sympathieerklärungen hoher Militärs für McKeon und ein von Schulterklopfen begleitetes »Kopf hoch, mein Junge« eines angesehenen Generals stärkten ihm gewaltig den Rücken. Das Urteil wurde unter vollkommenem Schweigen der Zuhörer verkündet und war trotz aller hoffnungsvollen Erwartungen relativ hart: Neun Monate Haft, Gehaltskürzung von 30 Dollar monatlich für neun Monate, Ausschluß aus dem Marine Corps wegen »schlechter Führung« und Degradierung zum einfachen Soldaten. Der Angeklagte nahm das Urteil still und gefaßt entgegen. In der Praxis wirkte sich das Urteil allerdings so aus: Die Degradierung wird erst nach Verbüßung der Haft und Zahlung der Geldstrafe wirksam. Vermieden wurde auch der »unehrenhafte Ausschluß«, der den Verlust aller erworbenen Rechte nach sich zieht.

Kurze Zeit später reduzierte der Gerichtshof der US Marine die Gefängnisstrafe auf drei Monate, nahm die Entlassung wegen schlechter Führung zurück und milderte die Degradierung zum Dienstgrad eines Gefreiten ab. Nach Verbüßung der Strafe tat McKeon erneut Dienst und wurde zum Assistenten eines Militärgeistlichen (!) eingeteilt. Später diente er im Luftstützpunkt Cherry Point. In weniger als zwei Jahren wurde er von seinen Vorgesetzten wegen Tüchtigkeit und Pflichttreue zum »Marineinfanteristen des Monats« ernannt und erneut befördert. Nach Ablauf seiner Verpflichtungszeit kehrte er in das Zivilleben zurück und wurde ein erfolgreicher Geschäftsmann.

Anders erging es einem erst 19jährigen Ausbilder der »Parris Insel«. Er stand etwas später vor dem Gericht und mußte sich wegen Grausamkeit in 20 Fällen, begangen an Rekruten, verantworten.

Als erzieherische Maßnahme hatte er die jungen Soldaten gezwungen, sich minutenlang auf Ellbogen und Zehenspitzen zu stützen, wobei den jeweiligen Rekruten ein Bajonett unter den Bauch gestellt wurde. In anderen Fällen hatte er nächtliche »Kuren mit dem heiligen Geist« (kollektive Prügelstrafe) angeordnet und mißliebige Rekruten von anderen Soldaten verprügeln lassen. Diesem Angeklagten drohte für seine unmenschliche »Schleiferei« eine Strafe von 20 Jahren Gefängnis!

Die beiden Fälle zeigen die Folgen des gefürchteten gnadenlosen Drills bei den Marines. Natürlich handelt es sich hier um besonders gravierende Fälle aus der Vergangenheit. Aber ein Zuckerschlecken war und ist der Dienst im Marine Corps nicht. Der elitäre Status fordert seinen Tribut und es wird versucht durch eine sehr harte, realistische Ausbildung die Soldaten auf die erheblichen Belastungen im Einsatz vorzubereiten. Absoluter Gehorsam und Disziplin prägen die Seesoldaten nicht nur während der Grundausbildung, sondern auch im weiteren Verlauf der Dienstzeit. Das Gefühl und Wissen, erhebliche seelische und körperliche Belastungen gemeinsam ertragen zu haben, prägt Gemeinsinn und Zusammenhalt und führt zu einer oft lebenslangen Kameradschaft.

Der aus dem Zivilleben, meist direkt von der Schulbank einrückende Nachwuchs muß freilich zuerst entsprechend »geformt« werden. Dabei wird zwar nicht unbedingt immer die bisherige Persönlichkeit »gebrochen« aber aus unerfahrenen, naiven Jungen entwickeln sich doch sehr veränderte Persönlichkeiten, die sich oftmals zunächst als gedemütigt und manchmal auch »verbogen« ansehen.

Jedenfalls wird von allen Marines extreme Zuverlässigkeit, verbunden mit der Fähigkeit des präzisen Funktionierens und Handelns, gefordert. Bewußt wird ein aggressives, leistungsstarkes Verhalten gefördert. So durchlaufen alle künftigen Marines eine einheitliche, stark infanteristisch geprägte Grundausbildung, bevor sie ihre aktiven Funktionen antreten. Hierbei gibt es eine Vielzahl von sehr unterschiedlichen Verwendungen, die vom Feldkoch bis zum Elektronikexperten reichen. Nur ein geringer Teil der Truppe gehört zur eigentlichen »Marineinfanterie« und zu den Kampftruppen, die größere Zahl ist in den unterschiedlichsten Bereichen tätig.

Mehr als 25 000 Soldaten werden »anderweitig« verwendet und stehen der aktiven Truppe nicht zur Verfügung. Hierbei handelt es sich um Lehrgangsteilnehmer, Erkrankte, Abkommandierte sowie eine gewisse Anzahl von Häftlingen. Mehr als 40 000 Ledernacken dienen in Hilfs- und Unterstützungsfunktionen. Andere werden als Sicherungspersonal von Marinestützpunkten und Botschaften eingesetzt. Ebenso ist eine nicht unbeträchtliche Zahl als Lehr- und Ausbildungspersonal sowie in der Nachwuchswerbung tätig.

Rund 115 000 Soldaten gehören den eigentlichen Kampfverbänden an. Davon dienen rund 50 000 bei den »Bodentruppen«, 41 000 bei den Luftstreitkräften und rund 24 000 nehmen Tätigkeiten in der Unterstützung und Versorgung wahr.

Viele Marines üben heute technische und organisatorische Tätigkeiten aus, die wenig militärischen Bezug haben. Besonders bei Offizieren ist aber ein Wechsel innerhalb der jeweiligen Speziallaufbahn häufig.

Im ersten Jahrhundert ihrer Existenz waren die fachlichen Anforderungen an die Soldaten noch relativ gering. So wurde der Nachwuchs bis um die Jahrhundertwende in verschiedenen Kasernen von Unteroffizieren ohne Zusatzqualifikation »gedrillt« und lernte in der Hauptsache neben den »Grundsätzen militärischer Bewegungen« den Umgang mit dem Gewehr.

1911 stellte Generalmajor Hilliam P. Biddle, der elfte Kommandant des Corps fest, daß die praktizierte Ausbildung nicht mehr den Anforderungen genügt. Er befahl die Einrichtung der ersten einheitlichen Ausbildungscamps in Norfolk/Virginia, Mare Island/Kalifornien und Puget Sound/Washington. 1915 kam Parris Island an der Ostküste von South Carolina dazu.

Wie notwendig die Reformen gewesen waren, ergab sich durch die Aufstockung des Personalbestandes während des Ersten Weltkriegs von 15 000 auf fast 70 000 Mann. In diesem Zeitraum steigerte sich die Zahl der »Auszubildenden« von 835 auf mehr als 13 000. Entsprechend bescheiden und eingeschränkt waren die Lebensbedingungen in den Kasernen. Unter der Obhut von einem Sergeanten und zwei Korporalen waren die Rekruten in 64köpfige Kompanien gegliedert; Offiziere standen nicht zur Verfügung. Die 14wöchige Ausbildungsdauer der Vorkriegszeit reduzierte sich auf acht Wochen, mit Schwerpunkt auf Waffentraining und körperliche Ertüchtigung. Danach erfolgte in Quantico, Virginia noch eine kurze amphibische Ausbildung und eine unmittelbare Vorbereitung für den Fronteinsatz.

Im Sommer 1923 wurde aus Kostengründen das Ausbildungszentrum Mare Island an der Westküste geschlossen und nach San Diego, Kalifornien umgesiedelt. Nach wie vor dauerte der Ausbildungszyklus nur acht Wochen, in den ersten drei Wochen wurden allgemeine Grundkenntnisse vermittelt, dieselbe Zeit wurde für die praktische Schießausbildung aufgebracht und die letzten zwei Wochen bestanden aus Wachdienst, Paraden, Exerzieren und Bajonettausbildung. Eine gezielte taktische Infanteriegefechtsausbildung im Gelände gab es nicht, es dominierten Exerzierplatz und »Rifle range«. Alle »Macht« lag in den Händen der Unteroffiziere, die dem Nachwuchs nichts schenkten.

Kurz nach Ausbruch des Zweiten Weltkriegs erhöhte sich der Personalstand im September 1939 von 18 070 auf 25 000 Marines. Diese Stärke sollte kurzfristig in fünf Monaten erreicht werden. Nunmehr blieben für die Grundausbildung nur noch vier Wochen übrig. Als natürliche Folge sank daraufhin der Ausbildungsstand bedrohlich, besonders die Schießleistungen entwickelten sich katastrophal. Daraufhin erfolgte eine Verlängerung auf sieben bis acht Wochen. Bis zum Angriff auf Pearl Harbor 1941 erreichte das Corps einen Personalbestand von 68 000 Ledernacken.

Insgesamt erhielten im Zweiten Weltkrieg rund 450 000 Amerikaner eine Ausbildung bei der Marineinfanterie. 1942 begann man im Stützpunkt Montfort Point,

North Carolina ebenfalls mit der Ausbildung von Schwarzen. 20 000 Angehörige der Elitetruppe gingen aus dieser Schule hervor.

Traditionell gab es im Marine Corps nur Freiwillige. Am 5. Dezember 1942 endete die Möglichkeit für junge Männer, sich freiwillig zu melden, wenn sie bereits der nun geltenden gesetzlichen Wehrpflicht unterlagen. So bestand ein Großteil des Nachwuchses nun aus Wehrpflichtigen. Die Marines führten aber weiterhin eine strenge Auswahl durch. Sie musterten solche Rekruten aus, die wegen mangelnder körperlicher oder geistiger Fähigkeiten nicht den harten Anforderungen genügten.

Als Schulausbildung mußte mindestens »Sixth grade« nachgewiesen sein; besondere Züge für »Problemfälle« gab es für Leute mit geringfügigen körperlichen Einschränkungen und unterentwickelter Lernfähigkeit. Alle Ausbildungszentren erwiesen sich als hoffnungslos übervölkert und viele Soldaten waren in Zelten untergebracht. Im Verlaufe des Krieges ergab sich die Notwendigkeit einer intensiven Infanteriegefechtsausbildung und diese erstreckte sich im Anschluß an die Grundausbildung über die Dauer von vier Wochen. Ein chronisches Fehl an Ausbildern erschwerte ein sachgemäßes Training. Hilfsausbilder mußten die Verantwortung von Zugführern übernehmen, »grüne« Gefreite dienten als Gruppenführer. Bei Kriegsende reduzierte sich der Zugang drastisch, 1947 wurde die Dauer der Ausbildung von acht auf zehn Wochen heraufgesetzt.

Mit dem Ausbruch des Koreakrieges stieg der Personalbedarf erneut sprunghaft an. 1950 standen wiederum nur acht Wochen zur Verfügung, 1952 waren es nach blutigen Lehren wieder neun Wochen. An dieser Stelle sei daran erinnert, daß der Mensch und natürlich auch der Soldat meistens die in Not- und Krisensituationen unter großen Opfern erworbenen Erfahrungen später schnell vergißt und nur wenig aus den gemachten Fehlern lernt. Für Soldaten im Einsatz kann dies oft den Verlust von Leben und Gesundheit mit sich bringen. Beurteilt man jedoch unter diesem Gesichtspunkt die im Marine Corps praktizierte Härte, erscheinen die Gründe hierfür recht einleuchtend zu sein.

1951 rückten erneut Wehrpflichtige in das elitäre Marine Corps ein. Um aus den Kreisen der spanisch sprechenden Minderheiten, sie werden in den USA als »Farbige« bezeichnet, Freiwillige zu gewinnen, führte man für diesen Personenkreis Sprachkurse in Englisch durch. Ein zwölfwöchiges Sonderprogramm gab auch Anwärtern mit kleineren gesundheitlichen Mängeln die Chance, in das Corps aufgenommen zu werden.

Die Schulung des Ausbildungspersonals verlängerte sich nun von zwei auf dreieinhalb Wochen. Bis 1954 fanden auch besonders geeignete Gefreite Verwendung als Instruktoren, später nur noch Unterführer. Als Folge des bereits erwähnten Todesmarsches am Ribbon Creek ergaben sich Verschärfungen und Beschränkungen bei der Rekrutenausbildung. Verboten wurden jegliche Schikanen, die Arbeit der Unteroffiziere wurde nun von Offizieren überwacht. »Schwierige Fälle« kamen in spezielle Ausbildungszüge, die auf die Besonderheiten dieses Personenkreises Rücksicht nahmen. Die Dienstaufsicht wurde erheblich ausgedehnt.

Auch der erhöhte Personalbedarf während des Vietnamkrieges mündete zunächst wieder in eine kürzere, neunwöchige Ausbildung. In den beiden Ausbildungszentren befanden sich ständig zwischen 12 000 und 15 000 Soldaten in der Grundausbildung. Wieder traten Engpässe auf und das »Project 100 000« sah vor, daß jede Teilstreitkraft eine bestimmte Zahl von Wehrpflichtigen aufnehmen sollte, die schulische und intellektuelle Defizite aufwiesen, gesundheitliche Schäden oder erhebliches Übergewicht hatten. Während des Höhepunktes des Krieges betrug dieser Personenkreis 24 Prozent der Gesamtstärke der »elitären« Marines. In den Jahren zwischen 1968 und 1971 mußte ein Viertel bis ein Drittel des Nachwuchses aus gesundheitlichen Gründen in speziellen Einrichtungen ausgebildet werden.

Erneut gab es zu wenige und überlastete Ausbilder, aber die zu erfüllenden Voraussetzungen wurden wenigstens für dieses Schlüsselpersonal nicht gesenkt. In acht Wochen mußten sie sich qualifizieren und die Durchfallquoten lagen bei 40 bis 50 Prozent.

Mit dem Ende des Engagements in Südostasien verschärften sich die Anforderungen und erreichten wieder den Standard vor Ausbruch des Krieges. Die »Sonderbehandlungen« hörten auf und 1970 lag die Ablehnungsquote mit 17,6 Prozent bereits doppelt so hoch als im Vorjahr. 1971 erreichte die Zahl bereits 22,3 Prozent.

Nach Vietnam erreichte das Marine Corps wieder den traditionell hohen Ausbildungs- und Leistungsstandard. Trotz mancher Angleichung und Reform im Zuge einer sich stürmisch fortentwickelten Gesellscharf, Wirtschaft und Technik wichen die Ledernacken nicht von den prägenden Werten und Grundsätzen ab, die auch noch in der Gegenwart den Geist des Corps bestimmen.

Boot Camp

Der schlaksige Junge mit kahlgeschorenem Schädel steht wie erstarrt seinem Sergeanten in tadelloser Uniform gegenüber. Seine Kopfbedeckung, ein dunkler Hut kennzeichnet ihn als »Drill Instructor« – so heißen die gefürchteten Rekrutenausbilder des Marine Corps. Er tritt dem Rekruten so nahe, daß dieser seinen Atem spürt. Nach dem kurzen, aber eindringlichen »Gespräch« beherrscht er für den Rest seines Lebens die richtige Wortwahl im Umgang mit Vorgesetzten: »Sir, Rekrut Atkins bittet um die Erlaubnis, eine Frage stellen zu dürfen!«

Die barackenähnliche Unterkunft im »Marine Recruit Depot« in Parris Island ist peinlich sauber. Man könnte vom Fußboden essen und der aufdringliche Geruch von Bodenpflegemitteln hängt in der Luft. In dem spartanisch eingerichteten Raum stehen zwei Reihen doppelstöckiger Betten, die einheitlichen Schlafstätten gleichen sich wie ein Ei dem anderen. Neben den Betten sind an Pfosten einfache hölzerne Regale angebracht. In diesen liegen sauber ausgerichtet Helme und Mützen. Weitere Kleidungsstücke hängen auf Bügeln an einfachen Rohren. In einem kleinen Blechspind sind verschiedene Ausrüstungsgegenstände untergebracht. Die Schuhe und Kampfstiefel stehen perfekt ausgerichtet und auf Hochglanz gewienert an der Seite der Schlafkojen, auf der anderen Seite befindet sich ein Seesack mit Namensschild. In Abständen von zehn Metern sind auf rohen Holzpfosten einheitlich gestrichene Blechbehälter angebracht. Sie dienen der Abfallentsorgung und müssen vor Dienstbeginn gesäubert werden. Jede private Atmosphäre fehlt, alles ist streng durch Vorschriften geregelt und wird durch ständige Inspektionen überprüft. So dürfen die Betten nur in den wenigen Stunden benutzt werden, die der Dienstplan vorsieht. Solange der Befehl zum Schlafen nicht ergeht, muß nach improvisierten Sitzgelegenheiten Ausschau gehalten werden.

Als sich der Rekrut Atkins vor Monaten in einem der zahlreichen Beratungsbüros des Corps freiwillig meldete, wollte er unbedingt ein »Marine« werden. Er kannte fast jeden Film über die heldenhaften Ledernacken, hatte sich jedes Wort der oft übertriebenen Geschichten von Veteranen eingeprägt und vieles gelesen. Aber die rauhe Wirklichkeit traf ihn wie ein Schlag. Die romantischen Vorstellungen verschwanden innerhalb von Minuten und der gestreßte Junge hätte am liebsten vor dem gnadenlosen Drill die Flucht ergriffen. Aber er hatte nicht einmal Zeit, seine Gedanken zu Ende zu führen. Ein scharfer Befehl ertönte und neue Überraschungen erwarteten die künftigen Marines.

Absoluter Gehorsam und strikte Disziplin sind auch noch heute die dominierenden Grundlagen im Corps. In der Grundausbildung werden diese Prinzipien oft mit brutaler Härte vermittelt und durchgesetzt. Die Rekruten werden mit voller Absicht bis an die Grenze der seelischen und körperlichen Leistungsfähigkeit getrieben. Diese Erfahrung soll Teamgeist, Kameradschaft und elitäres Selbstbewußtsein fördern, für das weitere Leben prägen und damit entscheidende Weichen stellen. Nur der Kampfeinsatz ist härter als die Rekrutenausbildung – dies ist die Überzeugung und das Ziel der ausbildenden Offiziere und Unteroffiziere.

Wie alle Angehörigen der US Streitkräfte sind auch die Soldaten des Marine Corps Freiwillige. Junge Leute aus allen gesellschaftlichen Schichten melden sich, jedoch sind die sozial weniger gut gestellten Kreise und benachteiligten Regionen stärker vertreten. Unter den meist 18jährigen ist der Anteil von Farbigen, nach der US Army, am zweithöchsten. Vor der Einstellung steht eine physische und psychologische Eignungsprüfung, wobei die Bewerber eine Mindestpunktzahl erreichen müssen. Wird der Bewerber akzeptiert, rückt er in eines der beiden Ausbildungsregimenter in Parris Island (an der Ostküste) oder San Diego (an der Westküste) ein, um die längste Grundausbildung in den US Streitkräften zu absolvieren. Ziel der Ausbildung ist es, einen einsatzfähigen, hochmotivierten Soldaten zu formen, der die volle körperliche und gesundheitliche Leistungsfähigkeit sowie die notwendigen Fachkenntnisse besitzt, um die ihm gestellten Aufgaben erfüllen zu können. Der Weg dorthin ist extrem schwer und die Rekruten bekommen nichts geschenkt. Bald merken sie, daß die Anforderungen den vollen Einsatz verlangen und es sich keineswegs um eine verschärfte Pfadfinderausbildung handelt. Aus unerfahrenen und unfertigen jungen »Zivilisten« entwickeln sich disziplinierte und verläßliche Soldaten mit einer guten Chance, schwierige Situationen zu meistern und zu überleben. Hierbei greift das Marine Corps auf altbewährte, traditionelle militärische Praktiken zurück und legt in der Ausbildung besonderen Wert auf die klassischen Bereiche Körperertüchtigung, Schießen und Formalausbildung.

Ahnungslos betreten die künftigen Marines zunächst vorläufige Unterkünfte und werden dort noch in Ruhe gelassen. Innerhalb der nächsten Stunden erfolgen

Belehrungen über dienstrechtliche und verwaltungsmäßige Angelegenheiten. In der Kleiderkammer werden die ersten militärischen Bekleidungsgegenstände ausgehändigt. Die Zivilkleidung weicht der Tarnuniform und Kampfstiefeln. Nach dem obligatorischen Besuch beim Friseur ist die Abnabelung mit der Vergangenheit endgültig vollzogen: Die oftmals üppige Lockenpracht ist radikal verschwunden. An diesem Ritual lassen die traditionsverbundenen Marines nicht rütteln. Jedenfalls haben die Rekruten in den nächsten Wochen andere Sorgen und Probleme zu bewältigen und sind bei der schweißtreibenden Ausbildung oft froh, keine lästigen Haare zu haben. Von Freizeit und Ausgang können die »Boots« in dieser Zeit nur träumen.

Im Gegensatz zu anderen Streitkräften bevorzugen die Amerikaner den Zug und nicht die Gruppe als unterste Ausbildungseinheit.

Der Nachwuchs wird je Ausbildungskompanie auf vier Züge aufgeteilt, die eine Stärke zwischen 55 und 75 Rekruten aufweisen. Die Verantwortung für jeweils einen »Platoon« übernimmt ein Ausbilderteam. Es besteht aus einem »Senior Drill Instructor«, meist ein älterer Staff Sergeant und zwei bis drei »Assistant Drill Instructors«, meist jüngere Unteroffiziere. Für die meisten Rekruten werden die Ausbilder, die sie in den nächsten Wochen fast rund um die Uhr nicht mehr aus den Augen lassen, »Gott und Teufel« gleichzeitig sein.

Gleich beim Wecken um fünf Uhr morgens wird es am ersten Ausbildungstag ernst. Vor 21 Uhr abends haben die Rekruten buchstäblich keine freie Minute mehr, sie stehen unter ständigem Druck und Anspannung. Zivilkleidung, Bücher, alkoholische Getränke und nahezu alle Privatgegenstände werden eingezogen – die Rekruten haben in den kommenden Wochen kaum Freizeit und persönliche Angelegenheiten müssen zurückstehen. Dienst ist an sechs Tagen in der Woche und auch der Sonntag ist weitgehend verplant. Der Morgen ist für einen Gottesdienstbesuch vorgesehen, am Nachmittag finden meist Sportwettkämpfe der einzelnen Einheiten untereinander und andere sportliche Aktivitäten statt. Immerhin sieht der Dienstplan drei Stunden für die Einnahme der drei täglichen Mahlzeiten vor. Trotz eines beachtlichen Verpflegungsangebots von 5000 Kalorien setzt kein Rekrut auch nur ein Gramm Fett an.

Falls die Rekruten ihre Sache gut gemacht haben, zu keinem Nachappell verdonnert wurden und nicht vollkommen erschöpft sind, können sie ab 21 Uhr eine Stunde Freizeit in der kahlen Unterkunft »genießen«.

Um 22 Uhr erfolgt über Lautsprecher der Befehl zur Bettruhe und die jungen Soldaten fallen todmüde in ihre Kojen.

Die Grundausbildung erstreckt sich über mehrere sachbezogene Trainingsblöcke. In der ersten Phase steht eine allgemeine Einführung in die zahlreichen Besonderheiten des militärischen Lebens im Mittelpunkt. Selbst eingefleischte Zivilisten beherrschen schnell die wichtigsten Grundregeln, die ein reibungsloses Zusammenleben vieler Menschen auf engem Raum erst ermöglichen. Die Unterrichte und praktischen Einweisungen beschränken sich auf den Unterkunftsbereich und den berüchtigten »Kasernenhof«. Formalausbildung, Sport und Körpertraining, Wachdienst, Körperpflege, Erste Hilfe, Waffenkunde und Lektionen über die Geschichte und die Tradition des Marine Corps stehen im Vordergrund. Die Soldaten lernen sich wie Soldaten zu verhalten und im Ausbildungszug als Kamerad-schaft zusammenzuhalten, um auf den Grundlagen von Disziplin und Gehorsam gemeinsame Leistungen zu erbringen.

Die Sportausbildung nimmt täglich durchschnittlich drei Stunden in Anspruch. Viele Rekruten verfügen am Anfang noch über eine unterentwickelte körperliche Leistungsfähigkeit und werden durch systematische Körperschulung auf das erfor-derliche Leistungsniveau gebracht. Langsam erhöhen sich Ausdauer, Kraft und Belastbarkeit. Problemfälle werden in besonderen Zügen zusammengeführt und individuell gefördert. Die Sportausbildung und Körperschule fördert gleichzeitig die Fähigkeit zur Zusammenarbeit in der Gruppe, das persönliche Selbstvertrauen und Selbstwertgefühl, Selbstverantwortung und vor allem die für die Marines typi-sche Aggressivität. Sie wird als notwendig erachtet, um im Einsatz unter Druck und Gefahr für Leben und Gesundheit die gestellten Aufgaben ohne Einschränkun-gen erfüllen zu können.

Nach einhelliger Auffassung im Corps hängt die Kampfkraft entscheidend von der körperlichen Leistungsfähigkeit der Soldaten ab.

Am Beginn des Trainingprogramms steht eine Überprüfung der jeweiligen kör-perlichen Leistungsfähigkeit, diese wird fortlaufend durch verschiedene Übungen gestärkt. Die Rekruten müssen am Ende ihrer Ausbildung einen nicht gerade leich-ten »Fitness-Test« bestehen. Neben einer Serie von Freiübungen und Gymnastik stehen jeden Morgen ausgedehnte Geländeläufe auf dem Dienstplan, teilweise im Gleichschritt. Obligatorisch ist das mehrfache Überwinden der Hindernisbahn. Großer Einsatz wird den jungen Soldaten bei besonderen Mutproben abverlangt, die in vielen Bereichen den entsprechenden Ausbildungsabschnitten der Ranger-ausbildung der US Army entsprechen.

Die Erhöhung der körperlichen Leistungsfähigkeit ist ebenfalls Bestandteil wei-terer Ausbildungsgänge, drillmäßige Übungen mit dem Gewehr machen nicht nur mit der Waffe vertraut, sondern dienen gleichzeitig der Ertüchtigung. Frühzeitig beginnt die Nahkampfausbildung. Neben den üblichen Fallübungen, Angriffs- und Verteidigungstechniken steht immer noch der Bajonettkampf auf den Dienst-plänen. Hierzu entwickelte man eine spezielle Ausbildungstechnik, um die Gefähr-dungen im Umgang mit »scharfen« Klingen zu vermeiden. Mit den »Pugil sticks«, halblangen Rundhölzern mit der ungefähren Länge und dem Gewicht eines Ge-wehres, gehen die künftigen Marines aufeinander los und versuchen im Kampf Mann gegen Mann die Oberhand zu gewinnen. Sie lernen die improvisierte Waffe richtig einzusetzen und sich vor ihr zu schützen. Um Verletzungen auszuschließen, tragen die Soldaten spezielle Schutzhelme mit Gesichtsschutz, ähnlich den ameri-kanischen Footballspielern. Handschuhe und Körperschutz bedecken weitere emp-findliche Körperteile. Zusätzlich sind die Enden der Hölzer noch gepolstert. Dies ist freilich erforderlich, da die Kämpfer ermuntert werden, sich voll einzusetzen und gelegentlich recht wuchtige Schläge austeilen.

Natürlich genießt die Schwimmausbildung bei amphibisch geprägten Soldaten einen hohen Stellenwert. Offiziell wird die entsprechende Ausbildung als »Water survival« bezeichnet. Ausbildungsziel ist hier, jeden Rekruten wenigstens zum »Schwimmer dritter Klasse« zu machen. Die bekleideten Anwärter springen ins

Nahkampfausbildung mit »Pugil sticks«.

Wasser und müssen sich mindestens fünf Minuten über Wasser halten. Sie dürfen dabei keine Anzeichen von Angst und Panik zeigen. Mindestens 50 m sind schwimmend und in Kleidung zurückzulegen. Gute Schwimmer erhalten die Möglichkeit eines intensiveren Trainings.

Im ersten Ausbildungsabschnitt darf natürlich die Formalausbildung nicht fehlen. Sie wird als Mittel der Erziehung zu absolutem Gehorsam und strikter Disziplin angesehen. Viele Stunden verbringen die Ausbildungszüge auf dem weitläufigen Paradeplatz und versuchen den scharfen Befehlen der Ausbilder zu genügen. Die Rekruten exerzieren im Zugrahmen und bei den stundenlangen Übungen verlangen die Sergeanten äußerst exakte Ausführungen. Gleichzeitig wird so das Gemeinschaftsgefühl gefördert, jeder Rekrut muß sich konzentrieren und der Zug agiert als Einheit. Im Mittelpunkt steht der Marschdrill, der so lange geübt wird, bis auch der letzte Rekrut exakt »funktioniert«. Häufig stehen Marines bei Paraden und Staatsbesuchen in der Öffentlichkeit und bestechen durch ihr »zackiges« militärisches Verhalten. Auf den Exerzierplätzen werden frühzeitig die Weichen gestellt, zumal die Marines bei vielen Gelegenheiten die Vereinigten Staaten repräsentieren.

Nach den ersten Wochen verfügen die Rekruten über die notwendigen militärischen Grundkenntnisse, eine verbesserte Kondition und sie haben gelernt, als Gemeinschaft zu denken und zu handeln.

Nach Beendigung dieses Ausbildungsabschnittes erfolgt eine Leistungsüberprüfung. Ungeeignete Rekruten werden aus dem Dienst entfernt, kommen in spezielle Ausbildungszüge oder fangen nochmals von vorne an. Immer wieder desertieren Rekruten aus den unterschiedlichsten Gründen, meist halten sie den massiven Druck nicht aus. In der Vergangenheit drohten Deserteuren drakonische Strafen, sie erhielten dermaßen brutale »Sonderbehandlungen«, daß sie weitere Versuche gewöhnlich nicht mehr wagten. Heute entscheiden die Ausbilder über das weitere Verbleiben im Dienst und gelegentlich erhalten auch mehrfache Deserteure nochmals eine Chance.

Schießausbildung

Das Marine Corps legt auf die Waffen- und Schießausbildung besonderen Wert. Hierzu verlassen die Rekruten das erste Mal die Enge der Kaserne und marschieren zum Schießplatz. Schießausbilder übernehmen die einzelnen Züge und bilden die Soldaten sorgfältig zu qualifizierten Einzelschützen aus. In der ersten Woche erfolgt praktischer Unterricht über den sorgfältigen Umgang mit Schußwaffen, Sicherheitsbestimmungen und Anschlagarten. Die Geduld von »schießwütigen« Soldaten wird dabei auf eine harte Probe gestellt. Drillmäßig lernen die Rekruten ihr Gewehr gründlich kennen und beherrschen bald die notwenigen Bedienungsgriffe wie im Schlaf. Es folgen ermüdende »Trockenübungen« und jeder Handgriff wird hundertfach wiederholt. Gemäß der immer gegenwärtigen Maßnahmen zur Erhöhung der körperlichen Leistungsfähigkeit sorgt beständiges »Gefechtsexerzieren« für Abwechslung und verhindert steife Muskeln und Gelenke.

Erst in der zweiten Woche gehen die Ausbilder zum scharfen Schuß über. Hierbei kümmern sich die Aufsichten persönlich um jeden einzelnen Rekruten und helfen ihm, die notwendigen Schießtechniken und -kenntnisse zu erwerben. Mit viel Geduld werden Fehler korrigiert und hilfreiche Anweisungen gegeben. Gegen Ende der zweiten Ausbildungswoche beherrschen die meisten Rekruten die erforderlichen Grundkenntnisse und können sicher mit dem Gewehr umgehen. Es folgen Übungsschießen auf Entfernungen von 200 m, 300 m und 50 m. Den Soldaten stehen 50 Patronen zur Verfügung und sie können eine Höchstzahl von 250 Ringen erreichen. Hiermit verbunden ist gleichzeitig der Erwerb von Schießabzeichen. Wer 190 Ringe erzielt, darf sich als »Marksman« bezeichnen und stolz das hierfür verliehene Abzeichen an der Ausgehuniform tragen. Eine Klasse höher wird man mit 210 Punkten »Sharpshooter« und mit 220 oder mehr Punkten »Expert«. Nach der intensiven Schießausbildung ist es verständlich, daß die meisten Rekruten bereits eines oder mehrere Leistungsabzeichen an der Uniform tragen. Für das weitere Fortkommen in der militärischen Laufbahn sind diese Auszeichnungen förderlich. Nach Beendigung der Grundausbildung werden die besten Schützen der Ausbildungskompanien zur Anerkennung vorzeitig zum »Private First Class«, etwa Obergefreiter, befördert.

Schulschießen mit Sturmgewehr M-16 (Ende der 60er Jahre).

Vor dem letzten Trainingsabschnitt, der sich im Gelände abspielte, erfolgt eine etwa einwöchige Unterbrechung der bisherigen Ausbildung. Die Ausbildungszüge werden in einer »Arbeitswoche« zu verschiedenen Hilfsdiensten in der Garnison eingeteilt. Hauptsächlich übernehmen die Rekruten Hilfstätigkeiten in der Küche und in den Speiseräumen. Dabei müssen sie die im wahrsten Sinne des Wortes »schmutzigsten« Arbeiten verrichten. Sie scheuern stundenlang Töpfe blank, polieren bis zur Erschöpfung Besteck und Chromteile, schrubben Böden, säubern Tische und Toiletten und kümmern sich um die Müllentsorgung. Die Schichten beginnen bereits Stunden vor dem Frühstück und enden spät am Abend. Andere mähen Gras, bessern Zäune aus und erfüllen eine Vielzahl weiterer Reinigungs- und Instandsetzungsarbeiten. Obwohl auch diese Tätigkeit viel Kraft und Ausdauer erfordert, enmpfinden die Rekruten diese Unterbrechung und die Verrichtung »niederer Arbeiten« nicht unbedingt als unangenehm. Längst sind die unrealistischen und romantischen Vorstellungen über Heldentum und Abenteuer einer pragmatischeren Einstellung gewichen und es wird als angenehm empfunden, erstmals nicht mehr dem fordernden Leistungsdruck der Ausbildung ausgesetzt zu sein. Die Rekruten müssen zwar körperlich hart arbeiten, es geht aber insgesamt etwas lockerer zu und die gefürchteten Ausbilder halten sich auffallend zurück. So lernen die jungen Soldaten gründlich kennen, was soldatische Ordnung und Sauberkeit bedeutet und können sich auf die »Feldperiode« mit Gelände- und Gefechtsausbildung vorbereiten.

Inzwischen haben sich die Reihen der Ausbildungszüge gelichtet. Obwohl es in den letzten Wochen vereinzelt noch zu Ablösungen kommt, haben die Neulinge das Gröbste hinter sich und halten in der Regel bis zum Ende durch.

Den letzten Schliff bekommen die künftigen Marines auf dem Truppenübungsplatz. Geländekunde, Zurechtfinden, Beobachten und Melden, Sicherungs- und Aufklärungsdienst, Feuertätigkeit, Angriff und Verteidigung bei Tag und Nacht gehören zu den Grundlagen ihres militärischen Handwerks. Weiterhin erhalten die Soldaten Unterrichte und Einweisungen über den Umgang mit Minen, den Bau und die Überwindung von Hindernissen und Geländeverstärkungen, den Umgang mit Handgranaten und das Leben im Felde. Ebenso werden bereits Grundlagen spezieller Kampf- und Einsatzgrundsätze der Ledernacken vermittelt. Dabei lernen die Rekruten grundlegende Dinge über Luftlandungen und die Zusammenarbeit mit Hubschraubern sowie amphibische Sturmlandungen. Die Ausbilder der verschiedenen Züge sind zwar anwesend und nehmen am Dienst teil. Sie werden aber von zusätzlichen Fachausbildern unterstützt, die Experten auf ihren jeweiligen Spezialgebieten sind und oft auf praktische Einsatzerfahrungen zurückgreifen können.

Gleichzeitig wird in dieser abschließenden Phase die Sport- und Körperschulung intensiviert. Zwei bis drei Stunden täglich nimmt nun das Körpertraining in Anspruch. Die Läufe werden auf fünf Kilometer ausgedehnt und das Tempo gesteigert. Liegestützen und weitere zusätzliche Sportübungen »hagelt« es bei jeder sich bietenden Gelegenheit, kleinen Fehlern, Nachlässigkeiten oder auch nur Ungeschicklichkeit und Unaufmerksamkeit. Dies gilt weniger als »Strafe« oder Schikane, sondern soll die körperliche Kondition systematisch verbessern. Großer Wert wird auf Abseilübungen und das Erklettern von Tauen gelegt, das die Muskelkraft in den Armen und der Schulter steigert. Bei der Überwindung der Hindernisbahn mit ihren zwölf Stationen werden Geschicklichkeit und Mut gefördert. Die Soldaten gewinnen durch ihre Erfolgserlebnisse Selbstvertrauen. Sie lernen, die Angst vor Schmerzen und Höhen zu überwinden und fürchten sich nicht mehr vor dem eigenen Versagen.

Nach der Rückkehr in das Camp bilden die Vorbereitungen auf die Inspektion durch den Bataillonskommandeur die letzte noch bleibende Hürde. In endlosen »Putz- und Flickstunden« werden Bekleidung, Waffen, Ausrüstung und Unterkünfte bis zur Perfektion gereinigt und in Ordnung gebracht. Die Soldaten waschen, putzen, nähen und werden mit ihrem Putz- und Flickzeug wohl ebenso vertraut, wie mit Waffen und Gerät. Leder- und Metallteile funkeln, Uniformen werden mit Plastik überzogen und vor Staub geschützt, die Unterkünfte glänzen vor Sauberkeit. Die kritischen Augen der Ausbilder sind unbestechlich, sie finden das letzte Staubkorn und führen immer wieder Inspektionen durch. Mittlerweile hat sich ein Wettbewerb zwischen den Zügen entwickelt, jeder möchte der beste sein und die Sergeanten tun natürlich aus verständlichen Gründen noch ihren Teil dazu! Die Grundausbildung gilt erst dann als erfolgreich beendet, wenn die Rekruten die Besichtigung durch den Kommandeur erfolgreich hinter sich gebracht haben, die Prüfung der körperlichen Leistungsfähigkeit erfolgreich bestanden ist, Mindestleistungen beim Schießen vorliegen und ein fachlich-theoretischer Test absolviert worden ist.

Höhepunkt und gleichzeitig Ende der anstrengenden Ausbildung ist der »Graduation Day«. Für die Rekruten endet mit den Feierlichkeiten und Paraden der wohl aufregendste Abschnitt im bisherigen Leben. In einer aufwendigen Zeremonie werden die Rekruten zu »echten« Marines ernannt. Sie sind nun vollwertige Mitglieder einer traditionsreichen und selbstbewußten militärischen Elite. Zu den Feiern ist die Zivilbevölkerung eingeladen, prominente Persönlichkciten aus dem öffentlichen Leben und hochrangige Militärs unterstreichen durch ihre Anwesenheit die Bedeutung der Beendigung der Grundausbildung und zahlreiche Freunde und Angehörige der Rekruten lassen es sich nicht nehmen zu kommen. Noch einmal ziehen die frischgebackenen Marines in makelloser Uniform und perfekter Marschdisziplin an ihren Vorgesetzten vorbei und dürfen nun auch das Abzeichen des Corps mit Anker, Globus und Adler an der Uniform tragen.

Die jungen Soldaten werden im Anschluß zu den jeweiligen Einheiten und Dienststellen kommandiert und erhalten dort eine weiterführende Spezial- und Fachausbildung. Viele Marines kommen zur Infanterie, aber eine Vielzlahl weiterer Verwendungen stehen offen. So finden manche Soldaten eine Planstelle in der Datenverarbeitung, reparieren komplizierte Elektronik oder übernehmen Aufgaben beim Bodenpersonal in einer der Fliegerdivisionen. Andere kommen zu Fachlehrgängen auf Schulen der US Army, der US Navy, der US Air Force oder an zivile Bildungseinrichtungen. Trotz aller fachlichen Spezialisierung gilt für alle Angehörigen des Marine Corps der Grundsatz »Every Marine is a rifleman« – jeder Marine ist ein Infanterist!

Unteroffiziers-Ausbildung

Als Ausbilder können Unteroffiziere aller Laufbahnen und Verwendungen zugelassen werden. Sie haben vorher beispielsweise als Gruppenführer, Panzerkommandanten oder Flugzeugwarte Dienst getan und so sind Einseitigkeit und Betriebsblindheit weitgehend ausgeschlossen. Damit es nicht zu Fehlbesetzungen kommt, geht eine sorgfältige Auswahl voraus, reine Schleifertypen passen heute nicht einmal mehr auf die Kasernenhöfe der Marines. Der bisherige zivile und militärische Werdegang ist Gegenstand einer sorgfältigen Überprüfung, ein Stabsoffizier führt bei der alten Einheit ein intensives Prüfungsgespräch durch. Vor der endgültigen Kommandierung zum Lehrgang ist eine weitere Auswahlprüfung erfolgreich zu absolvieren. Der von Offizieren geleitete Kurs erstreckt sich über neuneinhalb Wochen und hat eine gewisse Ähnlichkeit mit dem »Boot Camp« früherer Tage. Dabei wird der Stoff wiederholt, begleitet von einer pädagogisch-psychologischen Ausbildung. Neben dem militärischen Grundwissen ergeben sich Schwerpunkte in der Menschenführung, Dienstvorschriften, Recht und zahlreichen administrativen Verwaltungsrichtlinien. Wer den strengen Anforderungen nicht genügt wird abgelöst und kehrt zur alten Einheit zurück. Etwa die Hälfte aller Bewerber scheidet vorzeitig aus, erleidet aber deswegen keinerlei laufbahnmäßige Nachteile. Mehr als 1200 Sergeanten bilden regelmäßig in einem der beiden Rekruten-Depots den Nachwuchs für zwei bis drei Jahre aus, dann kehren sie wieder in die vorherige oder eine neue Verwendung zurück.

Freilich war und ist das Ausbildungskonzept nicht unumstritten, viele Stimmen in und außerhalb der Streitkräfte halten sich mit Kritik an der als zu hart und nicht mehr zeitgemäß empfundenen Ausbildung nicht zurück. Nach wie vor ist es erklärtes Ziel der »Boot Camps« einen Soldaten zu formen, der unter höchsten Belastungen kämpfen kann. Für Individualisten ist kein Platz, verlangt wird die bedingungslose, wortgetreue und sofortige Erfüllung der Befehle der Vorgesetzten unter hohen Belastungen. Dabei sollen die Soldaten keineswegs eigenständig denken oder Initiativen entwickeln. Im Prinzip hat sich in der Vergangenheit dieser Typ Soldat gut bewährt. Führer und Unterführer, eingeordnet in einer strengen Hierarchie, denken und befehlen, die Mannschaften führen widerspruchslos die ihnen gegebenen Aufträge aus. Diese konservative, autoritäre Einstellung genügte insgesamt den sich in der Vergangenheit ergebenden Forderungen. In einer Zeit immer rasanter werdender Entwicklungen, komplizierter Technologien und eines völlig veränderten modernen Kriegsbildes, ergeben sich aber aus der differenzierteren Sicht mancher Offiziere gewisse Zweifel. Neben den gestiegenen technischen Anforderungen muß der moderne Soldat mit ständig wechselnden und unberechenbaren Lagen unter Zeitdruck fertig werden. Oft fehlen notwendige Informationen und große Distanzen zur nächsthöheren Führungsebene verlangen erhöhte Selbständigkeit; den Mut, Verantwortung zu übernehmen und eigene Entscheidungen zu treffen.

Im Marine Corps ist man der Ansicht, daß die Funktion des Drill Instructors nach Kampfeinsätzen die schwierigste und anspruchvollste Verwendung darstellt. Ein Dreierteam ist verantwortlich für die Ausbildung und das Verhalten von

Rekrutenzug im »Boot Camp« San Diego bei der Formalausbildung unter den strengen Augen eines »Drill Sergeants«.

Drill Instructors

Als absolute Respektspersonen sind die gefürchteten »Drill Instructors«, unverkennbar durch die breitkrempigen »Pfadfinder«-Hüte, die Herrscher im »Boot Camp«. Daß sich hinter den Nußknacker-Gesichtern wirklich nur schreiende, primitive Menschen verbergen, die ihr Mütchen an wehrlosen Rekruten kühlen ist zumindest für die Gegenwart ausdrücklich zu verneinen. Die gesellschaftlichen Veränderungen wirkten sich zwangsläufig auch auf die Menschenführung bei den Marines aus, der Nachwuchs ist in einer anderen Welt groß geworden als die Generationen davor. Auf die jüngere Vergangenheit bezogen, ergaben sich zwei entscheidende Einschnitte. Die erste große Reform in der Rekrutenausbildung entwickelte sich in den Jahren unmittelbar nach Beendigung des Koreakrieges. Zunächst erhöhten sich nach den bitteren Lehren und schmerzlichen Niederlagen Druck und Anforderungen. Als Folge traten die in der Öffentlichkeit heftig diskutierten Ausschreitungen und Schikanen auf. Die Führung sah sich genötigt, grundlegende Reformen einzuleiten, um künftig derartige Auswüchse abzustellen. Zu den Maßnahmen gehörten eine straffe Dienstaufsicht und der vermehrte Einsatz von Offizieren zur Kontrolle und Überwachung. In den vorangegangen Jahrzehnten lag der Ausbildungsbetrieb fast ausschließlich in den Händen der rauhen, aber durchaus praxisbezogenen Unterführer.

Einen weiteren entscheidenden Einschnitt stellte der Krieg in Vietnam mit den sich nach seinem Ende ergebenden gewaltigen strukturellen und psychologischen Folgeproblemen dar. Zu Beginn der 70er Jahre hatten die US Streitkräfte erhebliche personelle Schwierigkeiten, die auch das Marine Corps nicht verschonten. Die Ausbildungsprogramme wurden überprüft und modernisiert, eine »weiche Welle« akzeptierten die Marines aber auch in dieser krisenhaften Epoche nicht. Ein besonderer Schwerpunkt wurde dabei auf die Auswahl möglichst qualifizierter Ausbilder gelegt. Alle Anwärter mußten sich über einen Lehrgang an der Drill Instructor School, heute untergebracht im Marine Recruit Depot San Diego an der Westküste, qualifizieren. In der Regel erstreckt sich eine Ausbilderverwendung über einen Zeitraum von zwei Jahren. Die typischen Drill Instructors sind durchschnittlich 26 Jahre alt, haben sieben oder mehr Dienstjahre hinter sich und sind Sergeanten. Sie verfügen über eine abgeschlossene Schulbildung, sind verheiratet und haben Kinder.

Heute wird größter Wert auf eine harte, aber auch faire und korrekte Ausbildung gelegt. Ein Brigadegeneral ist als stellvertretender Kommandeur im Rekruten-Depot verantwortlich für die Dienstaufsicht und überwacht die Einhaltung der Vorschriften. Die Ausbilder weisen einen amerikanischen Intelligenz-Quotienten von mindestens 90 Punkten oder höher auf. Sie werden laufend überprüft und müssen sich sogar regelmäßig psychiatrisch untersuchen lassen. Obwohl die Schikanen und Menschenrechtsverletzungen vergangener Tage nicht mehr praktiziert werden, gehört die Rekrutenausbildung bei den Marines noch immer zu den härtesten überhaupt, scharfer Umgangston und absoluter Gehorsam beherrschen die Szene.

durchschnittlich 75 jungen Soldaten. Der nahezu pausenlose Dienst erfordert die ständige Anwesenheit von wenigstens zwei Sergeanten am Tag und in den Nachtstunden ist zumindest einer der Ausbilder präsent. Viele Instruktoren sind mit ihrer Aufgabe dermaßen verwachsen, daß sie freiwillig ihre karge Freizeit den Rekruten widmen. Einige Vorteile und Anreize entschädigen für den überdurchschnittlichen Einsatz. Es gibt eine monatliche Gehaltszulage, bei Beförderungen winkt ein zugkräftiger Bonus und zehn Prozent zusätzliche Planstellen sind für die Beförderung von Sergeanten vorhanden, die außergewöhnliche Leistungen erbracht haben.

Entsprechend streng sind die Forderungen an das persönliche Verhalten. Kommt es zu schuldhaftem Verhalten, erfolgt eine sofortige Ablösung. Übergriffe werden untersucht und disziplinar geahndet. Es bleibt freilich abzuwarten, wann und in welchem Umfang die vorgesehenen Reformen und Veränderungen im Personalbereich greifen. Noch immer orientiert man sich an den traditionellen Werten und Überlieferungen vergangener Epochen. Die Ausbilder sind ständig bemüht, dem jungen Nachwuchs ein elitäres Statusdenken einzuimpfen und Begriffe wie Ehre, Vaterland und Heldentum werden von der manchmal als »Prätorianer-Garde« bezeichneten Truppe gerne verwendet. Von brüllenden Ausbildern erfahren die Rekruten praktisch rund um die Uhr, daß ihre Vorgänger immer dem Ruf des Vaterlandes folgten und es nichts Besseres und Ehrenvolleres gäbe, als ein US Marine zu sein. Sie haben die Ehre des Landes hochgehalten und wurden niemals besiegt – das verpflichtet!

In erster Linie soll aber erreicht werden, daß sich alle Angehörigen des Corps als verschworene Gemeinschaft, als eine Art große Familie fühlen. Für Individualisten ist kein Platz bei den Marines und bei jeder Gelegenheit versucht man die Gemeinsamkeit zu fördern. So ähneln sich die Rekruten nicht nur wegen des einheitlichen Haarschnittes, der Uniformen, Haltung und Ausdrucksweise wie ein Ei dem anderen. Auch die Gesamtpersönlichkeit wird bewußt durch Rituale, Schikanen, Drill und manchmal auch persönliche Erniedrigung entscheidend geformt und oft für das weitere Leben geprägt.

Aus den kahlgeschorenen, oft verwöhnten Rekruten motivierte und harte Soldaten zu machen ist freilich eine schwierige Aufgabe. Die zivilen Hintergründe der Freiwilligen sind recht unterschiedlich, Familie, soziales Umfeld, Schulausbildung und regionale Herkunft spielt dabei eine entscheidende Rolle.

So begründen die Ausbilder die manchmal als übertrieben empfundene »Zucht und Ordnung« mit der Notwendigkeit, die Unterschiede abzubauen und ein möglich gleichmäßiges Niveau zu erreichen. So wird bewußt ohne Ausnahmen Stress erzeugt und die Belastbarkeit harten Prüfungen unterworfen. Hierzu spielen die Drill Instructors durchaus den »Wilden Mann«. Gebrüll und eine rüde Ausdrucksweise dienen dazu die Rekruten fortwährend unter Druck zu setzen. Erst später erfahren die frischgebackenen Seesoldaten, daß alles doch nicht eben tierisch ernst gemeint war. Die Ausbilder räumen selbst ein, daß sie im Grunde nur eine Show abziehen und verziehen dabei die kantigen Gesichter zu einem breiten Grinsen. Fazit: Auch bei den Marines wird nur mit Wasser gekocht!

Women Marines

Bei den rauhbeinigen Marines erwartet man wohl am wenigsten Soldaten weiblichen Geschlechts. Aber die Emanzipation in den US-Streitkräften hat auch vor den Camps und Depots der Ledernacken nicht halt gemacht. Längst dienen auch Frauen im Marine Corps und ihre Zahl hat nach dem Ende des Vietnamkrieges ständig zugenommen. Heute sind weibliche Marines in nahezu allen Verwendungen zu finden und bemühen sich dem hohen Leistungsstandard des ehemaligen reinen »Männerordens« zu genügen.

Bereits während des Ersten Weltkriegs dienten die ersten Frauen im Corps, um ihren Beitrag zur Erreichung des Kriegszieles zu leisten. Sie erhielten den Status von »Weiblichen Reservisten« und übernahmen zunächst Verwaltungstätigkeiten. Sie sollten die Männer entlasten und für Verwendungen an der Front freistellen. Die Aufnahmebedingungen waren recht schwer und die Frauen mußten neben einem guten Leumund auch über gute fachliche und charakterliche Eigenschaften verfügen. Sie arbeiteten als Schreibkräfte, Buchhalterinnen und Stenographinnen in administrativen Verwendungen. Am 30. Juli 1919 kam die Auflösung und 1922 war der letzte weibliche Soldat wieder in das Zivilleben zurückgekehrt. In den folgenden beiden Jahrzehnten blieb es wieder wie es immer war: Im Marine Corps hatten Frauen nichts zu suchen. Ab 1942 brauchte man erneut Frauen, um genügend Männer für die Auffüllung der Kampfeinheiten freizustellen. In einer Welle patriotischer Begeisterung meldeten sich viele Freiwillige, von minderjährigen Schülerinnen bis zu gestandenen Großmüttern waren alle Altersklassen vertreten. Die Frauen im Marine Corps wurden aber keineswegs als minderwertige Hilfstruppe angesehen, sie gehörten voll dazu und trugen die traditionsreiche grüne Uniform. Unter dem Slogan »Free a Marine to fight!« übernahmen sie mehr als 200 Funktionen und dienten im Fernmeldewesen, im Nachrichtendienst, im Nachschub oder in den Küchen. Aber auch als Fallschirmpackerinnen, Fluglotsen und in der Spionageabwehr/Gegenspionage bewährten sie sich vorzüglich. Die Arbeitsplätze befanden sich über die ganzen Vereinigten Staaten verstreut, bei Kriegsende hatte ihre Zahl 19000 überschritten.

Dem Krieg folgte eine überstürzte Demobilisierung, schon 1946 gab es keine weiblichen Marines mehr, lediglich eine kleine Planungszelle blieb erhalten. Mit den zunehmenden Spannungen im Kalten Krieg gelangten erneut Frauen in die Stäbe und Verwaltungen. Der Koreakrieg sorgte ab 1950 für eine kräftige Erhöhung des weiblichen Personalbestandes. Schließlich trugen 2787 Frauen wieder die grüne Uniform.

Als wieder Frieden herrschte, reduzierte sich der Umfang auf 20 Züge, die 1958 nochmals verringert wurden. 1964 erreichte der Personalstand ein absolutes Tief. In Vietnam erhöhte sich ab 1965 die Zahl der Frauen auf 1863 und 1968 standen 2700 weibliche Marines im aktiven Dienst, davon mehr als 200 im Ausland. 28 Frauen in Mannschafts- und Unteroffiziersgraden und acht Offiziere befanden sich Ende des Vietnam-Krieges in der südostasiatischen Region. Nach Kriegsende wurden die gesamten US Streitkräfte gründlich reorganisiert. Eines der schwerwie-

Werbe-Poster für weibliche Marines im 1. Weltkrieg.

gendsten Ergebnisse war die Aussetzung der Wehrpflicht. Gleichzeitig wurde der Frauenanteil bei allen Teilstreitkräften kräftig erhöht. Bald dienten von den 3830 Frauen schon über 600 in den »Fleet Marine Forces« – also in Einsatzverbänden. Lediglich Planstellen bei der Infanterie, als Panzerbesatzungen, bei der Artillerie und als Besatzungen in Kampfflugzeugen blieben vor dem »weiblichen Zugriff« sicher. Der Kommandant des Corps sah sich veranlaßt, in einer förmlichen Erklärung ihren Status zu untermauern: »Weibliche Marines und männliche Marines dienen Seite an Seite in unseren Reihen. Sie sind wichtig in jeglicher Hinsicht. Sie sind Marines: Sie verdienen die besten Führer, gleichwertige Behandlung und ebensolche Möglichkeiten zu ihrer beruflichen und fachlichen Weiterentwicklung«.

Heute dienen fast 10 000 Frauen im Marine Corps. Sie übernehmen qualifizierte Funktionen mit einer hohen Verantwortung. Sie dienen in den niedrigen Mannschaftsrängen, sind als Unterführer eingesetzt und tragen als Offiziere Führungsverantwortung. Absolventinnen eines College besuchen bei Eignung zunächst als Anwärterinnen einen zehnwöchigen Lehrgang in Quantico, um ihre Eignung zur Menschenführung festzustellen. Die Inhalte und Anforderungen entsprechen denen der Männer und nur qualifizierte und motivierte Bewerberinnen schaffen den Auswahllehrgang mit seinen praktischen und akademischen Prüfungen.

Nach der Ernennung zum Leutnant folgen Einweisungen über Kampf- und Einsatzgrundsätze, Staatsbürgerkunde und Recht, Logistik, Personalführung und -verwaltung sowie über die besondere amphibische Kampfweise der Marines. Organisatorisch sind die Frauen in eigenen Zügen zusammengefaßt, nehmen aber weitgehend gemeinsam mit den Männern an der Ausbildung teil. Nach drei Monaten erfolgt die erste Truppenverwendung und das erworbene Wissen kann in die Praxis umgesetzt werden. Über 90 Prozent haben die Wahl, sich ihre künftige Verwendung frei auszuwählen – in der aktiven Truppe, im Stabsdienst oder auch als Rekrutierungsoffiziere.

Bewerberinnen mit »High-School«-Abschluß im Alter zwischen 17 und 28 Jahren können sich für die Mannschafts- und Unteroffizierlaufbahn melden. Sie müssen vollkommen gesund sein und der bisherige Lebenswandel darf keine dunklen Punkte aufweisen.

Ihre Grundausbildung treten sie ebenfalls im »Boot Camp« Parris Island an und erhalten im »Marine Corps Recruit Depot« den ersten militärischen Schliff. Den Zügen von 40 bis 55 weiblichen Rekruten wird von den jeweils drei weiblichen »Drill Instructors« nichts geschenkt. Eine intensive Sport- und Körperschulung erhöht die körperliche Belastungsfähigkeit. Von Anfang an lernt der Nachwuchs, sich klar und kurz auszudrücken, Befehle von Vorgesetzten sofort, vollständig und unter Einsatz aller Kräfte auszuführen.

Die Beförderungsmöglichkeiten entsprechen denen der Männer und unterliegen den üblichen Dienstzeit- und Leistungsgrundsätzen. Der Aufstieg in die höchsten Offiziersverwendungen ist möglich, die Mannschaftslaufbahn beginnt beim »Private« und endet beim »Master Gunnery Sergeant« oder »Sergeant Major«.

Die Grundausbildung konzentriert sich schwerpunktmäßig auf Formalausbildung, Inspektionen und Paraden. Die zweithöchste Stundenzahl ist dem Sport und der Körperschulung vorbehalten. Viel Zeit nimmt auch die Pflege der Bekleidung und Ausrüstung in Anspruch. Allgemeine Unterrichte und eine einführende Schießausbildung folgen. Allein 15 Unterrichtsstunden stehen für die Geschichte und die Traditionen des Marine Corps auf den Dienstplänen. Einen eigenen Ausbildungsblock bildet das Schwimmen. Eine Vielzahl verschiedener Unterrichte und Unterweisungen runden das Ausbildungsangebot ab. Die Sportausbildung und

Körperschulung soll die Frauen dazu befähigen, den körperlichen Leistungstest am Ende der Grundausbildung erfolgreich zu absolvieren. Klimmzüge, Kniebeugen und »situps« aus der Rücklage mit durchgedrückten Knien unter Zeitvorgaben gehören dazu. Ferner sind 1,5 Meilen zu laufen. Es können bis zu 300 Punkte erreicht werden. In vier Altersklassen von 17 bis 45 Jahren gelten die Bewertungen unbefriedigend, erste, zweite und dritte Klasse. Nach der Ausbildung übernehmen die weiblichen Soldaten eine Funktion und verrichten ihren Dienst gleichberechtigt neben ihren männlichen Kameraden. Es gibt keine separaten Fraueneinheiten. Obwohl neuerdings ihre Kampf- und Gefechtsausbildung verstärkt wurde, sind die weiblichen Soldaten nicht in den klassischen Kampftruppen eingesetzt, streben dies aber seit Jahren an. In der Praxis kann man sie aber in 90 Prozent aller Verwendungsreihen finden. Einschränkungen gibt es bei der Verlegung in mögliche Krisengebiete. Die Marines im westlichen Pazifik und bei der 6. Flotte im Mittel-

Weibliche Marines in der Grundausbildung.

meer unterliegen einer erhöhten Alarmbereitschaft und mußten in der Vergangenheit jederzeit mit Kampfaufträgen rechnen. So durften in diesen Bereichen Frauen
nicht verwendet werden. Im Golf-Krieg dienten aber zahlreiche Frauen in Front-
nähe und erledigten problemlos ihre Aufträge.

Der Frauenanteil in den Einsatzverbänden der Marines soll zehn Prozent nicht
übersteigen, in den übrigen Bereichen gibt es keine Einschränkungen.

Schwangerschaft ist grundsätzlich kein Entlassungsgrund. Diese Frauen haben
aber die Möglichkeit vorzeitig entlassen zu werden, um für ihr Kind sorgen zu
können. Wenn sie im Dienst verbleiben, erhalten sie aber gegenüber den Männern
keinerlei Vergünstigungen und Sonderrechte. Unter Hinweis auf die Fürsorge-
pflicht für die Kinder, haben sie kein Anrecht ihren Dienst in bestimmten Funktionen und an gewünschten Orten zu leisten, die Interessen des »Arbeitgebers«
Marine Corps sind vorrangig. Jedoch wird dieser Personenkreis nicht für längere
Zeiträume ins Ausland kommandiert, nach dem 6. Monat der Schwangerschaft
erfolgen grundsätzlich keine Versetzungen mehr.

Insgesamt machte das Corps mit seinen Frauen gute Erfahrungen. Ihr Anteil
erhöhte sich in den letzten Jahren ständig. Meist liegt ihr Bildungsniveau über dem
der Männer. Das Zusammenleben wirft keine anderen Probleme wie im zivilen
Leben auf. Um die Einsatzbereitschaft der Kampftruppen zu gewährleisten, kann
der Frauenanteil »eingefroren« werden. Von dieser Möglichkeit mußte aber bisher
noch nicht Gebrauch gemacht werden. Die Bestrebungen, auch in die risikoreichen
Verwendungen bei den Kampftruppen zu kommen, halten an und ihre Realisierung
ist denkbar.

Einmal Marine, immer Marine

An der Spitze der zur Befreiung von Kuwait-City anrückenden alliierten Verbände rollten schwere amerikanische Kampfpanzer. Die Besatzungen gehörten
zum »8th Tank Battalion« aus Fort Knox, der Panzertruppenschule der US Army.
Aber die »Panzermänner« waren keine Berufssoldaten der US Army, vielmehr
handelte es sich um Reservisten des Marine Corps!

Im Golfkrieg zeigte sich die gelungene Verwirklichung eines Streitkräftekon-
zepts, welches sich auf Berufssoldaten und freiwillige Reservisten stützt. Bei allen
Teilstreitkräften sind heute umfangreiche, effektive Organisationen vorhanden,
deren Angehörige im »Zweitberuf« Soldaten sind. Sie ergänzen nicht nur die aktiven Verbände im Spannungs- oder Krisenfall, sondern sind fester Bestandteil von
Army, Navy, Air Force und natürlich auch des Marine Corps.

Obwohl die »Marine Corps Reserve« offiziell erst im Jahr 1916 gegründet wurde, gab es bereits gegen Ende des 19. Jahrhunderts in sieben US-Staaten eigenständige Gruppen von ehemaligen Ledernacken, die der Miliz der Kriegsmarine ange-
gliedert waren. Nach Kriegseintritt der USA 1917 nahmen rund 5 100 dieser »Tem-
poraries« oder »For the Duration Regulars« an den Kämpfen in Frankreich teil.
Andere dienten in Haiti, Santo Domingo und an Bord von Kriegsschiffen. Die

Masse gehörte der legendären 4. Brigade an, die der 2. Division der US Army unterstellt war. Ein Drittel der »Reserves« bezahlte die Teilnahme an den Schlachten bei Blanc Mont und Belleau Wood mit dem Leben oder wurde verwundet. Nach dem Ersten Weltkrieg gerieten auch die Reservisten schnell in Vergessenheit. 1925 schuf ein neues Gesetz die grundlegenden Voraussetzungen für eine Wiederbelebung des Programms. Zwischen den beiden Weltkriegen bestand die Reserve lediglich aus einer kleinen Gruppe, meist Kriegsveteranen. Wenn dieses Häufchen Idealisten Glück hatte, erhielt es einen Sold von 25 Dollar jährlich. Meist mußten sie jedoch selbst die Kosten für Uniform und Ausrüstung tragen. Mit Beginn des Zweiten Weltkriegs änderte sich grundlegend die Situation: Angesichts der sich bedrohlich entwickelnden Weltlage begannen die Vereinigten Staaten aus ihrem »Dornröschenschlaf« zu erwachen. Viele Reservisten zogen wieder die Uniform an und trugen zum schnellen Aufbau einer gewaltigen Streitmacht bei, die schließlich den Ausgang des Krieges bestimmte. Im November 1940 befanden sich bereits 23 Bataillone sowie 13 Flieger-Staffeln im aktiven Dienst. Im Verlauf des Krieges erhöhte sich die Zahl der Reservisten beständig. Dieser Personenkreis stellte 1945 sogar 70 Prozent der 475 000 Ledernacken. Von den im Pazifik insgesamt eingesetzten 500 000 Mann gehörten 75 Prozent nicht zu den aktiven Streitkräften. Fast alle 10 000 Angehörigen der Fliegertruppe waren Reservisten. Entsprechend schwer waren die Verluste: 20 000 Gefallene, 4 800 Unfallopfer, 67 000 Verwundete.

Bereits ein Jahr nach Kriegsende wurde mit dem Wiederaufbau einer starken Reserve begonnen. Ende 1949 gehörten dieser Organisation auf freiwilliger Basis 100 000 Offiziere, Unteroffiziere und Mannschaften an. Wenige Monate später erkannten auch die friedfertigsten »Tauben«, daß der Glaube an einen »immerwährenden Frieden« allein nicht genügt. Längst hatte der »Kalte Krieg« zwischen den totalitären kommunistischen Staaten und der sogenannten Freien Welt begonnen. Im Sommer 1950 überfielen kommunistische Kräfte Süd-Korea und gingen zum »heißen Krieg« über. Die zur Verteidigung rasch aus Japan herangeführten US-Besatzungstruppen konnten wenig ausrichten und wurden auf einen Kessel bei Pusan zurückgedrängt. Um eine drohende Niederlage abzuwenden, warfen die Amerikaner alle verfügbaren militärischen Kräfte in das Krisengebiet. Der Beitrag des Marine Corps erwies sich dabei nicht gerade als überwältigend. Lediglich eine Brigade konnte sofort auf die Beine gestellt werden. Der Kommandant des Marine Corps verpflichtete sich unmittelbar nach Kriegsausbruch, die verstärkte 1. Division innerhalb von 75 Tagen zur Verfügung zu stellen. Er war aber nicht in der Lage, das notwendige Personal bereitzustellen. So füllten wieder einmal die Reservisten die zahlreichen Lücken. Insgesamt beteiligten sich 85 000 von ihnen am Krieg in Korea. Zeitweilig dienten 50 Prozent in der 1. Division. Die in Reserve gehaltene 2. Division, Camp Lejeune, setzte sich sogar aus 85 Prozent »Teilzeitsoldaten« zusammen. 4 300 Gefallene, weitere 1 300 Tote sowie 23 700 Verwundete waren das traurige Ergebnis dieses Waffengangs. Nach dem Waffenstillstand pendelte sich die Dienststärke auf durchschnittlich 35 000 bis 40 000 Reservisten ein. Hinzu kamen weitere 100 000 bis 150 000 Veteranen, die aber nicht formal den Reservestreitkräften angehörten.

Im Vietnamkrieg griffen erneut viele Reservisten zu den Waffen und verstärkten die regulären Verbände. Auch dieser Waffengang in Südostasien kostete zahlreiche Verluste. 1990 erfolgte erneut die Mobilisierung zahlreicher Rerservisten. Während des Golf-Krieges bewährten sie sich an der Seite ihrer aktiven Waffengefährten hervorragend. Im Gegensatz zu den vorangegangenen Kriegen erwiesen sich die Verluste als außerordentlich niedrig.

Zwischen 1962 und 1966 entstanden die ersten eigenständigen Großverbände der Marine-Reserve. Hierbei handelt es sich um die 4. Division und die 4. Flieger-Division sowie unterstützende Einheiten. Die Truppe steht spätestens 60 Tage nach der Mobilisierung für die Verlegung an einen beliebigen Kriegsschauplatz komplett bereit. In der ersten Linie befinden sich die Einheiten der »Selected Marine Corps Reserve«, einer Art Alarmreserve. Die Truppenteile sind über das gesamte Gebiet der USA verstreut und auch in Hawaii, Puerto Rico und Alaska beheimatet. Der Schwerpunkt liegt im Osten und Südosten der Vereinigten Staaten. Die Reservisten nehmen jährlich an Übungen und Manövern teil oder besuchen Truppenschulen. Die 4. Division veranstaltet jedes Jahr zwei Großübungen im Kampf der verbundenen Waffen. Amphibische Landungen, Winterkampf, Gebirgsausbildung und Kampf gegen einen mechanisierten Feind zählen zu dem umfangreichen Ausbildungsangebot. Während sich eine Anzahl der Übungen in den USA abspielt, nimmt ein Teil der jährlich übenden 20 000 Reservisten auch am Training im Ausland teil. So landeten Marines Im Rahmen des Manövers »Anchor Express« in Norwegen, beteiligten sich an »Nothern Wedding« in Dänemark, waren bei »Display Determination« im Mittelmeer und nahmen an der Übungsserie »Team Spirit« in Korea teil. Systematisch wird die Kampfbereitschaft einzelner Einheiten von Prüfgruppen getestet. Nach kurzfristiger Alarmierung muß innerhalb von drei Tagen die vollständige personelle und materielle Kampf- und Einsatzbereitschaft hergestellt werden. Dabei liegt die Erfolgsquote mit über 90 Prozent in beachtlicher Höhe.

Ausgewählte Reservisten verstärken fortwährend aktive Einheiten, die aus unterschiedlichen Gründen personelle Engpässe aufweisen. Dabei wird versucht, die Reservisten immer wieder bei den gleichen Verbänden einzuteilen. So soll nicht nur der Ausbildungsstand erhalten bleiben, sondern auch eine enge Beziehung zwischen Reservisten und aktiven Soldaten hergestellt werden. Entsprechende Dienstzeiten von bis zu drei Monaten sind in Einzelfällen möglich.

Auch für die »Individual Ready Reserve«, einer Personalreserve, sind verschiedene Aus- und Fortbildungsmöglichkeiten vorhanden. Rund 75 000 Reservisten gingen hierfür eine achtjährige Verpflichtung ein. Wie ernst die Teilzeitsoldaten genommen werden beweist die Tatsache, daß die 4. Division den Auftrag erhielt, die »Joint Task Force 6« entlang der Süd-West-Grenze im Kampf gegen den Drogenschmuggel zu unterstützen.

Ausblick

1991 feierten die USA den Sieg am Golf. Kurze Zeit vorher endete der »Kalte Krieg« nach dramatischen Entwicklungen in Osteuropa. Auf dem Höhepunkt seines Erfolges verkündete aber der damalige US Präsident Bush maßgebliche Veränderungen in der bisherigen Rolle der nunmehr alleinigen amerikanischen Supermacht als »Weltpolizist«.

»Dank der Gnade Gottes hat Amerika den Kalten Krieg gewonnen. Ein halbes Jahrhundert lang hat das amerikanische Volk die Lasten geschultert und höhere Steuern bezahlt, als sie zur Unterstützung einer Verteidigung bezahlt hätten, die größer war, als sie gewesen wäre, wenn der imperiale Kommunismus niemals existiert hätte. Der US-Steuerzahler trug die Hauptlast, und er verdient den größten Brocken des Ruhmes. Vier Jahrzehnte bildeten die US-Streitkräfte das Rückgrat der Verteidigung gegen den Kommunismus; Friede und Freiheit wurde den Menschen der freien Welt nicht geschenkt. Den bedauernswerten Opfern eines verbrecherischen Systems im Osten kann heute nur geholfen werden, weil Freiheit, Unabhängigkeit und wirtschaftliche Leistungsfähigkeit im Westen erhalten blieben. So gebührt auch den fern ihrer Heimat oft gefahrvollen Dienst leistenden US-Soldaten ein besonderer Dank!«

Aber Dankbarkeit ist eine »seltene Blume«. Gerade die von inneren Krisen geschüttelte amerikanische Bevölkerung drängt auf deutlich reduzierte Militärausgaben und hofft auf ihre Friedensdividende. Umfangreiche Einsparungen wurden bereits 1990 anvisiert, durch den Golfkrieg zunächst aber ausgesetzt. 1992 entbrannte die Diskussion um eine einschneidende Abrüstung in voller Stärke. Im Mittelpunkt steht dabei der Abbau der weltweiten Präsenz der US-Streitkräfte, der Rückzug auf das Territorium der USA ist derzeit voll im Gange.

Nach der Wahl von Bill Clinton zum 42. Präsidenten der USA wird sich die Außen- und Sicherheitspolitik stark verändern. Sind die Amerikaner des ewigen »Heldentums« müde? Es scheint so. Die Lösung der innenpolitischen Probleme, vor allem aber die Revitalisierung der Wirtschaft stehen im Vordergrund. Eine tiefgreifende Umstrukturierung der Streitkräfte ist zu erwarten, trotz erheblicher Einsparungen soll aber gleichzeitig eine grundlegende Modernisierung erfolgen. Dabei möchte Clinton aber auch weiterhin der Verantwortung als Führer einer militärischen Supermacht nachkommen. Bedrohungen sieht er in der unstabilen Lage der früheren Sowjetunion, im Mittleren Osten, in Korea, im Terrorismus, Fundamentalismus und Seperatismus.

»Wir dürfen nicht zu den Tagen der »hohlen Armee« zurückkehren. Wir können nicht die Fehler wiederholen, die zweimal in diesem Jahrhundert gemacht wurden, als auf Waffenstillstand Sorglosigkeit folgte und als die Verteidigung so ausgedünnt wurde, als ob die Welt dauerhaft sicher sei...«, so sorgte sich der frühere

Präsident Bush im Wahljahr. Während weltweit die Politiker viel über Friedens-erhaltung sprechen und wenig umsetzen, toben Kriege auf dem Balkan, in Ost-europa und zahlreichen weiteren Konfliktherden. In der Dritten Welt mehren sich die Probleme. Gerade in den »armen« Staaten häufen sich gigantische Waffen-arsenale an, die denen der westlichen Industriestaaten bald ebenbürtig und über-legen sein werden. Der Kampf um Energie, Rohstoffe und Absatzmärkte dürfte härter werden; Umweltkriege sowie Klimakatastrophen drohen und selbst der sträfliche Mißbrauch der Frischwasservorräte kann zu gewaltsamen Auseinander-setzungen führen. Die Erfolge im Golfkrieg haben den reichen Industrienationen nur zu einer kurzen Atempause verholfen und die verantwortungsvollen Politiker schmieden eifrig an Werkzeugen zur internationalen Krisenbewältigung. Aber die USA werden künftig die undankbare Rolle als »Weltpolizist« mit großer Zurück-haltung ausüben und fordern gerade von den Staaten mehr Engagement, die im letzten halben Jahrhundert unter ihrem Schutz wirtschaftlich stark und mächtig wurden.

»Macht ist die Grundlage aller erfolgreichen Diplomatie«. Mit dieser Aussage bekennt sich Clinton trotz Friedensdividende zu einer aktiven Sicherheitspolitik, allerdings bei wesentlich stärkerer Beteiligung Europas und Japans. Bei einer Reduzierung des Stützpunkt-Systems und der globalen Präsenz muß künftig die Fähigkeit zum globalen Manöver aus dem US-Zentrum heraus eher noch erhöht werden. Die Masse der Verbände und Waffensysteme wird in den USA konzen-triert sein. Dies bedeutet, daß schnelle Eingreiftruppen in ausreichender Zahl zur Verfügung stehen müssen. So wurden trotz umfangreicher Einsparungen die Mittel für Transporte erhöht. Die Fähigkeit, schnell auf Krisen zu reagieren und Kräfte weltweit verlegen zu können, gewinnt neben den eher vorbeugenden Aktionen der »Special Operations Forces« an Bedeutung. Dies erfordert Luft- und Seetransporte unterschiedlichster Größenordnungen, unterstützt von einem effektiven Logistik-netz.

Im Golfkrieg hatten sich die Ledernacken wacker geschlagen. Seit 1980 kamen die Marines in mehr als 50 Krisenfällen zum Einsatz. Sie bewährten sich in Krie-gen, als Helfer bei Naturkatastrophen, evakuierten die Zivilbevölkerung aus Krisengebieten und halten sich nun an Bord der 6. Flotte im Mittelmeer für Ein-sätze bereit. Aber nach den schon eingeleiteten erheblichen Reduzierungen steht das Marine Korps an der Schwelle zum dritten Jahrtausend vor wesentlichen Ver-änderungen. Eine Verminderung auf 150 000 Planstellen ist bereits eingeleitet, möglich ist eine weitere Schrumpfung. Dies hängt auch von den Veränderungen bei der Kriegsmarine und der Zahl der verfügbaren Stützpunkte im Ausland ab. Reformen in der Ausbildung beginnen an den traditionellen, elitären Grundsätzen der amphibischen Landungstruppe zu rütteln. Die Fähigkeit zur Durchführung großangelegter amphibischer Aktionen gegen verteidigte Küsten dürfte verloren gehen. Die Möglichkeit einer Auflösung bzw. vollkommenen Eingliederung in die US Navy oder US Army wird diskutiert. Endgültige Entscheidungen sind noch nicht getroffen.

Falls sich die USA auch weiterhin militärisch global engagieren wollen, sind schnell verlegbare, leichte Eingreiftruppen erforderlich. Hierfür eignen sich Luft-

Hubschrauber unterstützen die Anlandung.

landetruppen und luftverlastbare Verbände der US Army. In den Großraumflug-
zeugen der US Air Force sind zwar Verlegungen umfangreicher Truppenkörper
möglich, aber es steht nur Lufttransportraum in begrenztem Umfang zur Verfügung. Die Masse der auch weiterhin benötigten schweren Waffensysteme muß
aber mit Schiffen in die Nähe möglicher Krisenherde gebracht werden. Den
Kriegsflotten zugeteilte Kampfgruppen der Marines stehen in ständiger Alarmbereitschaft und sind weltweit kurzfristig für Interventionen verfügbar. Bereits in
der Vergangenheit erreichten Marines im Lufttransport über große Entfernungen
innerhalb von 24 Stunden jeden Punkt der Erde. So kann man das Marine Corps
auch nach grundlegenden Veränderungen durchaus als »zweites Standbein« der
Interventionstruppen bezeichnen. Als amphibische Sondertruppe waren die Marines im taktisch-operativen Bereich bereits in den drei Elementen Wasser, Land
und Luft zuhause.

Dies dürfte sich in der Zukunft noch im strategischen Rahmen verstärken. So
wird die Umstellung von der amphibisch geprägten »Marineinfanterie« zur vielseitig verwendbaren »Interventions-Mehrzwecktruppe« einem schlankeren Marine
Corps neue Aufgaben und Herausforderungen bringen. Wie bereits in der Vergangenheit wird man sich auch bei den Marines schnell auf die einschneidenden
Veränderungen einstellen und um den Erhalt der traditionsreichen Elitetruppe
kämpfen.

Anhang

US Interventionen im Ausland 1798 bis 1983

Die Streitkräfte der USA wurden häufig im Rahmen kleinerer Aktionen in vielen Regionen der Erde mit den unterschiedlichsten Aufträgen eingesetzt. In der überwiegenden Zahl der Fälle gehörten Marines oder/und Einheiten der US Kriegsmarine zu den ausführenden Organen. Die nachfolgende Auflistung entstand unter Verwendung eines amtlichen Dokuments des US Außenministeriums aus dem Jahr 1962 »Instances of the Use of United States Armed Forces Abroad, 1798 to 1945«. Es wurde dem 87. Kongreß in der zweiten Sitzung am 17. September 1962 zur Entscheidungsfindung während der Raketenkrise um Kuba vorgelegt.

1798 – 1800 – Seekrieg gegen Frankreich
In Puerto Plata, Dominikanische Republik, kaperten Marines einen französischen Freibeuter in Reichweite der Hafenartillerie.

1801 – 1805 – Tripolis
Im Verlauf des 1. Berberkrieges beteiligten sich auch Marines unter William Eaton an Kampfeinsätzen. In erster Linie sollte die Besatzung der »Philadelphia« befreit werden. Während Tripolis den Krieg erklärte, verzichteten die USA auf einen derartigen Akt.

1806 – Mexiko
Captain Pike drang in das Quellgebiet des Rio Grande und damit in spanisches Gebiet vor. Zusammen mit seiner kleinen Truppe wurde er im heutigen Colorado gefangengenommen und später wieder freigelassen. Informationen über die politische Zielsetzung des von General Wilkinson befohlenen Unternehmens liegen nicht vor.

1806 – 1810 – Golf von Mexiko
Von New Orleans aus griffen US Kriegsschiffe vor dem Mississippi Delta französische und spanische Freibeuter an.

1810 – West-Florida
US-Streitkräfte, darunter auch Marines, besetzten Gebiete bis zum Pearl River. Sie erkundeten bis zum Perdio-River, hatten aber keine Feindberührung.

1812 – Florida
Aktionen unter Beteiligung von Marines gegen Spanien.

1812 – 1815 – Kanada
Krieg zwischen Großbritannien und USA.

1813 – Florida
Besetzung von Mobile Bay. Kampfloser Rückzug der Spanier. Unter den einge-setzten 600 US-Soldaten befanden sich auch Marines.

1814 – Florida
Besetzung von Pensacola und Vertreibung der Briten.

1814 – 1825 – Karibik
Fortlaufende Gefechte unter Beteiligung von Marines gegen Piraten vor den Küsten von Kuba, Puerto Rico, Santo Domingo und Yucatan. Die Piraten führten in diesem Zeitraum rund 3000 Überfälle auf Handelsschiffe durch.

1815 – Algier
Im 2. Berberkrieg griff ein US–Geschwader mit eingeschifften Marines Algier an und setzte Wiedergutmachungen durch.

1815 – Tripolis
Nach Einigung in Algier begab sich die US-Flotte nach Tunis und Tripolis und erzielte auch dort Wiedergutmachungsleistungen.

1816 – Florida
Zerstörung von Fort Negro. Von dort drangen Plünderer auf das Gebiet der USA vor.

1816 – 1818 – Florida
Im 1. Seminolenkrieg wurde dieser Stamm unter Teilnahme eines Kontingent Marines angegriffen. Spanische Stützpunkte wurden ebenfalls attackiert. Eine offi-zielle Kriegserklärung erfolgte nicht.

1817 – Insel Amelia, vor der Küste von Florida
Marines landeten auf der Insel und schalteten eine Gruppe von Schmugglern und Piraten aus.

1818 – Oregon
Das Kriegeschiff »Ontario« ankerte am Columbia River und nahm das Land in Besitz. Rußland und Spanien hatten ebenfalls Ansprüche geltend gemacht.

1820 – 1823 – Afrika
Kriegeschiffe und Marines gingen gegen den Sklavenhandel vor.

1822 – Kuba
Seestreitkräfte und Marines brannten an der Nordwestküste der Zuckerinsel einen Piratenstützpunkt nieder.

1823 – Kuba
Bei weiteren Einsätzen gegen Piraten landeten Marines bei Escondido, Cayo Blanco, in der Siquapa-Bucht, bei Cap Cruz und bei Camrioca.

1824 – Kuba
Bei Matanzas gingen Marines und Seeleute an Land und verfolgten Piraten.

1824 – Puerto Rico
Marines griffen die Stadt Fajardo an. Dort hielten sich Piraten auf, die amerikanische Marineoffiziere »beleidigt« hatten. Das 200köpfige Landungs-Team erzwang eine offizielle Entschuldigung.

1825 – Kuba
Erneute Landung bei Segua La Grande zur Gefangennahme von Piraten.

1827 – Griechenland
Marines und Seeleute verfolgen Piraten auf den Inseln Andros, Argenteira und Mykonos.

1831 – 1832 – Falkland-Inseln
Landung zur Untersuchung einer Beschlagnahme von US-Schiffen und »Schutz amerikanischer Interessen«.

1832 – Sumatra
Landung zur Bestrafung von Plünderern von US Schiffen in der Stadt Kuala Battu.

1833 – Argentinien
Marines gehen in Buenos Aires während eines Aufstandes an Land, um die Interessen ihrer Bürger und weiterer Ausländer zu schützen.

1835 – 1836 – Peru
Marines schützen die US Interessen während einer Revolution in Callao und Lima.

1836 – Mexiko
Im texanischen Unabhängigkeitskrieg besetzen Truppen der US Army »Nacogdoches« (Texas) und erhalten den Befehl, im Falle eines Aufstandes die Grenze nach Süden zu überschreiten.

1838 – 1839 – Sumatra
Erneut werden unter Beteiligung von Marines die Einwohner der Städte Kuala Batta und Mukki für die Plünderung amerikanischer Schiffe bestraft.

1840 – Fidschi-Inseln
Eingeborene werden wegen Überfälle auf amerikanische Forschungs- und Vermessungsexpeditionen von Landungstruppen zur Verantwortung gezogen.

1841 – Samoa
Landung auf der Insel Upola um den Mord an einen US Matrosen zu rächen.

1841 – Drummond Insel, Kingsmill-Gruppe
Ein Kriegsschiff besetzt irrtümlich die (spanischen) Städte Monterey und San Diego in Kalifornien.

1843 – Afrika
200 Marines gehen an der Elfenbeinküste an Land, um Piraten und Sklavenhändler zu bekämpfen sowie Übergriffe von Eingeborenen auf US Schiffe und Matrosen zu bestrafen.

1844 – Mexiko
Eigenmächtig setzt der US-Präsident Soldaten zum Schutz von Texas gegen Mexiko ein.

1846 – 1848 – Krieg gegen Mexiko
Marines beteiligten sich am Krieg.

1849 – Smyrna
Marineeinheiten erreichen die Freilassung eines von Österreichern festgehaltenen US Bürgers.

1851 – Türkei
Nach der Ermordung von US Bürgern in Jaffa führte das Mittelmeergeschwader eine Kräftedemonstration vor der Küste durch.

1851 – Johanna-Insel, Afrika
Durchsetzen einer Entschädigung für die unrechtmäßige Festnahme des Kapitäns eines US-Schiffes.

1852 – 1853 – Argentinien
Während eines Aufstandes landeten Marines in Buenos Aires und blieben dort über längere Zeit zum Schutze von US Bürgern.

1853 – Nicaragua
Schutz von US-Staatsangehörigen während eines Aufstandes.

1853 – 1854 – Riukiu-Bonin-Inseln
Mehrfache Landung von Marines bei den ersten Kontakten mit Japan.

1854 – China
Schutz amerikanischer Interessen in Schanghai im Bürgerkrieg.

1854 – Fidschi-Inseln
Erzwingung von Wiedergutmachungen nach Ausschreitungen gegen US-Bürger.

1855 – Uruguay
Landungen von Truppen zum Schutze amerikanischer Interessen während eines Aufruhrs in Montevideo.

1856 – Panama
Schutz von US-Interessen bei einem Aufstand.

1856 – China
Schutz von US-Bürgern in Kanton. Vergeltung eines Überfalls auf ein unbewaffnetes US-Schiff.

1857 – Nicaragua
Vereitelung eines Umsturzversuches. Marines nehmen die Kapitultation entgegen und schützen die Aufständischen gleichzeitig vor Willkürmaßnahmen.

1858 – Uruguay
Marines schützen bei einem Aufstand in Montevideo US-Besitz.

1858 – 1859 – Türkei
Nach der Ermordung von US-Bürgern zeigen Kriegsschiffe vor der Levante-Küste »Flagge«.

1859 – Paraguay
Flottendemonstration erreicht Wiedergutmachung für den Angriff auf ein US-Schiff.

1859 – Mexiko
Bei der Verfolgung von Banditen überschreiten 200 US-Soldaten den Rio Grande und dringen in mexikanisches Gebiet ein.

1859 – China
Erneuter Einsatz zum Schutze von US-Interessen in Schanghai.

1860 – Angola
Schutz von US-Bürgern bei Unruhen in Kissembo.

1860 – Kolumbien
Schutz von US-Interessen während eines Aufstandes.

1863 – Japan
Wiedergutmachung nach einer »Beleidigung« der US-Flagge, Beschießung eines Schiffes.

1864 – Japan
Schutz des US-Botschafters bei Verhandlungen, Machtdemonstration.

1864 – Japan, Straße von Schimonoseki
Die Verwirklichung von Verträgen zur Durchfahrt ausländischer Schiffe wird durchgesetzt.

1865 – Panama
Schutz von US-Bürgern bei einer Revolution.

1866 – Mexiko
General Sedgwick erreicht mit 100 Soldaten die Kapitulation von Matamoras.

1866 – China
Bestrafung des Überfalles auf den US-Konsul in Nutschuang, Mitwirkung an der Bekämpfung eines Großbrandes.

1867 – Formosa
Bestrafung von Eingeborenen, die die Besatzung eines gestrandeten US-Schiffes ermordet hatten.

1868 – Japan
Mehrfach Einsatz von Marines zum Schutz von US Interessen während eines Bürgerkrieges.

1868 – Uruguay
Schutz von Ausländern und Zolleinrichtungen bei einem Aufstand.

1868 – Kolumbien
Nach dem Tod des Präsidenten von Kolumbien zeitweise Militäreinsatz zur Aufrechterhaltung der öffentlichen Ordnung.

1870 – Mexiko
Zerstörung eines Piratenschiffes, das 60 km stromaufwärts im Tecapanfluß gestrandet war.

1870 – Hawaii
Der US Konsul in Honolulu befürchtete nach dem Tode der Königin Kalama Ausschreitungen und forderte Marines zum Schutz an, bevor die US-Flagge auf Halbmast gehisst wurde.

1871 – Korea
Strafexpedition gegen Einheimische nach der Ermordung einer US-Schiffbesatzung, Verbrennen eines Schiffes und Beschießung von Vermessungsschiffen.

1873 – Kolumbien
Schutz von amerikanischen Interessen nach Unruhen im heutigen Panama.

1873 – Mexiko
Mehrfache Grenzüberschreitungen bei der Verfolgung von Verbrechern durch die US Army. Mexikanische Truppen handelten umgekehrt ebenso. Später wurden derartige Überschreitungen durch ein Abkommen legitimiert.

1874 – Hawaii
Schutz von US Interessen bei inneren Unruhen.

1876 – Mexiko
Übernahme der polizeilichen Gewalt in der Stadt Matamoros für eine regierungslose Übergangszeit.

1882 – Ägypten
Schutz von US Interessen bei einer gewaltsamen Auseinandersetzung zwischen Briten und Ägypten und der Plünderung Alexandrias durch Araber.

1885 – Panama
Sicherung der Panama-Eisenbahn durch Marines.

1888 – Korea
Schutz von US Interessen in der Erwartung einer Revolution.

1888 – 1889 – Samoa
Schutz von US Interessen während eines Bürgerkrieges.

1888 – Haiti
Kräftedemonstration mit dem Ziel, ein beschlagnahmtes US Schiff zurückzuerhalten.

1889 – Hawaii
Schutz von US Interessen während innerer Unruhen.

1890 – Argentinien
Marines landen, um die Botschaft in Boeneos Aires zu beschützen.

1891 – Haiti
Schutz von US Interessen bei einem drohenden Aufstand schwarzer Arbeiter auf der Insel Navassa.

1891 – Chile
Schutz des US-Konsulats während eines Aufstandes. In den Räumen hatten zahlreiche bedrohte Frauen und Kinder Zuflucht gesucht.

1893 – Hawaii
Parteinahme bei der Bildung einer provisorischen Regierung unter Sanford Dole.

1894 – Brasilien
Schutz von US Interessen im Bürgerkrieg. Es erfolgte keine Landung, aber Marineeinheiten »zeigten Flagge«.

1894 – Nicaragua
Schutz von US Interessen nach Bürgerkrieg.

1894 – 1896 – Korea
Schutz von US Interessen nach Beendigung des Chinesisch-Japanischen Krieges. Bis April 1896 übernahmen Marines die Sicherung der amerikanischen Botschaft.

1894 – 1895 – China
Marines wurden in Tientsin eingesetzt und rückten in Peking ein.

1894 – 1895 – China
Ein Kriegsschiff wurde bei Nutschuang an Land transportiert und diente als Befestigung zum Schutz amerikanischer Staatsbürger.

1895 – Kolumbien
Schutz von US Interessen bei inneren Unruhen.

1896 – Nicaragua
Schutz von US Interessen bei inneren Unruhen.

1898 – Spanien
Spanisch-Amerikanischer Krieg, offizielle Kriegserklärung.

1898 – 1899 – China
Schutz der US Botschaft in Peking während Unruhen.

1899 – Nicaragua
Schutz von US Interessen bei inneren Unruhen.

1899 – Samoa
Schutz von US Interessen bei inneren Unruhen.

1899 – 1901 – Philippinen
Kämpfe gegen die Einheimischen während des Unabhängigkeitskrieges.

1900 – China
Aktionen während des Boxeraufstandes, Schutz der Botschaften. Die Botschafts-wache in Peking befand sich bis 1934 im Land.

1901 – Kolumbien
Schutz von US Interessen während eines Umsturzes.

1902 – Kolumbien
Schutz von US Interessen während eines Bürgerkrieges.

1902 – Kolumbien – Panama
Marines übernahmen die Bewachung aller Eisenbahnen und sicherten die Bahn-verbindungen.

1903 – Honduras
Schutz von US Interessen während einer Revolution.

1903 – Dominikanische Republik
Schutz von US Interessen in Santo Domingo während eines Bürgerkrieges.

1903 – Syrien
Schutz des US-Konsulates in Beirut während innerer Unruhen.

1903 – 1914 – Panama
Schutz von US Interessen während der Revolutionswirren um die Unabhängigkeit. Sicherung des Kanalbaues. Anwesenheit der Marines am Kanal bis 1914.

1904 – Dominikanische Republik
Schutz von US Interessen während eines Bürgerkrieges.

1904 – 1905 – Korea
Schutz der US Botschaft in der Landeshauptstadt.

1904 – Marokko
Zum Schutz des US Konsulates in Tanger wurden Marines eingesetzt.

1904 – Panama
Schutz von US Interessen in Anconn während Unruhen

1904 – 1905 – Korea
Marines bewachen im Russisch-Japanischen Krieg die US Botschaft in der Haupt-stadt.

1906 – 1909 – Kuba
Wiederherstellung der öffentlichen Sicherheit und Ordnung unter Teilnahme von US Streitkräften.

1907 – Honduras
Schutz von US Interessen während des Krieges zwischen Honduras und Nicaragua.

1910 – Nicaragua
Schutz von US Interessen während eines Bürgerkrieges.

1911 – China
Marines bewachen Kommunikationseinrichtungen in Schanghai sowie Konsulate und US Einrichtungen in weiteren Orten.

1912 – Honduras
Marines schützen eine US Eisenbahn in Puerto Cortez. Abzug nach offizieller Mißbilligung der Aktion durch die US Regierung.

1912 – Panama
US-Militär überwacht auf Wunsch aller Beteiligten die Wahlen außerhalb der Kanalzone.

1912 – Kuba
Schutz von US Interessen während Unruhen.

1912 – China
Schutz von US Interessen während Unruhen.

1912 – Türkei
Schutz der US-Botschaft in Konstantinopel im Balkankrieg.

1912 – 1925 – Nicaragua
Schutz von US Interessen während Unruhen. Marines bleiben bis 1925 im Land.

1912 – 1941 – China
In diesem Zeitraum kam es zu zahlreichen defensiven Militäreinsätzen unter Beteiligung von US Army, Marines und Seestreitkräften.

1913 – Mexiko
Marines beteiligen sich an der Evakuierung von Zivilisten aus dem Yaquital während eines Bürgerkrieges.

1914 – Haiti
Schutz von US Interessen während Unruhen.

1914 – Dominikanische Republik
Seestreitkräfte greifen während eines Bürgerkrieges ein.

1914 – 1917 – Mexiko
Die fortlaufenden Überfälle unter dem Mexikaner Villas führen zu einen Gegen-
schlag der USA mit der Eroberung von Vera Cruz. Unter General Pershing erfolgt
ein Vorstoß in die nördlichen Provinzen von Mexiko.

1915 – 1934 – Haiti
US-Militärpräsenz zum Krisenmanagement bei inneren Unruhen.

1917 – 1922 – Kuba
Schutz von US Interessen während Unruhen.

1918 – 1919 – Mexiko
Die Abwehr und Verfolgung mexikanischer Banden erforderte mehrfach das Eingreifen von US Truppen.

1918 – 1920 – Panama
US-Militärpräsenz während innerer Unruhen.

1918 – 1920 – Sowjetrußland
Marines landeten in Wladiwostok und schützten das US Konsulat. Teilnahme an
verlustreichen Kämpfen. Bis Januar 1920 Bestandteil einer alliierten Besatzungstruppe.

1919 – Honduras
Marines stellten bei einem Bürgerkrieg die öffentliche Sicherheit und Ordnung her.

1920 – 1922 – Sibirien
Marines sicherten eine Funkstation der USA auf einer Insel in der Bucht von
Wladiwostok.

1920 – China
Landungstruppen übernahmen während eines Aufstandes den Schutz von Zivilisten.

1920 – Guatemala
Schutz von US Interessen bei inneren Unruhen.

1921 – Costa Rica/Panama
Seestreitkräfte kreuzten demonstrativ vor der Küste um einen drohenden Krieg
zwischen den beiden Ländern zu verhindern.

1922 – Türkei
Landungseinheiten schützten während innerer Unruhen US Bürger.

1924 – Honduras
Schutz von US Bürgern bei inneren Unruhen.

1924 – China
Marines schützten Ausländer in Schanghai bei inneren Unruhen.

1925 – China
Landungseinheiten schützen US Bürger bei inneren Unruhen.

1925 – Honduras
Schutz von US Interessen bei Unruhen.

1925 – Panama
600 Marines beteiligen sich an der Aufrechterhaltung von Sicherheit und Ordnung bei Unruhen.

1926 – 1933 – Nicaragua
Marines schützen US Interessen und bleiben bis 1933 im Land.

1926 – China
Marines schützen US Bürger während Unruhen.

1927 – China
Marines werden zusätzlich zur Verstärkung bereits anwesender Truppen nach Nanking entsandt und schützen Amerikaner sowie das US-Konsulat. Weitere Marines beziehen Garnisonen bei Tientsin und Schanghai.

1933 – Kuba
Während Unruhen Drohung mit dem Einsatz von US Seestreitkräften.

1940 – Neufundland, Karibik
Einrichtung von Stützpunkten in Zusammenarbeit mit den Briten.

1941 – Grönland
USA übernehmen Schutz der Region.

1941 – Niederländisch Guayana
USA besetzen Guayana im Einverständnis mit den Niederlanden.

1941 – Island
USA übernehmen Schutz der Insel.

1941 – Deutsches Reich
Angriff auf deutsche U-Boote ohne Kriegserklärung.

1941 – 1945 – Europa, Afrika und Asien
USA nehmen am Zweiten Weltkrieg teil.

1942 – Labrador
Einrichtung von US-Stützpunkten.

1946 – Triest
US-Marineeinheiten und Verstärkungen werden nach Triest und Italien verlegt, um einen drohenden Angriff sowjetischer und jugoslawischer Streitkräfte zu verhindern.

1946 – Meerenge von Bosporus
Eine Flugzeugträgergruppe schützt die Meeresenge gegen die Gefahr eines sowjetischen Angriffs.

1946 – Griechenland
Während einer drohenden kommunistischen Machtübernahme kreuzt ein Flugzeugträger vor der griechischen Küste.

1948 – Triest
Zusätzliche Marines verstärken die 5 000 US-Heeressoldaten in Triest, um Jugoslawien vor einem Angriff zu warnen.

1948 – Jerusalem
Im Arabisch-Israelischen Krieg schützt ein Kreuzer das US-Generalkonsulat. Zwei Marines werden verwundet.

1948 – 1949 – China
Marines schützen die US-Einrichtungen in Nanking und Schanghai und evakuieren nach der kommunistischen Machtübernahme US-Bürger.

1950 – 1953 – Korea
Das Marine Corps beteiligt sich am Koreakrieg.

1954 – 1955 – Taiwan
Die US-Marine führt umfangreiche Evakuierungen durch.

1956 – Ägypten
Während der Suezkrise evakuiert ein Bataillon der Marines 1500 Zivilisten.

1957 – Sumatra
Während der Revolution in Indonesien halten sich Marines für ein Eingreifen zum Schutze ihrer Staatsangehörigen bereit.

1957 – Taiwan
Kriegsschiffe beziehen Verteidigungsstellungen während der Bombardierung der Insel Quemoy durch China.

1958 – Venezuela
Während Unruhen hält sich eine Kompanie Marines zum Eingreifen bereit.

1958 – Indonesien
Marines mit Luftunterstützung kreuzen vor der Küste.

1958 – Beirut
Starke Verbände der Marines landen in Beirut, Libanon.

1959 – 1975 – Vietnam
Das Marine Corps kämpft im Vietnamkrieg.

1959 – 1960 – Kuba
Eine Kampfgruppe wird zum Schutz von US-Bürgern während der kubanischen Revolution auf den US-Stützpunkt verlegt.

1961 – Dominikanische Republik
Bei politischen Turbulenzen kreuzen US-Verbände vor der Küste.

1962 – Thailand
5000 Marines landen zur Unterstützung der Regierung gegen Umsturzversuche der Kommunisten.

1962 – Kuba
Gewaltiger Truppenaufmarsch während der »Raketenkrise«.

1963 – Haiti
Ein Bataillon Marines demonstriert Stärke vor der Küste.

1964 – Stanleyville
US-Truppen unterstützen belgische Rettungsmission in Afrika.

1965 – Dominikanische Republik
Über 20000 US-Soldaten greifen bei politischen Unruhen ein.

1967 – Mittelmeer
Während des Arabisch-Israelischen Krieges kreuzt die 6. US-Flotte vor der syrischen Küste zur Warnung vor einem sowjetischen Eingreifen.

1967 – Kongo
US-Luftwaffe unterstützt Regierung im Kampf gegen Rebellen.

1975 – Kambodscha
Marines führen Rettungsaktion für das Handelsschiff Mayaguez durch.

1980 – Iran
US-Befreiungsaktion mit Beteiligung von Piloten der Marines und Green Berets schlägt fehl.

1983 – Grenada
Marines beteiligen sich an der Eroberung der Insel Grenada.

US Marine Corps / US Navy –
Desert Shield 1990 – 1991

14. August 1990
Die ersten Einheiten der 1st Marine Expeditionary Force und der 7th Marine Expeditionary Brigade kommen in Saudiarabien an. Teile der 1. Marine Division, der 3. Flieger Division und der 7. Marine Expeditionary Brigade verlegen in die Krisenregion. Das Hospitalschiff USHS Comfort begibt sich in den Mittleren Osten.

15. August 1990
Die Flugzeugträgergruppe USS Saratoga erreicht über die Straße von Gibraltar das Mittelmeer. Die Flugzeugträgergruppe USS John F. Kennedy verläßt die Häfen an der Ostküste und macht sich auf den Weg Richtung Mittelmeer. Die 1. Marine Expeditionary Brigade verläßt Hawaii. Schiffe des 2. Vorausstationierungs-Geschwaders Diego Garcia beginnen mit dem Ausladen in Saudiarablen. Das Hospitalschiff USHS Mercy verlegt in den Mittleren Osten.

16. August 1990
Schiffe der US Navy beginnen mit der Blockade. Die 4. Marine Expeditionary Brigade wird auf 13 Schiffe verladen.

17. August 1990
USS Wisconsin durchfährt den Suez-Kanal Richtung Persischer Golf.

18. August 1990
USS Reid und USS Bradley geben Warnschüsse auf zwei irakische Öltanker ab, die den Golf verlassen wollen.

19. August 1990
Vizeadmiral Maunz übernimmt das Kommando über die Marineeinheiten des US Central Command.

September 1990
USS Blue Ridge, Flaggschiff der 7. Flotte, erreicht den Golf.

4. September 1990
Seit Beginn der Blockade wurden 550 Schiffe abgefangen. Fünf Amphibische Transportschiffe mit Teilen der 4. Brigade haben den Suez-Kanal durchfahren.

7. September 1990
Fünf Amphibische Transportschiffe mit der 13th MEU kommen im Golf von Oman an. Das Hospitalschiff Comfort erreicht ebenfalls den Golf.

1. Oktober 1990
Die USS Independence fährt in den Persischen Golf ein.

4. Oktober 1990
Die USS Independence verläßt den Golf wieder nachdem sie gezeigt hat, daß Flugzeugträger im Golf operieren können.

30. Oktober 1990
Ein Betriebsunfall auf USS Iwo Jima führt zum Tod von zehn Mannschaftsangehörigen. Marines üben an der Küste von Oman.

8. November 1990
Die USA beschließen, ihre Streitkräfte wesentlich zu erhöhen.

19. November 1990
86 128 Reservisten werden aktiviert. 12 865 davon sind Marines, 5421 gehören zur Navy.

1. Dezember 1990
18 Schiffe verlassen mit der 5. Brigade die US Westküste.

6. Dezember 1990
Nachdem ein Entlassungsstop ergangen ist, wird die Zahl der Reservisten erhöht. 15 893 Marines und 6691 Matrosen haben wieder die Uniform angezogen. 19 Schiffe befinden sich im Arabischen Golf, 21 im Bereich Oman, neun im Roten Meer und 15 im Mittelmeer.

7. Dezember 1990
Die Trägergruppe USS Ranger und die USS Horne sowie USS Jarrett begeben sich in die Krisenregion.

8. bis 18. Dezember 1990
Die 4. Brigade und die Amphibische Kampfgruppe 2 üben Sturmlandungen an der Küste von Oman.

26. Dezember 1990
Es kommt zu einem Zwischenfall mit Waffenanwendung als Entermannschaften von US Schiffen ein irakisches Schiff durchsuchen.

28. Dezember 1990

Die Trägergruppen USS Theodore Roosevelt und USS America verlassen mit einer erheblichen Zahl von Kampfflugzeugen Norfolk. 17 weitere Schiffe fahren von der US Ostküste Richtung Krisengebiet.

1. Januar 1991

USS Missouri erreicht den Golf von Oman. USHS Mercy verzeichnet die tausenste Hubschrauberlandung.

2. Januar 1991

Die US Truppen betragen mehr als 325 000 Köpfe. Davon gehören 55 000 zum Marine Corps und 35 000 zur Navy. USHS Andrew J. Higgins läuft auf ein Riff und wird beschädigt.USS Missouri hilft beim Löschen von Bränden auf dem saudischen Tanker Tabuk.

10. Januar 1991

Eine Amphibische Kampfgruppe fährt in den Golf ein, um »Manöver« durchzuführen. Geführt von USS Nassau gehören 10 000 Marines und Matrosen zu diesem amphibischen Landungsverband.

12. Januar 1991

Die USA beschließen endgültig ein gewaltsames Vorgehen gegen den Irak. USS Ranger Trägergruppe bezieht Stellung im Golf. Die Amphibische Gruppe 3 mit der 5. Brigade ist zur Stelle. 18 Schiffe stoßen zur US Flotte und haben die stärkste Ampibische Kampfgruppe seit dem Koreakrieg an Bord. Die Trägergruppe USS Midway kommt erneut in den Golf. Kriegsschiffe führen Durchsuchungen auf Schiffen und Maßnahmen zur Minenbekämpfung durch.

14. Januar 1991

Die Tägergruppe USS Theodore Roosevelt hat den Suez-Kanal durchfahren und befindet sich im Roten Meer. Mittlerweile befinden sich 91 große US Kriegschiffe am Golf im Einsatz.

15. Januar 1991

USS America Trägergruppe bezieht Stellung im Roten Meer, USS-Ranger liegt im Golf. Die Truppenstärke erreicht 415 000. 21628 Reservisten des Marine Corps und 10 952 der Navy sind reaktiviert worden. Die Zahl der Kriegsschiffe beträgt nun 108. Davon sind 34 im Golf, 35 im Golf von Oman, 26 im Roten Meer und 13 im Mittelmeer. Es wird festgestellt, daß sich 17 irakische Minenräumschiffe in der Golfregion befinden.

Bei Beginn der Kampfhandlungen im Rahmen der Aktion DESERT STORM sind rund 84 000 Marines in der Krisenregion präsent.

Quellennachweis

Americans at War – From the Colonial Wars to Vietnam, W.J. Koenig

Amphibious Operations, Barry Gregory

An Annotated Bibliography of USMC in the First World War, Historical Branch, HQ US Marine Corps 1987, Concepts and Issues, Requirements and Programs Division, Washington, D.C.

Annual Report to Congress before the Horne Armed Services Committee by General Gray, Commandant of the USMC, 1991

Brief History of the USMC, Pressemitteilung

Delta Force, Charlie A. Beckwith und Donald Knox

Elite Fighting Units, David Eshel

Elite- und Spezialeinheiten international, Jan Boger

Inside Force Recon, Michael L. Lanning und Ray W. Stubbe

Leathernecks, the US Marines, Ashley Brown, E. Simmons

Marine Corps Recruit Training, Pressemitteilung

Marine Air-Ground Task Forces, NAVMC 2710 – PCN 100–01339800

Outline History of the Ist Marine Division, Presseinformation

The USMC, Structure, Mission, Capabilities, Pressemitteilung

The US Marine Corps Story, J. Robert Moskin

The Brown Water Navy, Victor Croizat

The Invasion of Tarawa, 76 hours, E. Hammel und John E. Lane

Three-War Marine, Francis Fox Parry

United States Marine Corps 1775 – 1969, William D. Parker

US Marines in Vietnam 1954 – 1964, Advisory and Combat Assistance Era

US Marines in Vietnam 1965, The Landing and Build up

US Marines in Vietnam 1969 – 1975, History and Museums Division HQ, USMC

Uniformed Services Almanac, Reserve Forces Edition

USMC – Male Recruit Training, Pressemitteilung

Women Marines in the 1980's, Pressemitteilung

Zeitschriften und Broschüren

Defense 90, Fachzeitschrift der US-Streitkräfte
Defence Update, Militär-Magazin
HQMC Hotline, Ausbildungszeitschrift des USMC
Leatherneck, Fachzeitschrift des USMC
Marine Corps Gazette, Fachzeitschrift des USMC
Proceedings/Naval Review, Fachzeitschrift der US-Seestreitkräfte
Sea Power, Fachzeitschrift der US–Seestreitkräfte
Schweizer Soldat, Fachzeitschrift für Armee und Kader
Soldat und Technik, Militär-Fachzeitschrift
Truppenpraxis, Militär-Fachzeitschrift
US News & World Report, Nachrichtenmagazin
Visier, Internationales Waffenmagazin
Wehrausbildung in Wort und Bild, Ausbildungszeitschrift der Bundeswehr